DESENVOLVIMENTO TERRITORIAL E QUESTÃO AGRÁRIA

BERNARDO MANÇANO FERNANDES
JOÃO MÁRCIO MENDES PEREIRA
(Orgs.)

DESENVOLVIMENTO TERRITORIAL E QUESTÃO AGRÁRIA

BRASIL, AMÉRICA LATINA E CARIBE

CULTURA ACADÊMICA Editora

Vozes do campo

UNESCO
Organização das Nações Unidas para a Educação, a Ciência e a Cultura

uniTwin unesp
Cátedra UNESCO de Educação do Campo e Desenvolvimento Territorial
Universidade Estadual Paulista Júlio de Mesquita Filho

Cultura Acadêmica
Praça da Sé, 108
01001-900 – São Paulo – SP
Tel.: (0xx11) 3242-7171
Fax: (0xx11) 3242-7172
www.culturaacademica.com.br
www.livrariaunesp.com.br
feu@editora.unesp.br

CIP-Brasil. Catalogação na publicação
Sindicato Nacional dos Editores de Livros, RJ

D486

Desenvolvimento territorial e questão agrária: Brasil, América Latina e Caribe / organização Bernardo Mançano Fernandes, João Márcio Mendes Pereira. – 1.ed. – São Paulo: Cultura Acadêmica, 2016.

ISBN 978-85-7983-812-5

1. Reforma agrária – América Latina. 2. Agricultura e estado – América Latina. 3. Agricultura – Aspectos econômicos – América Latina. I. Fernandes, Bernardo Mançano. II. Pereira, João Márcio Mendes.

16-37779 CDD: 333
CDU: 332.2.021.8(81)

Editora afiliada:

Asociación de Editoriales Universitarias de América Latina y el Caribe

Associação Brasileira de Editoras Universitárias

Sumário

Prefácio

Bernardo Mançano Fernandes
João Márcio Mendes Pereira

Este é o quarto livro publicado pela "Vozes do Campo", uma coleção do Programa de Pós-Graduação em Desenvolvimento Territorial na América Latina e Caribe – TerritoriAL, que também publica a série "Estudos Camponeses e Mudança Agrária" da Initiatives in Critical Agrarian Studies (Icas-Holanda) –, do Programa de Pós-Graduação em Desenvolvimento Territorial na América Latina e Caribe – IPPRI/Unesp – e do Programa de Pós-Graduação em Desenvolvimento Rural da Universidade Federal do Rio Grande do Sul (UFRGS). Os livros são publicados pela Editora Cultura Acadêmica e pela Editora da Unesp, em coedição com a Editora da UFRGS.

O primeiro livro publicado com os resultados das pesquisas do TerritoriAL foi *Residência agrária:* reflexões e práticas sobre o desenvolvimento territorial camponês, organizado pelas professoras Janaina Francisca de Souza Campos Vinha e Ana Lúcia de Jesus Almeida, com artigos de pós-graduandos e professores. Este é o segundo livro e traz artigos de professores e mestres sobre diversos temas de pesquisas concluídas ou em andamento, além de uma leitura da história do TerritoriAL. Socializar experiências e conhecimentos, bem como promover o debate, são nossos objetivos nesta coletânea, que reúne onze trabalhos sobre desenvolvimento territorial e questão agrária no Brasil, na América Latina e no Caribe.

Os autores possuem diferentes formações no âmbito das humanidades (com destaque para Geografia, História, Ciências Sociais e Agronomia) e coordenam ou integram grupos de pesquisa multidisciplinares e interinstitucionais dedicados à investigação da realidade agrária no Brasil e na região. Os professores trabalham em diversas instituições, como Universidade Estadual Paulista (Unesp), Universidade Federal de São Paulo (USP), Universidade Federal Rural do Rio de Janeiro (UFRRJ), Universidade Federal do Triângulo Mineiro (UFTM), Universidade Federal da Fronteira Sul (UFFS), Universidade de Brasília (UnB) e Universidade Federal de Pernambuco (UFPE), e encontram no TerritoriAL um espaço profícuo de debate e construção de conhecimento.

Os trabalhos fazem leituras em diferentes escalas, desde a América Latina e Caribe ao Brasil até análises centradas em experiências locais, como um assentamento, uma escola ou um projeto de educação, ou sob uma perspectiva multiescalar, como são os artigos sobre a política externa dos Estados Unidos para a região e sobre o próprio TerritoriAL.

Em termos mais amplos, os estudos têm como foco as disputas territoriais entre o agronegócio e os camponeses. A atuação de instituições nacionais e multilaterais, a estrutura fundiária, a questão da violência e da grilagem da terra, as formas de organização da agricultura no capitalismo, a ação política de classes e frações de classe, bem como diferentes políticas públicas rurais são analisadas com base em pesquisas empíricas, cujo objetivo central consiste em compreender alguns dos principais embates sociais, econômicos e políticos em curso na região.

Dialogando com distintos paradigmas e perspectivas teóricas, esta coletânea busca contribuir para a compreensão mais acurada das mudanças que têm ocorrido e dos limites e desafios que nossas sociedades enfrentam. Estamos atentos a esses processos, em diálogo cada vez mais profícuo com grupos e redes de investigação no Brasil e no exterior. Desejamos que os leitores aproveitem ao máximo os questionamentos aqui desenvolvidos e agradecemos à Capes pelo apoio, sem o qual esta publicação não seria possível.

São Paulo/Rio de Janeiro
Agosto de 2016.

1
Mestres camponeses: a criação do TerritoriAL – Programa de Pós--Graduação em Desenvolvimento Territorial na América Latina e Caribe

Bernardo Mançano Fernandes

Introdução

Neste texto, registramos algumas experiências de Educação do Campo que tiveram início em 1997 e culminaram na criação, em 2013, do Programa de Pós-Graduação em Desenvolvimento Territorial na América Latina e Caribe (TerritoriAL) do Instituto de Políticas Públicas e Relações Internacionais da Universidade Estadual Paulista (IPPRI-Unesp), com o apoio da Cátedra Unesco de Educação do Campo e Desenvolvimento Territorial, em parceria com a Via Campesina e convênio com a Escola Nacional Florestan Fernandes (ENFF) do Movimento dos Trabalhadores Rurais Sem Terra (MST). Esse é o primeiro programa de pós-graduação acadêmico dirigido preferencialmente à população camponesa com o objetivo de desenvolver seus territórios. Nesta leitura, abordamos as origens do processo de criação da Educação do Campo, um paradigma construído na relação de movimentos socioterritoriais do campo com universidades e governos. Essa relação constituiu políticas afirmativas que ampliaram o acesso do campesinato aos diversos níveis de ensino, inclusive à universidade.

Analisaremos as experiências em um contexto teórico e histórico que remonta à criação do Programa Nacional de Educação para a Reforma Agrária (Pronera), instituído em 1998 e que tratou da educação do campo em todos os níveis, ou seja, desde a alfabetização até o ensino superior. O Pronera nasceu como uma das principais políticas públicas emancipadoras dos territórios do campesinato brasileiro. Igualmente, nesse sentido da autonomia, o TerritoriAL objetiva a análise das realidades dos territórios camponeses, suas lutas de resistência e a proposição de novas políticas públicas para o desenvolvimento, por meio da pesquisa e da tecnologia, em escalas local, regional, nacional e internacional. A criação do TerritoriAL é o encontro de diversas ideias construídas no diálogo e embate entre os próprios parceiros, porque o consenso é formado por diferentes concepções que tornam possível a realização de um projeto comum. Nosso objetivo é unir competências e interesses da universidade e dos movimentos camponeses para realizar um curso de pós-graduação que atenda aos objetivos de promover o desenvolvimento territorial sustentável, inclusivo, e todas as adjetivações que promovam a manutenção da existência do campesinato com qualidade de vida e respeito às suas identidades e culturas.

É por meio da pesquisa que professores e alunos se desafiam, ousam, pois a condição que o TerritoriAL possui é singular e reúne pesquisadores voltados a esse objetivo, sejam os educandos originários dos territórios camponeses, sejam os educadores especialistas nos estudos desses territórios a partir de diversas áreas do conhecimento. Essa caminhada vem acontecendo há pelo menos três décadas, este é o tempo em que vem germinando e se desenvolvendo a educação do campo. Para compreender melhor esse contexto, iniciamos com uma breve reflexão sobre ser mestre camponês no mundo agrário atual e depois contextualizamos a insurgência da Educação do Campo no âmbito do debate paradigmático. Desse processo passamos para a construção do Pronera e a realização do Curso Especial de Geografia no câmpus de Presidente Prudente da Unesp, de 2007 a 2011. Após essa breve história, abordamos a criação do TerritoriAL, relatando seu processo de formação em seus primeiros anos de vida.

Ser mestre camponês no mundo agrário atual

Essa é uma condição possível na relação Educação do Campo e desenvolvimento territorial. São conceitos essenciais deste artigo. O campesinato é mestre por natureza. Na história da humanidade, diversos povos camponeses têm produzido igualmente suas existências e alimentos para toda a sociedade, cultivando a terra. Eles mudam o mundo, constantemente fazendo-se agricultores em todos os tempos. Produzir alimentos respeitando a natureza é uma das principais lições do campesinato. O camponês é um sujeito político que pratica uma relação social baseada em diferentes formas de organização do trabalho: familiar, associativa, comunitária, cooperativa ou qualquer outra denominação que explicite formas solidárias de afirmação de sua existência. Essa relação social também tem sido denominada de agricultura familiar. Todo camponês é um agricultor familiar e todo agricultor familiar é um camponês (Fernandes, 2016). Tal definição é baseada na análise da diferenciação econômica entre camponeses ricos, médios e pobres (na classificação clássica) ou agricultores consolidados, intermediários e periféricos (na classificação contemporânea). No mundo agrário, a diferenciação econômica é formada principalmente pela renda capitalizada da terra, que ocorre quando o agricultor coloca sua produção no mercado capitalista. A subtração da renda camponesa pelas corporações capitalistas acontece quando elas se apropriam da maior parte da riqueza produzida pelo trabalho camponês, subordinando-o ao modelo hegemônico da agricultura capitalista. A desigualdade nasce nesse processo e aumenta até a destruição completa do território camponês. É impossível compreender o campesinato a partir das análises que evitam estudar sua subordinação ao hegemônico modo capitalista de produção.

O campesinato tem resistido e sobrevivido aos diversos sistemas político-econômicos: escravismo, feudalismo, capitalismo, socialismo, lutando pela autonomia na convivência e contestação com outras relações sociais. A coexistência entre campesinato e capitalismo acontece pela conflitualidade permanente, porque em condições desiguais de dominação e resistência é impossível uma convivência pacífica. A fonte da desigualdade é a renda capitalizada da terra geradora de três níveis de existência do campesinato, desde os mais capitalizados aos mais pobres.

Uma pequena parcela do campesinato, em torno de 10%, está capitalizada e altamente subordinada às regras do sistema capitalista, o que significa dizer: escravo do mercado capitalista, pois está preso a ele e não existe outra condição de venda de sua produção, por causa da ditadura do capitalismo. Essa parcela tem uma renda satisfatória, que é uma concessão das corporações capitalistas à submissão desses camponeses ou agricultores familiares ao modelo capitalista de desenvolvimento da agricultura, denominado de agronegócio. Uma parcela desses camponeses/agricultores familiares se transformará em capitalistas e outra parte continuará subalterna e poderá se manter nessa condição ou empobrecer.

Uma outra parcela do campesinato, em torno de 40%, está procurando se capitalizar na longa fila de espera para entrar no mercado capitalista. É o triste caminho da subordinação, porque não encontra outra opção a não ser produzir somente para autoconsumo, condição que não lhe garante qualidade de vida na sociedade moderna. Pior ainda é a situação da parcela mais empobrecida, em torno de 50%. Essa parcela é a mais ameaçada pela expropriação e proletarização, ou seja, está em processo de destruição. Depois de três décadas de pesquisas sobre o campesinato, estou convencido de que o mercado capitalista não pode ser a única opção. As condições que o capitalismo oferece ao campesinato são: subordinação ou pobreza (Fernandes, 2014).

Para promover o desenvolvimento territorial, no sistema capitalista em que a desigualdade faz parte de sua natureza, é preciso ter estratégias de resistência em defesa de seus territórios e da territorialização. É por essa razão que camponeses e capitalistas disputam territórios e modelos de desenvolvimento. Enquanto o capital quer a subordinação do campesinato, ele luta cotidianamente por sua autonomia. Existem diversas possibilidades de desenvolvimento para o campesinato que não sejam as vias da subordinação e da expropriação. Esse é um dos principais temas para o TerritoriAL, quando estuda campesinato e capitalismo. Além de denunciar os abusos do agronegócio, um curso de pós-graduação voltado para o desenvolvimento territorial do campesinato não pode ignorar a responsabilidade de combater a desigualdade, que é um elemento estrutural da questão agrária. Construir possibilidades de superação é a perspectiva para mitigar a expropriação e destruição do campesinato. Nessa perspectiva, partimos do território como multidimensionalidade, como condição de sustentabilidade, para contribuir com a compreensão da produção territorial do mundo camponês, suas formas de subordinação, resistência e superação.

A insurgência da Educação do Campo e o debate paradigmático

Existem diversas teorias que procuram explicar os modelos de desenvolvimento da agricultura camponesa e da agricultura capitalista, suas relações de subordinação e resistência, ou negá-las. Tenho afirmado que essas teorias compõem o debate paradigmático (Fernandes, 2013), em que os trabalhos produzidos a partir do paradigma da questão agrária diferenciam os modelos de desenvolvimento entre campesinato e capitalista, enquanto o paradigma do capitalismo agrário compreende o modelo capitalista como totalidade, sendo o campesinato inserido nesse sistema. Essa compreensão totalitária não enxerga além de seu próprio sistema, entendendo como "natural" o processo de destruição do campesinato pelo capitalismo, pois em sociedades competitivas os mais fracos são eliminados. Como os paradigmas produzem conhecimentos, interpretando a realidade de diferentes maneiras, preparam as bases para a elaboração de políticas de desenvolvimento territorial, ou seja, são pontos de partidas e de chegadas, já que projetam e avaliam as teorias e as políticas transformando a realidade.

Quando falamos em desenvolvimento, estamos nos referindo à sua multidimensionalidade e, portanto, quando pensamos o desenvolvimento da agricultura, não esquecemos da educação necessária para que esse desenvolvimento ocorra. Essa condição começou a ser pensada, desde o paradigma da questão agrária, a partir do setor de educação do Movimento dos Trabalhadores Rurais Sem Terra (MST), na construção da pedagogia do movimento (Caldart, 2000), e tem como marco o Encontro Nacional de Educadoras e Educadores da Reforma Agrária (Enera), realizado de 27 a 31 de julho de 1997 na UnB, que apoiou o evento juntamente com a Organização das Nações Unidas para Educação, Ciência e Cultura (Unesco), o Fundo das Nações Unidas para a Infância (Unicef) e a Conferência Nacional dos Bispos do Brasil (CNBB). Desde esse evento, nasceram diversos projetos e políticas de Educação do Campo, sendo que a mais expressiva é o Pronera.

A insurgência da Educação do Campo vem da relação basilar com o desenvolvimento, porque saber e comer são as bases da vida que os camponeses têm protegido há milhares de anos. A maior parte do camponeses no mundo enfrenta dificuldades de acesso à educação escolar. E quando ela existe, muitas vezes não contribui com o desenvolvimento do campesinato, mas sim com sua destruição. Países emergentes e pobres são onde essa realidade é marcada por uma maior desigualdade. Índia e China ocupam o primeiro e segundo lugares com maior número de adultos analfabetos. O Brasil está em oitavo lugar, depois do Paquistão, de Bangladesh, da Nigéria, da Etiópia e do Egito (Unesco, 2014, p.10).

Educação do campo é educação camponesa: foi com essa visão que nasceu a educação como parte do desenvolvimento e do território, pois são indissociáveis. A educação a partir do paradigma do capitalismo agrário é pensada de acordo com os princípios do capital, e não dos camponeses, ao contrário do paradigma da questão agrária, em que a educação é pensada a partir dos princípios do campesinato, e não do capital (Camacho, 2014).

O desenvolvimento da agricultura está associado à educação de qualidade. Essa condição ajuda a explicar por que a maior parte dos camponeses do mundo vive em condições de extrema pobreza. E por que o agronegócio é poderoso. As universidades mais bem conceituadas têm diversos cursos voltados ao agronegócio, mas raramente há cursos voltados aos camponeses e outras populações tradicionais. E quando eles existem, quase sempre se baseiam em uma visão assistencialista. O Relatório de Monitoramento Global de Educação Para Todos da Unesco, publicado em 2014, mostra que o mundo rural possui os piores índices de educação, por exemplo: acesso à escola, qualidade do ensino fundamental, acesso ao ensino médio e principalmente ao ensino superior. Aliás, o acesso à universidade pelos camponeses é considerado um privilégio entre diversas instituições.

Desnecessário dizer que o acesso ao nível superior é essencial para o desenvolvimento da agricultura. O saber camponês necessita de tecnologias apropriadas e a ciência é condição *sine qua non* para seu desenvolvimento. O mundo rural tem sido marcado pela secundarização. E a educação rural foi criada a partir dessa visão de resto do mundo. Em muitos lugares, móveis e utensílios que não servem mais para uso no meio urbano vão para o meio rural. Materiais que não são mais usados nas escolas urbanas vão para as escolas rurais. O mundo rural tem sido o mundo da precarização, do que resta na cidade. Recentemente, leituras das novas ruralidades têm rompido com a visão urbanoide e reconhecido o campo como espaço de vida e de produção.

A modernização capitalista da agricultura não possibilitou mudanças dessa realidade, pois gerou intenso êxodo rural, criando o que foi denominado "deserto verde", em analogia às grandes áreas de *commodities* agrícolas, como por exemplo monocultivos de árvores, soja e cana de açúcar. Trata-se de grandes extensões de monoculturas, onde são raras as habitações e os componentes de seu entorno, como são vistas nos territórios camponeses. Ao contrário, a modernização capitalista intensificou as desigualdades, ampliando a exploração e aumentando a expropriação.

Foi com esta intencionalidade que nasceu a Educação do Campo: romper a visão de resto do mundo e construir uma visão do campo como espaço de vida, explicando o que é o território camponês e sua importância para o desenvolvimento do país. Explicar que o agronegócio não é uma totalidade, mas uma parte do processo. A

Educação do Campo não é só uma pedagogia, é também geografia e matemática, história e física, química e arte, gente e terra, saber e ciência: enfim, trata-se de um paradigma que procura contribuir para superar as situações de exclusão do meio rural.

O Relatório de Monitoramento Global de Educação para Todos da Unesco demonstrou que, apesar de os países signatários terem se comprometido a melhorar os índices de educação até 2015, nenhum país alcançou as metas propostas em 2000. São quinze anos de projetos incompletos que continuam vendo o mundo rural como lugar atrasado e não merecedor de grandes investimentos. Exceto quando o grande investimento é o agronegócio. Em abril de 2014, realizei um trabalho de campo em Moçambique, onde o agronegócio começa a utilizar as terras dos camponeses para produção agrícola. Eles não têm energia elétrica, água e esgoto, não têm escola, não têm transporte, mas têm suas terras exploradas pelo agronegócio.

Algumas das razões pelas quais os governos não investem em infraestrutura no campo são as isenções fiscais às grandes corporações do agronegócio (Unesco, 2014, p.17), criando um círculo de extermínio do campesinato: a isenção fiscal dada ao agronegócio contribui para impedir os camponeses de estudarem, de terem a infraestrutura necessária para seu desenvolvimento, de modo que, sem as condições mínimas de existência, se tornam vítimas fáceis para ser expropriados pelo agronegócio. A modernização capitalista da agricultura, de fato, não contribuiu para a democratização do acesso à terra e para a qualidade de vida das populações camponesas. Portanto, é necessário pensar um modelo de desenvolvimento da agricultura camponesa com base em sua lógica, seu modo de organização, seu território e sua história. O Pronera e o Residência Agrária foram criados de acordo com essa perspectiva.

A construção do Pronera e o Residência Agrária

O Programa Nacional de Educação para a Reforma Agrária (Pronera), vinculado ao Instituto Nacional de Colonização e Reforma

Agrária (Incra), é um dos frutos do Encontro Nacional das Educadoras e Educadores da Reforma Agrária (Enera). A professora Monica Molina, da Universidade de Brasília (UnB), foi uma das protagonistas da construção desse projeto:

> Em função do trabalho desenvolvido na UnB, como coordenadora do Grupo de Trabalho de Apoio à Reforma Agrária, fiquei responsável pela articulação interinstitucional do processo de negociação que resultou no Pronera, sendo que tive o privilégio de participar de todas as discussões para criação dessa política pública. (Molina, 2003)

Com a participação do MST e da Confederação Nacional dos Trabalhadores na Agricultura (Contag), o Pronera tornou-se uma das mais importantes políticas públicas da história da Educação do Campo. Atuando em todos os níveis de ensino, tem projetos com dezenas de universidades brasileiras. O Relatório da Segunda Pesquisa Nacional de Educação na Reforma Agrária (II PNERA) registrou cursos do Pronera em todo o país, com exceção de áreas intensamente dominadas pelo agronegócio, como é o estado do Mato Grosso (Ver Mapa 1.1).

O Pronera nasceu em 16 de abril de 1998 e até 31 de dezembro de 2011 realizou 328 cursos nos níveis fundamental, médio e superior, atendendo 167.203 educandos em todo o Brasil (II PNERA, 2014). Tornou-se de fato uma política pública que chegou aos territórios camponeses mais distantes dos centros urbanos, propiciando a milhares de pessoas o acesso à Educação do Campo, através da alfabetização, escolarização, aperfeiçoamento profissional, qualificação e a chegada à universidade. O Pronera inspirou diversas outras políticas educacionais, entre elas o Residência Agrária e a licenciatura em Educação do Campo (Santos, 2009). O Residência Agrária é uma modalidade original pensada desde a realidade do território camponês como um curso de especialização (Michelotti, 2012).

O Residência Agrária nasceu com o objetivo de romper a hegemonia do agronegócio nas universidades, criando espaços e tempos

Mapa 1.1 – Cursos do Pronera por município – 1998-2011

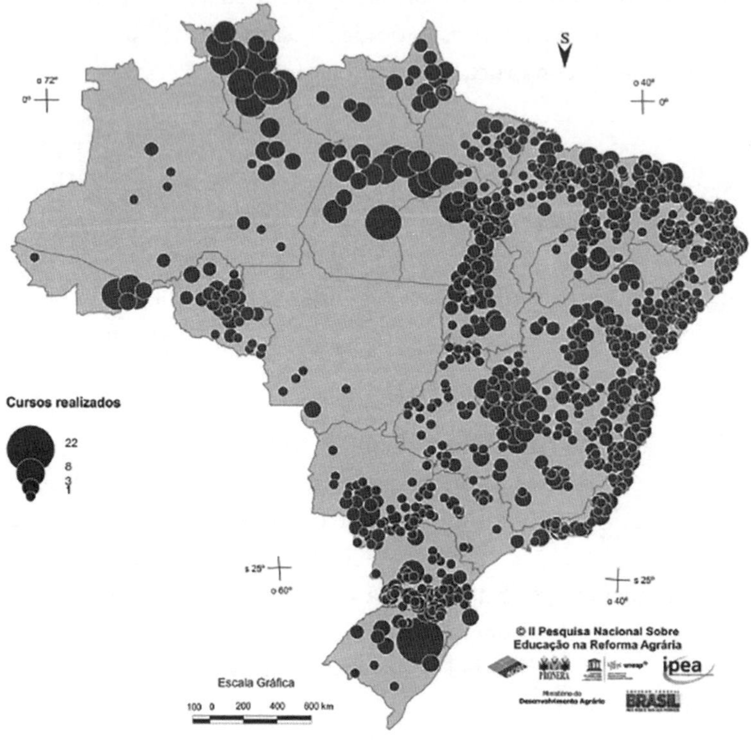

para que estudantes de graduação possam vivenciar os territórios camponeses, realizando atividades de pesquisa e extensão, contribuindo com as mudanças sociais e com o desenvolvimento do campesinato. São cursos em diversas áreas das ciências agrárias e das ciências sociais. Construídos a partir do paradigma da questão agrária, esses cursos promovem experiências em assentamentos de reforma agrária, quilombos e outros territórios camponeses. Os estudantes atuam em todas as dimensões do desenvolvimento: saúde, educação, produção, habitação, transporte, serviços, mercado, indústria, crédito, renda, gênero etc.

O curso especial de Geografia – Cegeo

O TerritoriAL é consequência do Curso Especial de Graduação em Geografia – Cegeo (bacharelado e licenciatura) – realizado na Unesp, no câmpus de Presidente Prudente, nos anos 2007-2011. Criado através de um convênio com o Pronera, o curso atendeu a uma demanda do MST na formação de geógrafos e professores de geografia para atuarem nos assentamentos de reforma agrária. O processo de elaboração e realização do projeto do curso contou com a participação de professores, alunos de pós-graduação e de graduação da Unesp e de membros do MST. Foi um processo conflituoso tanto no interior da universidade como na relação com o movimento. Na academia, os impedimentos vinham de posturas bem definidas e contrárias à criação de um curso que atendesse exclusivamente os camponeses. Em parte, eram pessoas que defendiam a visão hegemônica do agronegócio. Na relação com o MST, a discussão baseava-se nas diferentes competências da universidade e do movimento que participou ativamente do curso, de modo que os estorvos foram superados pelo diálogo na construção de um curso que ajudasse a compreender o mundo também a partir do campo. As discussões possibilitaram mudanças no movimento e na universidade que qualificaram as experiências, possibilitando um curso com identidade própria.

É importante destacar que os educandos também são o movimento e vice-versa. A participação em sala de aula de forma individual e coletiva destaca-se pela qualidade das intervenções e no debate. A aula sempre é iniciada com uma mística, uma atividade cultural em que diferentes temas são representados. Com esse costume, os educandos denominaram a turma de "Milton Santos", no primeiro curso de graduação em Geografia para assentados (Foto 1.1).

A experiência acadêmica da Unesp, associada ao potencial do MST na construção da Educação do Campo, propiciou o trabalho coletivo necessário para sua execução. A realização de um curso especial significou o desdobramento do trabalho dos professores, pois lecionavam em dois cursos de graduação: o regular e o especial.

Foto 1.1 – Curso Especial de Graduação em Geografia – 2010 (Acervo)

Embora sejam diferentes, são complementares. O regular é estruturado em disciplinas semestrais com aulas diárias em tempos parciais, enquanto o especial é organizado em disciplinas semanais com aulas em período integral durante seis semanas. O curso especial, atendendo aos princípios da Educação do Campo, possui dois tempos: o tempo universidade e o tempo comunidade, cujas atividades são complementares e procuram relacionar teoria e prática. O curso ocorreu nos meses de férias na Unesp, no início e meio de ano, sendo o primeiro semestre no câmpus de Presidente Prudente e o segundo, na Escola Nacional Florestan Fernandes (ENFF), no município de Guararema.

O apoio do reitor e do vice-reitor da Unesp na época também foi fundamental para a realização do Cegeo, que atingiu todos os seus objetivos, formando 46 geógrafos e professores de Geografia. Esse resultado também foi decorrência de um longo processo de construção do conhecimento, que pode ser melhor compreendido pela história da universidade. A Unesp possui longa tradição na pesquisa e extensão nos estudos agrários. É uma universidade do interior do estado de São Paulo e tem se destacado pela excelência de suas pesquisas e por sua política de internacionalização.

A Cátedra Unesco

Essa postura institucional determinou a criação da Cátedra Unesco de Educação do Campo e Desenvolvimento Territorial, como proposta do reitor Marcos Macari, a partir de um acordo de cooperação institucional. A Cátedra foi estabelecida em 27 de outubro de 2009 pelo reitor Herman Jacobus Cornelis Voorwald, com o objetivo de criar um curso de pós-graduação, realizar pesquisas sobre a questão agrária e publicar trabalhos sobre a Educação do Campo e o Desenvolvimento Territorial. Para executar esses objetivos, reuniu as experiências do Núcleo de Estudos, Pesquisas e Projetos de Reforma Agrária (Nera), com a realização do Banco de Dados Dataluta e diversos outros projetos. Estavam se acumulando diferentes experiências acadêmicas para a criação de novas perspectivas com relação aos movimentos socioterritoriais.

Também foram criadas as coleções de livros "Estudos camponeses e mudanças agrárias" e "Vozes do Campo". A primeira é resultado de um acordo de cooperação entre a Unesp com a Initiatives in Critical Agrarian Studies (Icas) baseada no International Institute of Social Studies (ISS) na Holanda, além de outras universidades em várias partes do mundo, como a China Agricultural University, câmpus de Pequim, a Universidad Autónoma de Zacatecas (México), a Universidade de Gadjah Mada da Indonésia, a Universidade de Chiang Mai (Tailândia) a Universidade do País Basco e a Academia Russa de Economia Nacional e Administração Pública. Através desse acordo, livros sobre a questão agrária e o capitalismo agrário são publicados simultaneamente em português, inglês, chinês, bahasa (Indonésia), tailandês, espanhol e russo. Esses projetos da Cátedra envolveram professores da Unesp e de diversas outras universidades do Brasil, da América Latina, do Caribe, da América do Norte, Europa, África, Ásia e Oceania, expandindo o campo de possibilidades para o conhecimento das experiências camponesas no mundo.

No ano de 2010, professores da Unesp, da Universidade Federal de São Paulo (Unifesp) e representantes da Via Campesina começaram a trabalhar na construção do TerritoriAL. Nesse ano, a Unesp e a Escola Nacional Florestan Fernandes assinaram um convênio para a realização das atividades de pesquisa, ensino e extensão, o que possibilitou a realização do tempo universidade também na ENFF, considerando que a escola possui a infraestrutura necessária, como alojamento, refeitório, laboratórios, biblioteca etc.

O TerritoriAL

O Programa de Pós-Graduação em Desenvolvimento Territorial na América Latina e Caribe (TerritoriAL) é, portanto, fruto desse processo da construção da Educação do Campo. O trabalho realizado pelas equipes da Unesp e da Via Campesina no ano de 2010 foi concluído com a apresentação da proposta para a Coordenação de Aperfeiçoamento de Pessoal de Nível Superior (Capes) do Ministério da Educação, através da Pró-Reitoria de Pós-Graduação da Unesp (PROPG). O projeto foi apresentado para a área interdisciplinar, mas, pelo fato de a maior parte dos professores ser da Geografia, o projeto foi remanejado para essa área. Tal mudança provocou o retorno do projeto para adequações de acordo com os parâmetros da área de Geografia. Ainda, durante o trâmite do processo, a Cátedra Unesco de Educação do Campo, promotora da proposta, foi vinculada ao Instituto de Políticas Públicas e Relações Internacionais (IPPRI), criado no câmpus de São Paulo.

Todas essas mudanças afetaram a agenda de criação do TerritoriAL, que estava prevista para iniciar no segundo semestre de 2011. A Via Campesina, com a participação do MST, do Movimento dos Pequenos Agricultores (MPA), do Movimento das Mulheres Camponesas (MMC), da Comissão Pastoral da Terra e do Movimento dos Atingidos por Barragens (MAB), divulgou amplamente o mestrado, de modo que no primeiro semestre já havia mais de vinte candidatos interessados em participar do processo seletivo. Em acordo com o Conselho do Programa de Pós-Graduação em Geografia (PPGG) do câmpus de Presidente Prudente, foi realizado o processo seletivo que aprovou catorze candidatos das regiões Sul, Sudeste, Nordeste e Centro-Oeste, os quais foram matriculados no câmpus de Presidente Prudente. Os educandos homenagearam Josué de Castro, batizando a turma com seu nome (Foto 1.2). A Cátedra contribuiu para a organização das disciplinas e trabalhou conjuntamente com o PPGG, assumindo inclusive os custos com o intercâmbio de professores estrangeiros e com as bancas de qualificação e defesa de dissertação.

Os trabalhos realizados no Nera, desde a década de 1990, ampliaram-se com as atividades junto ao Conselho Latino-Americano de Ciências Sociais (Clacso). Por meio do intercâmbio de professores de cursos de pós-graduação, da realização de pesquisas nas Américas sobre o campesinato e o agronegócio e a coordenação do Grupo de Trabalho em Desenvolvimento Rural, foi possível oferecer para a primeira turma de educandos do TerritoriAL e para as seguintes uma experiência com professores de várias universidades, como por exemplo: Universidad Autónoma de Xochimilco (México), Cornell University e Stanford University (Estados Unidos), Universidad de Alicante (Espanha), Universidad del País Vasco, Université du Québec, Saint Mary's University e University of British Columbia (Canadá), Universidad Autónoma de Córdoba (Argentina), Universidad de La República (Uruguai), Observatório do Meio Rural de Moçambique, Universidad Externado da Colômbia e Universidad de Costa Rica, além de diversas universidades brasileiras. A integração entre diferentes alunos de pós-graduação, os educandos oriundos da Via Campesina e os não vinculados aos movimentos camponeses gerou uma nova experiência no câmpus e no campo.

Dos catorze mestres da primeira turma, três optaram pela docência e são professores na Universidade Federal da Fronteira Sul (UFFS), no estado do Paraná. Onze atuam nas atividades dos movimentos em diversos setores, como agropecuária, mercado, indústria, políticas públicas, atendendo ao objetivo do TerritoriAL, de que seus egressos atuem direta ou indiretamente nos territórios camponeses. Duas candidatas foram indicadas para o doutorado

Foto 1.2 – Turma "Josué de Castro" – 2014 (Acervo)

direto. Uma optou por concluir o mestrado, condição para participar de concurso público na Universidade Federal da Fronteira Sul, e a outra concluiu o doutorado.

A aprovação do TerritoriAL pela Capes aconteceu no dia 4 de março de 2013. Sua área de concentração é Desenvolvimento Territorial e possui três linhas de pesquisa: campesinato, capitalismo e tecnologias; ambiente, sustentabilidade e território; educação, saúde e cultura. Em 2015, o TerritoriAL mudou duas de suas linhas para adequar-se aos projetos de pesquisa dos novos professores credenciados: Ambiente, Saúde e Sustentabilidade; Território, Educação e Cultura. O conselho do TerritoriAL é formado por professores da Unesp, de outras universidades e da Escola Nacional Florestan Fernandes. O TerritoriAL foi criado sem a contratação de professores, o que significa que seus docentes trabalham em outros cursos de pós-graduação e de graduação. Essa condição também significa um sobretrabalho e, por essa razão, no primeiro ano alguns docentes solicitaram descredenciamento, ao mesmo tempo que outros professores solicitaram credenciamento, exatamente por causa das características do TerritoriAL. Desde o final de 2013, o corpo docente é formado pelos professores que constam no Quadro 1.1 e na foto 1.3:

Quadro 1.1 – Corpo docente do TerritoriAL – 2014

Professor	Linha de pesquisa	Formação	IES	Categoria
Ana Lucia de Jesus Almeida	Educação	Geografia	Unesp	Permanente
Antonio Thomaz Junior	Campesinato	Geografia	Unesp	Permanente
Bernadete Aparecida Caprioglio de Castro	Educação	Antropologia	Unesp	Colaborador
Bernardo Mançano Fernandes	Campesinato	Geografia	Unesp	Permanente
Carlos Alberto Feliciano	Campesinato	Geografia	Unesp	Permanente
Clifford Andrew Welch	Ambiente	História	Unifesp	Permanente
Eduardo Paulon Girardi	Campesinato	Geografia	Unesp	Permanente
Janaina Francisca de Souza Campos Vinha	Campesinato	Geografia	Unesp	Permanente
João Márcio Mendes Pereira	Ambiente	História	UFRRJ	Colaborador
João Osvaldo Rodrigues Nunes	Ambiente	Geografia	Unesp	Permanente
José Tadeu Garcia Tommaselli	Ambiente	Agronomia	Unesp	Permanente
Luis Fernando Ayerbe	Ambiente	História	Unesp	Permanente
Marcelo Carvalhal	Campesinato	Geografia	Unesp	Permanente
Maria Nalva Rodrigues de Araújo Bogo	Educação	Pedagogia	Uneb	Colaborador
Mirian Claudia Lourenção Simonetti	Ambiente	Geografia	Unesp	Permanente
Nashieli Cecilia Rangel Loera	Educação	Antropologia	Unesp	Permanente
Nelson Rodrigo Pedon	Ambiente	Geografia	Unesp	Permanente
Noêmia Ramos Vieira	Educação	Geografia	Unesp	Permanente
Paulo Roberto Raposo Alentejano	Campesinato	Geografia	UERJ	Colaborador
Pedro Ivan Christoffoli	Campesinato	Agronomia	UFFS	Colaborador

Professor	Linha de pesquisa	Formação	IES	Categoria
Rafael Litvin Villas Boas	Educação	Literatura	UnB	Colaborador
Raul Borges Guimarães	Educação	Geografia	Unesp	Permanente
Ronaldo Celso Messias Correia	Campesinato	C. Computação	Unesp	Colaborador
Silvia Aparecida de Souza Fernandes	Educação	Geografia	Unesp	Permanente
Silvia Beatriz Adoue	Educação	Letras	Unesp	Permanente

Foto 1.3 – Corpo docente do TerritoriAL – 2014 (acervo)

O processo seletivo de 2013, realizado nos meses de junho e julho, aprovou 39 candidatos de todas as regiões (Foto 1.4), sendo 36 brasileiros, um colombiano, um peruano e um argentino, que formaram a turma "José Carlos Mariátegui". Em 2014, outro estudante colombiano, através do Programa Estudante Convênio de Pós-Graduação (PE-PG) do CNPq, integrou a turma "José Carlos Mariátegui". Esses alunos foram matriculados no câmpus de São Paulo. Através do projeto "Desenvolvimento Territorial e Educação do Campo em Territórios da Cidadania e Assentamentos de Reforma Agrária nas cinco macrorregiões", foram disponibilizadas bolsas de estudo do CNPq para os alunos que participam do Residência Agrária.

Cada educando tem seu projeto de pesquisa e participa do projeto geral do Residência Agrária, realizando pesquisa e extensão nos

Foto 1.4 – Turma "José Carlos Mariátegui" – 2013 (Acervo)

assentamentos de reforma agrária, territórios rurais e territórios da cidadania, além de outros territórios camponeses, como quilombos e áreas de outras populações tradicionais. Essa turma, além dos estudantes de origem camponesa, teve estudantes de origem urbana com trajetória de pesquisa sobre o desenvolvimento territorial. A convivência entre educandos oriundos e não oriundos dos movimentos da Via Campesina tem transformado ambos, da mesma forma como tem ocorrido na relação entre a Universidade e a Via Campesina, ao definirem as competências para a realização das atividades do tempo universidade e do tempo comunidade.

O tempo universidade é o tempo de aulas (Quadro 1.2), leituras, redação de textos e colóquios. Os educandos se reúnem em núcleos e organizam as atividades de forma coletiva, inclusive para cuidar da ENFF. As atividades de manutenção, alimentação e infraestrutura também são realizadas pelos estudantes. O tempo comunidade é o tempo da pesquisa de campo, tanto do projeto do mestrado quanto do projeto Residência Agrária, como também é tempo de leituras, redação de textos e contato com os orientadores. Esse sistema de alternância de dois tempos complementares define o semestre letivo com cinco a seis semanas no tempo universidade e em torno de cinco meses no tempo comunidade.

Quadro 1.2 – Disciplinas do TerritoriAL

Formas de Organização da Produção e do Trabalho
Tecnologia da Informação e Comunicação Aplicada ao Desenvolvimento Territorial
A Cartografia para Análise e Discussão Territorial
Metodologia de Pesquisa
Mercado e Desenvolvimento Territorial na América Latina e Caribe
Economia Política da América Latina e Caribe
Metodologia de Pesquisa
Reforma Agrária na América Latina e Caribe
Estado e Políticas Públicas na América Latina e Caribe
Uso do Relevo e do Solo na Conservação dos Territórios
Poderes, Territorialidades e Conflitos no Século XXI
Movimentos Sociais na América Latina e Caribe
Análise do Potencial Hídrico nas Diferentes Classes de Solos da América Latina e Caribe
Políticas Curriculares e Educação do Campo
Cultura, Identidade e Território
Educação do Campo na América Latina e Caribe
Práticas de Saúde e Representação Social
Políticas Públicas de Saúde
Intelectuais e Organização do Trabalho Pedagógico na América Latina
Territórios do Cotidiano: sociabilidades, territorialidades, conflitos e desenvolvimento

Considerando a primeira turma, que fez o mestrado no Programa de Pós-Graduação em Geografia da Faculdade de Ciência e Tecnologia, câmpus de Presidente Prudente, e a terceira turma que ingressou em 2014, denominada "Manuela Sáenz" (Foto 1.5), com 26 alunos de todas as regiões brasileiras e da Colômbia, são 79 pessoas oriundas, em sua maioria, das comunidades camponesas, que têm o compromisso com o desenvolvimento de seus territórios e consequentemente com o desenvolvimento de seus países. O desafio de todos é a formação de mestres camponeses, que são aqueles e aquelas que de fato contribuem, por meio de suas pesquisas, para a construção do conhecimento e de políticas públicas para a resistência e a superação. A partir dessa turma, o TerritoriAL passou a receber alunos especiais de outros programas de pós-graduação.

Foto 1.5 – Turma "Manuela Sáenz" – 2014 (Acervo)

Em 2015, teve início a turma "Orlando Valverde" (Foto 1.6), com onze estudantes de todas as regiões do Brasil e também da Colômbia, que tem sido o país com mais candidatos no TerritoriAL. Estudantes de movimentos urbanos também se integraram, desafiando o TerritoriAL a pensar o desenvolvimento no campo e na cidade, além de explorar mais as múltiplas dimensões do território e do desenvolvimento a partir do diálogo com diferentes áreas do conhecimento. A queda do número de alunos da quarta turma é resultado da diminuição de bolsas com o fim do Projeto Residência Agrária. Com a crise econômica, em 2015, os recursos para a pós-graduação foram totalmente cortados, e em 2016 foram liberados somente 25% dos recursos. Com essa nova realidade, o TerritoriAL continua se desafiando com o objetivo de seguir formando mestres camponeses. Entre seus objetivos estão a criação do doutorado e a qualificação do programa.

Foto 1.6 – Turma "Orlando Valverde" – 2015 (Acervo)

Considerações finais

O TerritoriAL tem atingido resultados positivos. É um modelo inovador que está sendo construído e pode inspirar outras iniciativas voltadas para a construção de um modelo de desenvolvimento desde o campesinato. A construção coletiva tem sido a garantia dos acertos, mas é evidente que há conflitos entre todos, pois são as diferenças que fazem o consenso disputado. As metas do TerritoriAL para o triênio 2013-2015 foram atingidas com a publicação de dois livros e diversos artigos em revistas científicas, resultados das experiências e pesquisas de educadores e educandos. Para os próximos anos, as metas são: conseguir nota 4 da Capes e criar o doutorado na avaliação quadrienal. A caminhada até aqui foi muito difícil, mas, se voltarmos a 1997, não tínhamos ideias das dificuldades que superaríamos ao chegarmos em 2016.

A construção de um projeto camponês de desenvolvimento territorial para sua autonomia é fundamental para a melhoria da qualidade de vida, pois há um aumento de sua capacidade de resistência. Temas como soberania alimentar, sustentabilidade, comida saudável, preservação ambiental são comuns a essa população, que luta contra os agrotóxicos, a exploração do trabalho e a expropriação.

A construção do conhecimento e a produção de políticas públicas são dois processos inseparáveis para a superação dos problemas que o campo enfrenta.

Referências bibliográficas

CALDART, R. *Escola é mais do que escola na Pedagogia do MST*. Petrópolis: Vozes, 2000.

CAMACHO, R. S. *Paradigmas em disputa na Educação do Campo*. São Paulo, 2014. Tese (Doutorado em Geografia) – Faculdade de Ciências e Tecnologia, Universidade Estadual Paulista Júlio de Mesquita Filho.

FERNANDES, B. M. Quando a agricultura familiar é camponesa. In: *A questão agrária no Brasil:* interpretações sobre o camponês e o campesinato. São Paulo: Expressão Popular, 2016. p.309-28. v.9.

______. *Construindo um estilo de pensamento na questão agrária:* o debate paradigmático e o conhecimento geográfico. São Paulo, 2013. Tese (Livre-Docência) – Faculdade de Ciências e Tecnologia, Universidade Estadual Paulista (Disponível em: http://www2.fct.unesp.br/nera/ltd/textos-volume1-bmf2013.pdf)

FERNANDES, B. M.; WELCH, C.; GONÇALVES, E. C. *Os usos da terra no Brasil*. São Paulo: Cultura Acadêmica, 2014.

MICHELOTTI, F. Residência agrária. In: *Dicionário de Educação do Campo*. Rio de Janeiro/São Paulo: Escola Politécnica de Saúde Joaquim Venâncio/Expressão Popular, 2012. p.681-6.

MOLINA, M. *A contribuição do PRONERA na construção de políticas públicas de Educação do Campo e desenvolvimento sustentável*. Brasília, 2003. Tese (Doutorado em Desenvolvimento Sustentável) – Centro de Desenvolvimento Sustentável, Universidade de Brasília.

Relatório da Segunda Pesquisa Nacional de Educação na Reforma Agrária (II PNERA). Pronera/Incra/Ipea/Cátedra Unesco de Educação do Campo e Desenvolvimento Territorial: Brasília, 2014.

SANTOS, C. A. *Educação do campo e políticas públicas no Brasil:* a instituição de políticas públicas pelo protagonismo dos movimentos sociais do campo na luta pelo direito à educação. Brasília, 2009. Dissertação (Mestrado em Educação) – Faculdade de Educação, Universidade de Brasília.

UNESCO. *Relatório de monitoramento global de educação para todos*. Brasília: Unesco, 2014.

2
Desconstruindo a defesa da legalização da grilagem de terras

Carlos Alberto Feliciano

Introdução

Metade dos documentos de posse no Brasil é ilegal.

Ariovaldo Umbelino de Oliveira, 2013

Mesmo com apresentação de dados, laudos judiciais e pesquisas que comprovam a irregularidade dos documentos de posse no Brasil, metade das terras está ocupada indevidamente e sem nenhuma penalização. Para a retomada dessas terras, o Estado deve, segundo as normas jurídicas existentes e vigentes no Brasil, abrir um processo de ação discriminatória para identificar quais são as terras públicas e as particulares. A história do Brasil mostrou que, mesmo sendo um dever, o Estado abriu mão desse controle, permitindo assim inúmeros processos de grilagem de terras e, consequentemente, de tentativas de transformação desse ato ilegal da terra pública grilada em propriedade privada.

A proposta desse texto parte do pressuposto de que o território brasileiro está em disputa. A partir de reflexões travadas anteriormente sobre a grilagem de 1,4 milhão de hectares de terras no Pontal do Paranapanema, procuramos elencar alguns elementos comuns no tocante aos processos de ações discriminatórias, de terras devolutas e grilagem de terras que podem auxiliar em outras pesquisas ou então no empoderamento de movimentos sociais de diversas regiões brasileiras, quando se tenta obter sua legalização sob o aspecto jurídico. Com isso, procuramos defender que há uma disputa política, ideológica e territorial dentro do poder judiciário sobre o assunto e que o proferimento de uma sentença pode ir além do discurso da técnica e norma, revelando um posicionamento em defesa dos interesses de uma classe social.

Como procedimento metodológico, foram analisados dados e argumentos de defesa dos fazendeiros réus de processos de ações discriminatórias travadas há mais de cinco décadas e sem uma solução efetiva e definitiva por parte do estado paulista, para além das terras retomadas através da luta dos camponeses sem terra na conquista de Projetos de Assentamento Rurais. Procuramos neste texto (des)construir os argumentos utilizados pelos advogados dos fazendeiros réus na tentativa de provar que os títulos das terras ocupadas nessa região são legais e, assim, dar continuidade ao processo de legitimação da grilagem das terras públicas, transformando-a em propriedade privada legalizada.

A disputa pelo território sob a ordem administrativa e jurídica

O processo histórico de formação territorial no Brasil nos revela que o embate está entre modelos de ocupação e uso da terra que possuem ideais e projetos de produção e reprodução diferenciados. Cada qual age de uma maneira, que sob seu ponto de vista é o mais correto e justo. Porém, a discussão sobre o que é correto ou não tem a ver também com o conceito de Justiça. Esta abarca inúmeros significados e interpretações, que se localizam sempre entre duas posições em conflito: uma justiça comprometida com a manutenção, e outra justiça no sentido da transformação. Assim ocorre nos processos de ações discriminatórias. Nas palavras de Aguiar,

> [...] falar-se em justiça é falar-se em manutenção e fortalecimento da ordem constituída e, ao mesmo tempo, em destruição da ordem constituída. Significa operar com esse conceito por vias meramente formais ou marcá-lo com afirmação materiais que se tornem o norte para uma ação que conteste esse fundamento meramente formal. (Aguiar, 1999, p.25)

Essas oposições em conflitos são materializações da luta de classes que o discurso da imparcialidade ou neutralidade do poder judiciário não consegue sustentar. Por ser ideológica, a ideia de justiça traduz e reproduz normatizações que interessam àqueles grupos que, no determinado momento histórico, detêm o poder de elaborá-las para, assim, manter suas relações de poder.

O Estado imperial, ao formular a Lei de Terras de 1850, visava, além de outros fatores, uma tentativa de intervenção do poder público de retomar as terras de seu domínio que estavam começando a ser "perdidas" pela ocupação "indisciplinada", sob a iniciativa privada. O discurso era o interesse em criar um ordenamento jurídico da propriedade da terra que estivesse sob seu controle. Com isso, a questão da terra transformada em mercadoria e, concomitantemente, propriedade privada da terra entrou para as normas de controle que o poder vigente elaborou para sua manutenção. Porém, não houve controle do Estado que barrasse o processo de grilagem das terras públicas. As normas estabelecidas na lei de terras de 1850 também obrigavam ao próprio Estado a formalização e identificação de seus bens patrimoniais. Por exemplo, com a criação de uma repartição Geral das Terras Públicas, conforme o artigo 21:

> Art. 21. Fica o governo autorizado a estabelecer, com o necessário regulamento, uma repartição especial que se denominará – Repartição Geral das Terras Públicas – e será encarregada de dirigir a medição, divisão e descrição das terras devolutas e sua conservação, de fiscalizar a venda e distribuição delas, e de promover a colonização nacional e estrangeira.

Mesmo assim, a venda e grilagem indiscriminada das terras devolutas/públicas não deixou de ocorrer. Primeiro, pelo enorme emaranhado de formas de apropriação com registros propositalmente "genéricos", doações etc., e, segundo, pela demora do Estado em inserir seus agentes nas ações de discriminação, demarcação e legitimação. Segundo relato de Cobra (1923), analisando esse processo no Pontal do Paranapanema (estado de São Paulo), a morosidade do Estado, após o início das primeiras ações de discriminação e levantamentos das posses requeridas, levou-o ao descrédito perante a comunidade e ao aumento do processo de grilagem:

> Durante dez anos – de 1880 a 1890 –, meia tonelada de papéis saiu do Paranapanema e não mais voltou.
> [...] todo mundo afluiu ao Cartório de Hipotecas. Em seis meses, dos livros constava tudo. Depois, o silêncio voltou a pesar por dez anos em cima de meia tonelada de papéis sem que estes se pronunciassem aos funcionários encarregados. (Cobra, 1923, p.92)

Somente para se ter uma dimensão da sobreposição de títulos e a grilagem de terras na região, entre os anos 1890 a 1904 foram alienados mais de 12 mil imóveis oriundos da fazenda Pirapó-Santo Anastácio, a origem da grilagem na região (Cleps, 1990). Nesse período, os agentes do Estado responsáveis pela discriminação das terras eram "funcionários" do próprio governo paulista. As ações realizadas eram apenas de cunho administrativo, e o poder local e regional influenciava muito o andamento dos processos (Silva, 2008). Apesar de muito se falar sobre terras devolutas, desde o início do século XX, no campo jurídico, seu entendimento ainda era objeto de inúmeras discussões. Tal fator é responsável pela gama de contestações e interpretações em processos administrativos e jurídicos que existe até hoje. Pela Lei de Terras de 1850, as terras devolutas eram definidas por exclusão. Vejamos:

> § 1º As que não se acharem aplicadas a algum uso público nacional, provincial ou municipal.

> § 2º As que não se acharem no domínio particular por qualquer título legítimo, nem forem havidas por sesmarias e outras concessões do governo geral ou provincial, não incursas em comisso por falta de cumprimento das condições de medição, confirmação e cultura.
>
> § 3º As que não se acharem dadas por sesmarias, ou outras concessões do governo, que, apesar de incursas em comisso, forem revalidadas por esta lei.
>
> § 4º As que não se acharem ocupadas por posses, que, apesar de não se fundarem em título legal, forem legitimadas por esta lei. (grifos nossos)

Como não houve uma definição do conceito de devoluto, as interpretações que daí decorreram buscaram criar explicações para a aplicação da lei. No sentido etimológico, entende-se devoluta como: "[...] um vazio, desocupado e ainda outros significados usualmente ao termo se emprestam – 'uma casa devoluta: a que não se acha habitada; vaca ou égua devoluta: a que não teve cria', e por aí afora".

Em dicionários encontra-se, sobre a palavra devoluto: "Do latim: *devolutus*, propriamente rolado de um lugar para outro; no latim medieval, *devolvere* passou a significar pedir transferência para si de um benefício, vaga, SEM DONO" (Lopes, 1940).

Ou ainda:

> Devoluto, adj. (do lat. *devolutos*, pp. de *devolvire*). Adquirido por devolução, quando o inferior ou coletor ordinário não confere, e se devolve ao superior o direito de conferir; "benefício devoluto", § que se passa ao senhor superior, donde procedeu: "o feudo ficou devoluto ao império": "o ducado devoluto do imperador". § Vazio, desocupado, sem dono (por abandonado, pedido por crimes etc.); "herdades que na ilha ficaram devolutas com a fugida dos mouros"... § "Casa devoluta": a que não se acha habitada; a que não tem inquilino. § "Égua devoluta, vaca devoluta": a que não teve cria, e descansou este ano... § "Terra devoluta": não cultivada.

O sentido etimológico de "devoluto" pode causar inúmeros problemas de significação sobre o uso da terra. Juristas como Clovis Bevilacqua (apud Paulo Torminn Borges) as propuseram como terras desocupadas, "sem dono". Porém, uma das conceituações mais utilizadas foi elaborada por Junqueira: "[...] terras devolutas são as que não estão incorporadas ao patrimônio público, como próprias, ou aplicadas ao uso público, nem constituem objeto de domínio ou de posse particular, manifestada esta em cultura efetiva e morada habitual" (Junqueira, 1964).

Entretanto, entendemos que Junqueira fez apenas uma interpretação da lei. Não criou uma definição. A própria legislação já dizia isso, com outras palavras. Por outro lado, assumindo uma postura política sobre o uso e destinação das terras, Guglielmi (1996) definiu que "terra devoluta é, necessariamente, uma terra pública. Seja porque nunca ingressou no domínio particular, seja porque, pretensamente obtendo essa condição, acabara voltando a essa condição". Com essa definição podemos entender, adicionando ao caráter etimológico de *terras devolvidas*, a que *se devolve ao superior o direito de conferir*, e *pedir transferência para si.* São terras públicas que por lei precisam ser devolvidas e retomadas pelo Estado. Marques (1996) percorreu um caminho interpretativo da evolução desse conceito:

> É notória a divergência conceitual adotada para as terras devolutas ao tempo do Império e da posterior República. Por primeiro, entendia-se como terras ermas, sem aproveitamento, desocupadas, ou ainda aquelas devolvidas à Coroa portuguesa, pela ocorrência do comisso, isto é, aquelas objeto de sesmarias cujas obrigações assumidas pelo sesmeiro não eram, no todo ou em parte, cumpridas. Já no período republicano, a ideia de terreno abandonado, sem ocupação, cedeu lugar à concepção de que, mesmo ocupadas, as terras se consideravam devolutas. (apud Barhum, 2003)

Por isso, entendia-se que há necessidade de discriminar as terras do bem público do privado. Apesar de não conceituadas expressamente nos textos constitucionais, as terras devolutas sempre apresentaram ligação com o bem público. Portanto, terras devolutas são efetivamente terras públicas. Porém, é justo mencionar que a lei n. 601, de 1850, foi a primeira a tratar sobre a discriminação de terras no Brasil. Entraves e dificuldades por ela mesma criados (medição e demarcação) tornaram inoperante sua execução. Porém, ela permanece como uma norma definidora e referência de todas as leis estaduais. Dois requisitos que tiveram início com a lei de 1850 e seguem até hoje para a legitimação da ocupação são: a *cultura efetiva* e a *morada habitual*, ou seja, características essenciais da ocupação feita pelos posseiros e não pelos grileiros.

A contradição está presente no fato de que a legítima ocupação seria reconhecida apenas através da posse. Por isso, há o entendimento de que os posseiros são:

> [...] produtos das próprias contradições do capital. A funcionalidade de sua existência se desenvolve porque está inserido em relações dominadas pelo capital e não porque esteja nos caçulos do capitalista. A mesma sociedade que dele se beneficia o quer destruir. A expansão do capital se faz preferencialmente sobre terras ocupadas por posseiros, através da expropriação. (Martins, 1981, p.116)

Denominada *frente de expansão*, a ação dos posseiros no processo de ocupação e seu deslocamento pelo território "abriram áreas" para a expansão da sociedade nacional não índia, sobre os territórios tribais. E a *cultura efetiva e morada habitual* construídas pelos posseiros na abertura das matas foram *apropriadas* e utilizadas, por necessidade de respaldo legal, pela denominada *frente pioneira*, como elementos para requererem sua legitimação. É por isso que entendemos a presença incômoda dos posseiros, que lutam diariamente para a construção do conceito de terra de trabalho, em uma autêntica subversão do regime de propriedade privada capitalista; tais posseiros são atacados violentamente por essa defesa de outras formas de propriedade e uso da terra.

Os posseiros chegaram depois dos povos indígenas, e antes do Estado, na ocupação territorial brasileira. Contraditoriamente, o interesse do Estado em dar um sentido produtivo às terras devolutas sem com isso inseri-las no conceito de terras públicas esteve compatibilizado com a formação e o avanço do desenvolvimento capitalista. Somente na primeira constituição da recente República, com a transferência de responsabilidade aos Estados membros, começaram efetivamente as tentativas de discriminação das terras. O estado paulista foi um dos pioneiros na elaboração da legislação e de políticas sobre regularização da propriedade da terra (Silva, 2008) e mesmo assim há inúmeros questionamentos e processos de ações discriminatórias que não foram julgados ou de cuja ação o Estado desistiu.

Há quatro tipos definidos de ações discriminatórias de terras: administrativa, impropriamente mista, propriamente mista e judicial (Barhum, 2003). Historicamente, a discriminação de terras teve origem com o processo administrativo, conforme o artigo 10 da lei de 1850:

> O governo proverá o modo prático de extremar o domínio público do particular, segundo as regras acima estabelecidas. Incumbindo sua execução às autoridades que julgar mais convenientes, ou a comissários especiais, os quais procederão administrativamente, fazendo decidir por árbitros as questões e dúvidas de fato, e dando de suas decisões recurso para o presidente da província, do qual o haverá também para o governo.

Durante todo o período da lei imperial n. 601 e de seu decreto n. 1.318, que a regulamentava, as terras públicas devolutas foram identificadas e dimensionadas mediante processo administrativo. A partir da Constituição de 1891, o processo administrativo revestiu-se de ilegitimidade.

> [...] tanto o processo discriminatório administrativo previsto nas legislações estaduais, mormente a paulista, quanto o processo discriminatório administrativo disciplinado nos artigos 19 a 31 do decreto-lei federal n. 9.760 de 5 nov. 1946, para identificação e

dimensionamento de terras devolutas federais, assim como o processo discriminatório administrativo previsto no artigo 11 da lei federal n. 4.504 (Estatuto da Terra) de 30 nov. 1964, que restabeleceu os artigos 19 a 31, do decreto-lei federal n. 9.760/46, já mencionado, e principalmente o processo discriminatório preconizado pelos artigos 2º e 17, da lei federal n. 6.383, de 7 dez. 1976, ainda em vigência, são ilegítimos. (Barhum, 2003, p.56, grifos nossos)

A discriminação administrativa era aquela feita entre o poder público e os "particulares" interessados, que culminava (de acordo com cada caso) no reconhecimento do domínio particular e, consequentemente, na legitimação do título. O roteiro para discriminação administrativa, regulamentada pelo decreto n. 1.318 de 1854, era o seguinte: o "proprietário" requeria a medição de terras, o juiz comissionário verificava se existia cultura efetiva e morada habitual. Caso o ocupante os tivesse, mesmo sem o título, sua ocupação seria respeitada e sua posse, legitimada. Assim, somente depois de tal verificação, o agrimensor assinava, após medição e demarcação, a planta do imóvel, e o juiz comissionário remetia os autos para o presidente da província. Com isso, este determinava a expedição do título de domínio ao interessado.

Como o processo de grilagem geralmente é de conhecimento notório, muitos pedidos eram negados pelos juízes comissários (por ausência de cultura efetiva e morada habitual). Com isso, a ação de caráter administrativo foi questionada por parte das oligarquias rurais envolvidas direta ou indiretamente no processo de tentativa de legitimação. O entendimento era que as ações discriminatórias de cunho administrativo tinham um alcance limitado. Não havendo acordo entre os interesses do Estado e os interesses do particular, a solução seria resolvida via judicial, pois este não poderia excluir qualquer violação do direito individual que não concordasse com uma conclusão administrativa daquele que era autor e parte envolvida, ou seja, o próprio Estado.

Mesmo que o processo administrativo seja o meio mais rápido de se apurar e discriminar as terras, ele é criticado por doutrinadores quanto à sua eficácia, justamente pela tradição jurídica em atribuir a função judicante exclusiva do Poder Judiciário. Segundo Morato, "por ser ele da órbita de funcionários que não pertencem ao quadro da judicatura e aos quais falece de competência para dirimir contendas e firmar decisões com autoridade de coisa julgada" (Morato, 1945, p.631). Nesse caso, vale lembrar que integrantes do Poder Judiciário também são funcionários do Estado, e não estão imunes ao processo de corrupção e no envolvimento de atos ilícitos, muito menos alcançam graus de neutralidade diante de uma questão que envolve relações de poder.

De acordo com Barhum (2003), nosso sistema registral de imóveis não admite o cancelamento de registro pela via meramente administrativa. O cancelamento da matrícula de um imóvel pode ser efetivado: a) por decisão judicial, b) se, em virtude de alienações parciais, o imóvel for inteiramente transferido a outros proprietários; c) pela fusão. "Apenas com a propositura de ação discriminatória poderá ser obtido o reconhecimento da natureza devoluta das terras discriminadas, seja pela força do acordo firmado, seja por força de decisão julgando procedente a ação enfocada" (Barhum, 2003, p.59).

Com o decreto n. 734 de 5 de janeiro de 1900, coube a hipótese de discriminação de terras feita por uma comissão de agrimensores e engenheiros, nomeados pelo presidente do Estado. Depois de realizados os trabalhos técnicos, os agrimensores homologavam a discriminatória. Não havia nesse período a possibilidade de intervenção judicial para questionar o mérito da ação. Dentre os recursos aceitos, tratavam apenas de questionamentos ligados à questão de limites e divisórias entre as terras devolutas e particulares. O próprio decreto previa, através de seu artigo 142, que o processo administrativo discriminatório não poderia ser suspenso por uma eventual discussão judicial das terras. Ou seja, nesse momento, a decisão foi somente de domínio da administração pública.

O poder exclusivo da administração pública, nas ações de discriminação de terras, que previa o decreto n. 734 de 1900, perdurou até o ano de 1921. Com a elaboração da lei n. 1.844 de 27 de dezembro de 1921, regulamentada pelo decreto n. 3.501 de 31 de agosto de 1922, as ações tinham uma ação conjunta entre administração pública e Poder Judiciário. A discriminação das terras era feita por uma comissão de engenheiros e agrimensores, nomeados pelo presidente do Estado. Após o trabalho de levantamento de títulos e dados testemunhais, os autos eram encaminhados ao juiz de direito da comarca, que despachava os deferimentos e indeferimento dos títulos, assim como os casos de recursos por confrontação de limites. Segundo Barhum (2003),

> [...] realizada a demarcação e assinado o prazo para a manifestação dos interessados, voltavam os autos ao juiz de direito, que determinava, se fosse o caso, retificações ou, se não houvesse reclamações ou se estas fossem improcedentes, homologava a discriminação, condenando os confiantes ao pagamento das custas. (Barhum, 2003, p.60)

Após o término dos trabalhos e da homologação, a destinação das terras poderia: ficar reservada, alienada gratuita ou onerosamente, ou ainda concedida gratuitamente, e até mesmo legitimada em favor dos ocupantes. A mais "recente", lei n. 6.383 de 7 de dezembro de 1976, fora promulgada pelo governo Ernesto Geisel em 1976. Há quarenta anos o governo ainda utiliza os mesmos meios para separar suas terras das particulares. Faz-se urgente, portanto, uma revisão e atualização dos erros e falhas desse processo, para torná-lo mais célere e eficaz. Há uma gama de detalhes a que se chega para tentar dirimir dúvidas quanto ao domínio das terras. Não é de se estranhar que proporcione inúmeras interpretações e brechas para entrada de recursos, para prolongar sua conclusão.

A entrada do processo administrativo pela lei federal abriu uma possibilidade que, historicamente, se comprovou como boa para o Estado, pela agilidade, e melhor ainda para os proprietários, que podem ganhar tempo, questionando-a no âmbito judicial. Para a instrução do processo discriminatório, tanto pela via administrativa como judicial, devem ser obrigatórias as seguintes fases: citatória, contenciosa e demarcatória, conforme as regras codificadas do processo civil (Feliciano, 2009). A ação discriminatória tem por finalidade inserir uma discussão sobre o domínio das terras. Em sua finalização, apenas declara que aquelas áreas arroladas no processo são de domínio particular ou estatal. A sentença de uma ação não cria um domínio, apenas confirma algo preexistente mas indevidamente ocupado, ou então confirma a ocupação atual. Nas discussões jurídicas, o que prevalece é o entendimento de que a sentença de uma ação não cria um novo direito, apenas afasta a incerteza em decorrência da autoridade jurisdicional, impondo sua força e declarando como certo aquilo que juridicamente estava incerto.

A predominância da doutrina jurídica é consagrar a ação discriminatória como um ato declaratório, de reconhecimento. Porém, há juristas que a entendem de forma diferenciada, adotando um posicionamento político, de enfrentamento, no caráter discriminatório: "[...] divergindo da maioria, ousamos asseverar, ao inverso, que ambas são declarações declaratórias condenatórias, com boa carga de constitutividade, contendo, em seu bojo, a força de reivindicar. São, portanto, ações declaratórias constitutivas condenatórias". Ou então: "[...] a discriminatória é também ação condenatória: reconhece o domínio ao vencedor e condena o vencido a entregar as terras, indevidamente possuídas e individualizadas pela ação" (Borges, 1998 apud Barhum, 2003, p.74).

Não há um consenso sobre a conotação que uma sentença sobre a ação discriminatória pode desencadear. Oportunamente, ela pode ser apenas declaratória ou então declaratória com um caráter condenatório. Nesse caso, o julgamento sobre o domínio das terras ocupadas através de um processo de grilagem, envolvendo atuação de agentes do Estado, não deveria ser apenas uma ação declaratória sob preexistência ou não do domínio. O Estado, coberto da legitimidade atribuída às forças judiciais, ao declarar em sentença apenas que as terras são de seu domínio, não atribui penalidade àquele que a tomou indevidamente. Essa ação tenta mascarar a existência do poder e controle de uma classe social que há mais de um século se beneficiou de um bem público. Ou seja, uma terra julgada como devoluta e ocupada irregularmente não gera penalidade, o que favorece os casos de impunidade que a grilagem de terras gera no Brasil. A razão de qualquer ação discriminatória é uma das formas de questionamento sob a configuração de uma ocupação de determinada área ou região. É uma das poucas materializações do conflito entre Estado (autor) como mantenedor dos bens públicos em oposição aos fazendeiros (réus) invasores destes.

As partes, em uma ação, têm de um lado a União (Incra), no caso de terras federais, e os estados, no caso das estaduais (Institutos de Terras); e, de outro, todos os demais interessados: proprietários, ocupantes, confinantes certos e respectivos cônjuges, além dos interessados incertos ou desconhecidos. Durante todo o processo, são os fazendeiros que têm de provar que a origem daquela ocupação não possui vícios. A defesa realizada pode ser tanto no questionamento, através das preliminares processuais, quanto no mérito da questão. Este último dificilmente é abordado com profundidade nas defesas. Os fazendeiros réus adotam as duas posturas, para estender ao máximo a finalização da sentença.

Nas preliminares processuais, as alegações de defesa estão dispostas como forma de contestação da ação, a partir dos artigos 300 e 301, incisos I a VIII e X: inexistência ou nulidade da ação; incompetência absoluta; inépcia da inicial; perempção; litispendência; coisa julgada; conexão; incapacidade da parte, defeito de representação ou falta de autorização; e carência de ação (Barhum, 2003). São inúmeras as formas de questionamento realizadas pela defesa dos fazendeiros réus, nas ações discriminatórias desde os preliminares processuais até defesa do mérito da questão. Apresentaremos os mais recorrentes argumentos adotados pelos advogados dos fazendeiros réus presentes nos autos das ações discriminatórias como uma tentativa de defender o processo de grilagem de terras e com isso garantir sua legalização, transformando as terras públicas griladas em propriedades privadas. Por outro lado, procuraremos descontruir esses argumentos que buscam legalizar, via judicial, a grilagem de terras no Brasil. São eles:

Ilegitimidade do autor da ação

O argumento principal é que o Estado não pode se utilizar da ação pelo fato de as terras estarem localizadas em um raio municipal ou distrital. Portanto, caberia ao município a titularidade da ação. Esse argumento da ilegitimidade está forjado com a pretensão de extinguir o processo, sem o julgamento do mérito, baseado no artigo 267, inciso VI, do Código de Processo Civil. A transferência das terras que o Estado fez aos municípios que compõem parte das terras devolutas estaduais só tem sentido com a efetivação de uma ação de discriminação de terras a cargo do próprio Estado. A questão é que o Estado não pode transferir suas terras à administração municipal se ainda não fez a separação entre público e privado. Para que essas terras integrem o patrimônio municipal, há necessidade do processo discriminatório. Depois disso, o Estado concede o título ao município, que, após lavrado em registro, passa a integrar como bem patrimonial de domínio municipal. Quando uma ação discriminatória com sentença transitada e julgada é declarada como devoluta, há as seguintes possibilidades: ao se transferir aos municípios os títulos de domínio da área que lhes compete, estes têm autonomia para destiná-los a investimentos e construções de moradia, regularização ou legitimação fundiária ou projetos de assentamento.

Um exemplo é o caso do 11º de Mirante do Paranapanema (Pontal do Paranapanema/SP), em que todo o perímetro foi julgado devoluto. Nas áreas fora do raio de oito quilômetros, por força de ação do movimento camponês, o Estado realizou diversos assentamentos rurais. Dentro dos oito quilômetros, o movimento questionou o papel do poder público municipal e este, em parceira com o Estado, transferiu uma parte dessas áreas para implantação de assentamentos rurais. Já em outros municípios, como por exemplo Pirapozinho/SP, a opção do poder público foi a regularização das posses e entrega de títulos tanto na área rural como urbana para os grileiros. O argumento da defesa também não se sustenta, pois a União e os estados, por força de lei maior (constitucional), são os únicos titulares das terras devolutas e como tal têm toda a legitimidade para promover a ação discriminatória. Não basta que a lei atribua ao municípios parcelas das terras devolutas, como no caso da última lei orgânica dos municípios: é preciso e necessário que essa concessão se materialize em título, que apenas o processo discriminatório pode fornecer. Além disso, a própria lei de discriminação de terras (n. 6.383/76) retira dos municípios o direito de promover o processo discriminatório:

> Artigo 27. O processo discriminatório previsto nesta lei aplicar-se-á, no que couber, às terras devolutas estaduais, observado o seguinte:
>
> I – na instância administrativa, por intermédio de órgão estadual específico, ou através do Instituto Nacional de Colonização e Reforma Agrária – Incra, mediante convênio;
>
> II – na instância judicial, na conformidade do que dispuser a Lei de Organização Judiciária local.

Portanto, os municípios não têm legitimidade da pretensão, por impossibilidade jurídica do pedido. Na realidade, argumentos como esses aparecem nos processos de ação discriminatória, são apenas medidas protelatórias, com o objetivo de questionar os preliminares do processo e não o mérito da ação.

Impropriedade da ação discriminatória

O argumento central desse questionamento é que o Estado, ao afirmar na ação de discriminatória que os títulos de domínio existentes na área são nulos, estaria agindo de forma imprópria para requerê-los. O procedimento seguindo esse discurso seria a adoção de uma ação que primeiro cancelasse os títulos, já que, segundo o Estado, as terras são de seu domínio. Portanto, não há o que discriminar ou separar. Por essa razão, a ação é imprópria, devendo o processo ser extinto. A Lei de Discriminação de Terras Devolutas é a única opção destinada especificamente à anulação dos títulos particulares. Segundo Barhum (2003, p.143),

> [...] para que uma cadeia dominial particular seja reconhecida como nula e ineficaz, por vício do título originário, basta que o poder público promova a competente ação discriminatória. À evidência, não necessita o ente público promover o cancelamento dos registros, antes da propositura da ação discriminatória.

O cancelamento dos títulos de domínios registrados é intrínseco à própria ação discriminatória. Não faz sentido entrar com uma ação anulatória para depois discriminar as terras. O resultado de uma cancela a outra, assim como a sentença de uma discriminatória anula automaticamente o domínio irregular. Em análise a um instrumento de apelação relativo à discriminatória do 14º Perímetro de Teodoro Sampaio/SP, o extinto Primeiro Tribunal de Alçada Civil ofereceu o seguinte parecer:

> Ocorre que, com o advento da lei n. 6.383/76, tornou-se desnecessário o cancelamento prévio dos títulos dos registros, pois a decisão que concluir pela existência de terras devolutas, tanto no plano administrativo quanto judicial, implicará o registro da área em nome da União ou do Estado [...] Quer dizer, na discriminatória está contida implicitamente a anulatória aludida. (apud Barhum, 2003, p.143)

A defesa imputada vem no sentido de questionar o procedimento adotado pelo Estado. Porém, ela mesma mantém a contradição, ao solicitar que o próprio cancele os títulos. É uma defesa perigosa, pois subliminarmente dá indícios da grilagem. Por outro lado, é uma maneira de trabalhar com o tempo, pois somente terminando uma ação (anulatória) é que se poderia propor a discriminatória.

O processo administrativo como antecedente necessário para uma ação judicial

Não há argumentação que sustente esse pedido de extinção do processo. Segundo os advogados dos fazendeiros réus, a própria lei *sugere* que se inicie na justiça apenas depois de esgotada a possibilidade no âmbito administrativo. Com isso, solicitam que primeiro seja realizada a ação discriminatória administrativa, antes da judicial. O artigo 19 da lei n. 6.383/1976 determina que "o processo discriminatório judicial será promovido": I – quando o processo discriminatório administrativo *for dispensado ou interrompido por presumida ineficácia.*

No argumento de defesa, ao assumir o interesse em iniciar a ação discriminatória em âmbito judicial, o Estado está agindo de forma unilateral, pois deveria passar por todo o processo administrativo para depois comprovar sua ineficácia. O termo *presumida ineficácia*, nos argumentos, não quer dizer que deve deixar de fazê-lo apenas por uma opção. Por outro lado, o próprio artigo relata que não é necessário esgotar o processo administrativo para iniciá-lo em juízo. O Estado, ao entrar com uma ação de discriminação de terras devolutas de forma judicial, deixa claro que tem certeza, após trabalho técnico de toda cadeia dominial, de que há vícios nos títulos, o que faz entender a ineficácia de uma ação no âmbito administrativo, pois, findada a ação, certamente os réus questionarão em juízo. Por isso, *presume-se* que a ação discriminatória em âmbito administrativo seja *ineficaz*. Tal ação tem eficácia no caso de acordo entre Estado e "particulares", reconhecendo ser este possuidor de uma área devoluta. Essa atitude foi o que respaldou os acordos no Pontal do Paranapanema, a partir de meados da década de 1990.

Sabendo das atitudes adotadas, historicamente, pelos grileiros em protelar ao máximo as ações discriminatórias, o Estado, assumindo oportunamente uma disputa judicial, opera de forma coerente com a administração pública. Ameniza o impacto nos gastos de financeiro e de pessoal, além do tempo despendido por duas ações. Portanto, a ocorrência de várias contestações, verificada historicamente nos autos, confirma a presunção de plena ineficiência de um processo administrativo no caso concreto. Ou seja, as próprias tentativas e os argumentos de defesa dos grileiros em "ganhar tempo" servem para sua própria desconstrução. Com isso, a discussão do mérito, que é a questão principal, perde espaço para artifícios jurídicos apenas protelatórios.

A citação de todos os antecessores do grilo

Um dos mais frequentes e inacreditáveis argumentos de defesa dos fazendeiros réus nos processos discriminatórios de terras no Pontal do Paranapanema é a ausência de formação do denominado litisconsórcio necessário. Isso vem a ser o seguinte: argumentam que todos os antecessores dos fazendeiros réus deveriam ser citados, e seus respectivos registros, e deveria ser dado a estes o direito de defesa nos processo de discriminatório. Isso porque, com a possibilidade de ter os títulos nulos, também sentirão efeitos da sentença. O argumento apresentado está sustentado pelo artigo 47 do Código Civil, segundo o qual será necessário o litisconsórcio sempre que, pela natureza da relação jurídica, o juiz tiver de decidir o pedido de forma idêntica para todos os litigantes. Ao decidir sobre a nulidade de um título, toda a cadeia dominial da área citada também será invalidada. Uma ação provida pelo Estado, com o pedido implícito de cancelamento dos registros formadores da cadeia dominial dos imóveis discriminados, também invalidará todos os títulos que se originaram dos registros.

Por conta desse fato, argumentam que se configurará um polo passivo na relação processual e que essa ação somente terá validade no caso da não formação do litisconsórcio necessário unitário, caracterizando ilegitimidade. Na defesa, solicitam a citação de todas as pessoas que participaram ou então são sucessoras daqueles que tiveram envolvimento na cadeia dominial, e que, por conseguinte, poderão ser afetadas com um possível cancelamento. Aceitando essa medida, o juiz determina ao autor (no caso, o Estado) promover a citação de todos aqueles que necessariamente estão envolvidos na cadeia dominial, sob pena de exclusão do processo, caso não seja concretizado. Supondo a aceitação desse disparate, por exemplo, o Estado, ao realizar o processo de ação discriminatória de uma área em que a origem dominial do título provém de final do século XIX, por exemplo, teria a obrigação de convocar todos que tiveram seus títulos iniciados nessa transação, diretamente ou indiretamente, na formação de outras cadeias que a sucederam, tornando com isso sua aplicabilidade extremamente onerosa e praticamente inviável.

Como a ação discriminatória das terras devolutas é regida pela lei n. 6.383/1976, nela está garantida a citação de todos os envolvidos, fazendo cair por terra a argumentação jurídica dos fazendeiros réus. Vejamos, de acordo com o art. 4º, § 2º:

> O edital de convocação conterá a delimitação perimétrica da área a ser discriminada com suas características e será dirigido, nominalmente, a todos os interessados, proprietários, ocupantes, confinantes certos e respectivos cônjuges, bem como aos demais interessados incertos ou desconhecidos. (grifos nossos)

Está bem claro que aqueles que fazem parte ou tiveram alguma ligação na cadeia dominial estão respeitados na ação, quando *inseridos como interessados incertos ou desconhecidos*. Nesse caso, o Estado está apresentando, em forma pública, o edital de citação e abrindo a possibilidade de defesa àqueles que, apresentando os títulos, sustentem sua ocupação como legítima. Também é incabível o argumento de atribuir ao Estado a citação de pessoas que adquiriram títulos de origem de uma área, mas, após essa aquisição, construíram outra cadeia dominial. Isso porque ficam transparentes na abertura do processo quais são as áreas objetos de discriminação e, além disso, quais os nomes dos fazendeiros réus. Os efeitos de uma sentença estão limitados às partes envolvidas. Como uma ação discriminatória é proposta contra aquele, possui uma titulação dominial; por exclusão, somente os fazendeiros réus, confrontantes ou os que participaram do processo serão alcançados pela decisão judicial.

Na sentença, declara-se que as terras são devolutas, assim como serão indicados nominalmente apenas os títulos e fazendeiros réus envolvidos. Sendo assim, somente estes são atingidos pelo resultado. Por fim, com uma artifício tacanho de tentar extinguir o processo discriminatório das terras, os fazendeiros réus, novamente, escamoteiam pelos meandros da lei a questão principal a ser debatida: o processo de grilagem das terras.

O argumento do usucapião

Outro contrassenso por parte da defesa dos fazendeiros réus nas ações é que, utilizando-se de uma interpretação jurídica de que terras devolutas são usucapíveis, as solicitam para fim de reconhecer a dominial idade privada dos imóveis. Isso argumentam sustentados na Súmula 340 do Supremo Tribunal Federal (STF), que o admitiu até o Código Civil Brasileiro de 1916. Assim, segundo essa interpretação, quem até 31 de dezembro de 1916 tivesse completado o tempo de ocupação mansa e pacífica de quarenta anos poderia ocorrer a preceito aquisitivo. Prevaleceu até 1931 a concepção de que as terras devolutas eram passíveis de usucapião. O decreto federal n. 19.294, assinado pelo governo Vargas, reconheceu as concessões de terras processadas pelo regime anterior, mas definiu a partir da data publicada do decreto a necessidade de transcrição de terras como ato fundamental para a validade dos títulos de terras. Com relação a esses argumentos, apenas dois pontos desconstroem essa interpretação presente nos autos das ações discriminatórias: primeiro, reconhecem que as áreas são públicas e desejam torná-las de domínio privado; segundo, a Constituição de 1988 foi taxativa na impossibilidade de usucapião de terra pública de qualquer natureza, conforme o seguinte artigo:

> Art. 91. – Aquele que, não sendo proprietário de imóvel rural ou urbano, possua como seu, por cinco anos ininterruptos, sem oposição, área terra, em zona rural, não superior a cinquenta hectares,

tornando-a produtiva por seu trabalho ou de sua família, tendo nela sua moradia, adquirir-lhe-á a propriedade.

Parágrafo único – Os imóveis públicos não serão adquiridos por usucapião. (grifos nossos)

Ou seja, a possibilidade de legalizar a grilagem através do artifício do usucapião é negada aos fazendeiros réus por duas vezes. Primeiro, porque são terras públicas e, segundo, se fossem de ocupação legítima, não conseguiriam o usucapião, pois de longe as áreas são inferiores a cinquenta hectares e, muito além disso, longe de conflitos, questionando a posse mansa e pacífica.

O registro como argumento de legitimação da grilagem

Na maioria das ações de defesa em ações discriminatórias de terras está presente o artigo 859 do Código Civil, onde: "*presume-se pertencer o direito real à pessoa em cujo nome se inscreveu, ou transcreveu*". Com esse artigo, abriu-se a brecha esperada pelos fazendeiros réus de que lhes são asseguradas por lei as propriedades privadas das terras, uma vez que a titulação dominial existente está em seus nomes. A sustentação do argumento é de que, enquanto não houver outra ação precedida de decisão judicial específica para anulação do título, prevalecerá o que está garantido no ato de registro. A presunção contida no código é apresentada pelos fazendeiros réus como uma forma absoluta do direito de propriedade. Com isso, enfatizam que, enquanto o Estado não cancelar os registros via processo judicial, a área não pode ser objeto de ação discriminatória, e solicitam a extinção do processo nos termos do artigo 267, IV do Código de Processo Civil.

Outros argumentos também são levantados para sustentar o registro como uma forma de legitimação da grilagem: as ocupações foram de boa-fé, com os títulos exemplarmente transcritos; os cartórios (prestadores de serviço público) deram ingresso aos títulos no sistema registral; o Estado admitiu sucessivos registros imobiliários e sempre exigiu em cada transação o pagamento de respectivo imposto, mesmo nas sucessões hereditárias (Barhum, 2003). Como já foi mencionado, a ação discriminatória é a mais apropriada para o cancelamento da titulação particular. Portanto, não cabe entrar com uma ação de anulação do título. O que se necessita para retomar as terras é outro processo, denominado ação reivindicatória, uma outra longa luta.

A ação discriminatória tem como finalidade atacar a legitimidade e autenticidade do título, e não do que está constando em seus escritos. A forma de transcrição ou registro do título não tem força suficiente para extinguir uma ação estatal. Frequentemente, é apresentada como defesa dos fazendeiros réus a comparação do sistema de registro germânico com o brasileiro. Nesse primeiro citado, somente o registro já é compreendido como prova cabal do domínio. Diferentemente, no Brasil, o registro tem *status* de presunção relativa de propriedade e reserva de valor patrimonial, uma vez que o Estado não tem controle sobre o registro, pois a prática da grilagem, inúmeras vezes, também pode estar ligada a esquemas de corrupção vinculados a órgãos públicos e cartórios.

No Brasil, quando se declara a nulidade do registro, isso não representa a desconstituição do direito de propriedade. Vejamos o caso do Pontal do Paranapanema, mesmo com as inúmeras ações discriminatórias tendo sido julgadas como devolutas, nas décadas de 1940 e 1950, e em momento algum o direito de propriedade foi retirado dos grileiros. Por fim, o fato de os fazendeiros réus terem o registro juridicamente revela um ato de segurança nas transações envolvendo imóveis, e não a tomada da propriedade privada como direito absoluto. Porém, o uso desse documento (registro) garante inúmeras benesses, dentre elas a de utilizar a propriedade como reserva patrimonial e renda em caso de financiamentos, hipotecas, empréstimos, concessões em pedidos de reintegração de posse, além de garantir relações de poder e privilégios da escala local e nacional.

Questionar a formação de uma jurisprudência sobre as terras devolutas

Outro argumento utilizado na defesa da "grilagem" das terras cai sob a própria confirmação judicial de sua dominialidade forjada. São as contestações denominadas que tentam derrubar as "provas emprestadas de outros processos". Como é recorrente, há conhecimento de vários outros processos que foram transitados e julgados pelo Brasil como devolutos. Nas sentenças, estão manifestadas as provas e os meios que levaram o juiz a se decidir pelo vício do título de origem e a anulação da cadeia dominial. Essas sentenças são utilizadas como provas da irregularidade, em outras ações discriminatórias, com áreas ou formas de ocupação semelhantes. As sentenças e acórdãos proferidos em outras ações, além de serem documentos já passados pelo crivo judicial, são elementos de fonte que podem subsidiar um convencimento do juiz. Entendemos que isso, mais do que provas, é a formação de uma verdadeira jurisprudência. A alegação de defesa dos fazendeiros réus está balizada no argumento de que não se pode utilizar decisões proferidas em outras ações discriminatórias, pois fogem ao princípio do contraditório. Ou seja, sua formulação não foi acompanhada pelos fazendeiros réus.

A desconstrução desse argumento está pautada primeiro pela garantia legal de seu uso, conforme consta no artigo 322 do Código Civil. O referido artigo estabelece que a prova emprestada é aquela produzida em processo distinto, mas dotada de relevância em face do atual. Quer dizer, é de conhecimento da sociedade que uma determinada região teve um processo de ocupação cercado de irregularidades e incertezas dominiais. Se uma determinada sentença produziu elementos que demonstraram esse fato, é absolutamente idôneo seu uso em uma região ou área com características similares. O fato de que os fazendeiros réus não acompanharam a formação dessas provas não se justifica, pois, ao serem inseridas no processo, são públicas, e estes, como partes envolvidas no processo, têm pleno acesso aos documentos, para questioná-los no processo vigente. Outras argumentações discorrem pelo caminho de que os juízes podem ser *convencidos* a arbitrar baseados nessas provas. Ora, os juízes têm livre-arbítrio para a condução do processo, mas isso não é um poder absoluto, pois a lei os condiciona a demonstrar, nas sentenças, quais os elementos apresentados que os levaram a adotar tal julgamento. Como na maioria dos casos das ações discriminatórias os fazendeiros réus não conseguem produzir provas que afastem a invalidade de seus títulos, a utilização de sentenças já julgadas é o meio que estes se utilizam para manifestar a fragilidade jurídica da cadeia dominial que está sendo analisada.

Portanto, fortalecemos a ideia de que o uso de outras sentenças como prova cabal da devolutividade daquelas terras deveria ser usado como jurisprudência consensual, nos processos. Há justificativa de que as provas já produzidas sobre a grilagem das terras não podem ser utilizadas como elementos no processo discriminatório. Esse argumento, além de ser apenas um artifício de retardamento da decisão, expõe a fragilidade dos fazendeiros réus em comprovar a ocupação legítima naquele território.

A prescrição da ação

Frequente nos discursos dos fazendeiros réus, o uso da prescrição de uma ação é uma tentativa de desmoralizar a ação do Estado perante a sociedade e, assim, continuar no domínio das terras. O argumento jurídico é da ineficácia do Estado em assumir as terras já julgadas devolutas e do longo tempo de ausência de ação, que permitem que esta seja prescrita. É fato que o Estado há muito deveria ter atuado imediatamente no trânsito e julgamento das ações. A inércia, nesse caso, esteve e está a favor da proliferação da grilagem das terras. Porém, após julgada, a ação discriminatória é imprescritível. A ação, como já tratamos, não procura reivindicar aquela área, mas sim declarar se é ou não devoluta. A retomada faz parte de outra ação que envolve jogo de interesse e relações de poder. Naquele momento em que fora julgada, cabe apenas ao Estado saber se são ou não bens do poder público. A destinação a que lhe cabe é outra disputa jurídica. Mesmo estabelecendo a certeza no mundo jurídico, na realidade a incerteza prevalece, pois o título e domínio ainda continuam com os fazendeiros. Com isso, a disputa entre o movimento camponês e os fazendeiros pelo domínio das terras se materializam em determinada região.

Grande parte das ações discriminatórias julgadas no Pontal do Paranapanema/SP na década de 1950 como terras devolutas passara incólume nas mãos dos fazendeiros, por décadas. Somente com uma denúncia provinda da ação organizada dos camponeses é que o Estado retornou ao processo de discussão, para sua retomada. Em momento algum uma ação julgando as terras como bens do Estado foi prescrita. Isso porque, segundo o artigo 75 do CPC, o fato de a área discriminada não ser requerida como usucapião afasta ainda mais a hipótese de prescrição da ação, pois *bens públicos são imprescritíveis*. Contrapondo-se a esse argumento, o Estado tem justificativa legal de, a qualquer tempo, buscar reconhecer o caráter público de uma área que se encontra ocupada indevidamente.

Ocupação por boa-fé

Entendemos que a principal defesa para tentar legitimar o caráter privativo das terras é o argumento da ocupação por boa-fé. Com isso, o fazendeiro réu, ao não apresentar provas para afastar a invalidade de seu título, apela sobre o desconhecimento da origem irregular da cadeia sucessória. O princípio da boa-fé está presente em quase todas as defesas dos fazendeiros réus. Porém, essa matéria é recentemente discutida por parte da doutrina jurídica, estando voltada para o direito privado e não público (Barhum, 2003). As manifestações utilizadas nas ações de discriminação de terras apontam para a ocupação por boa-fé, seguindo as teorias da aparência jurídica, da teoria do ato próprio e a *supressio*. A defesa da ocupação por boa-fé baseada na teoria da aparência jurídica está contida no direito germânico (a Gewere). Segundo Barhum (2003, p.177),

> [...] é utilizada como um direito de fato, exercido com poder puramente físico sobre a coisa (é o caso da Gewere do espoliador), ora como poder de fato conexo como direito a ele correspondente (a Gewere do possuidor), ora independentemente de qualquer poder físico (como a Gewere do herdeiro, ou a do titular de domínio eminente em contraposição à do vassalo), aparentando o domínio pleno sobre a coisa, em face de terceiros.

Com base nessa argumentação, os juristas alemães desenvolveram a teoria da aparência do direito, ou teoria da aparência jurídica, segundo a qual a *posse da coisa* exprime que um direito de fato é exercitado. A partir de uma aparência legal da coisa feita, o direito a ela fica estabelecido, surgindo os proprietários aparentes, o sócio aparente ou outro tipo de configuração que transmitam uma realidade aparente. O argumento utilizado pelos advogados dos fazendeiros réus, baseado na teoria da aparência jurídica, é de que, concretamente, as escrituras públicas dos fazendeiros foram lavradas, transcritas e matriculadas durante décadas pelo poder público, de forma direta ou indireta. Nesse meio-tempo, não ocorreu nenhuma contestação que impedisse a comercialização dos imóveis.

Sustentam que muitas "pessoas de bem", como médicos, juízes, advogados, entre outras pessoas esclarecidas, acreditaram na aparência legal da aquisição do título respaldado por aparelhos do Estado. Com isso, foram induzidos ao erro, assim como inúmeras outras o fizeram, constituindo o imbróglio dominial hoje questionado pelo próprio Estado. Essa situação, de acordo com suas contestações, é de responsabilidade do próprio Estado, ao criar a aparência legítima da propriedade privada na região. O direito de fato estaria consumado, mesmo que no mundo jurídico haja incertezas. D'Amellio assim explica a essência da teoria do direito aparente:

> No mundo jurídico, o estado de fato nem sempre corresponde ao estado de direito; mas o estado de direito de fato, muitas vezes, e por considerações de ordem diversa, merece o mesmo respeito que os estado de direito e, em determinadas condições e em atenção

> a determinadas pessoas, gera consequências em nada diferentes daquelas que deveriam do correspondente estado de direito. Um desses casos é a aparência do direito. Existem, na verdade, situações gerais nas quais quem, razoavelmente, teve confiança em uma dada manifestação jurídica e se comportou coerentemente com tal manifestação, tem direito de contar com ela, mesmo se a manifestação não corresponde à realidade. (D'Amellio, 1991, p.714)

Outro fator exemplifica o entendimento que a propriedade privada da terra é constituída como uma forma de reserva de valor patrimonial. Argumenta que, no comércio jurídico e nas negociações, os títulos hoje questionados sempre foram objeto de garantia hipotecária, tanto por instituições públicas como privadas, comprovando assim a veracidade e legitimidade de sua aquisição. Outro fundamento utilizado como sustentáculo para reivindicar o direito ao reconhecimento das terras como privadas nas ações discriminatórias *é a teoria do ato próprio.* Nela consiste demonstrar a contradição do Estado e sua incoerência durante todo o processo histórico, mesmo sabendo das irregularidades dominiais. Demonstra que ora permitia e sustentava essa ocupação, ora era omissa nos casos que deveria coibir tal prática. Alega, ainda, ser contraditório o comportamento de esquecer todo o passado de omissão, adotando uma atitude comportamental e exemplar de decidir retomar as terras, denominando aquelas que a ocuparam como grileiros.

A terceira manifestação que sustenta a defesa da ocupação pela boa-fé é a *supressio*, ou caducidade. Isto é, por que o Estado inicia e paralisa algumas discriminatórias e outras há mais de cinquenta anos, mas não as conclui, abandonando a ação ou paralisando-a sem fundamentos legais. Reza o argumento que esse fato permitiu a propagação, uma infindável quantidade de títulos cercados pela certeza do domínio, uma vez que o Estado abandou a ação discriminatória. Não caberia, no momento, o Estado retomar as ações, uma vez que muitos seriam prejudicados em função da letargia da ação. Em outro contexto, é o argumento semelhante à teoria que explica que já se passou o momento histórico ideal para realização da reforma agrária.

Enfim, as três manifestações que subsidiam a apelação sobre a boa-fé dos fazendeiros réus, apesar de serem aceitas por muitos magistrados e darem ganho de causa, também não sustentam a discussão a que uma ação discriminatória se propõe: o mérito da ação. Ou seja, o Estado, ao entrar com uma ação muito tempo após suas próprias normas, estabelece os critérios, admite o erro histórico cometido. Porém, a certeza de seus questionamentos sobre a existência de terras devolutas não é superada por provas convincentes de que, em determinada região, a ocupação e o registro dos títulos tenham advindo de maneira que sustente sua legitimidade.

Os princípios da boa-fé não se aplicam a uma ação discriminatória das terras, pois o que está em decisão é a existência ou não de terras devolutas. Tanto a teoria da aparência jurídica como as outras citadas pretendem tornar natural e eficaz o direito a terceiros de um ato originariamente forjado de forma desigual. Também devemos ressaltar, novamente, que está previsto no Código de Processo Civil a garantia da imprescritibilidade do direito do poder público em questionar a qualquer momento a titularidade do que julga ser seu patrimônio. A alegação dos fazendeiros réus de que aquisição do imóvel foi de boa-fé por desconhecimento dos vícios que a cadeia dominial acumulava é totalmente contestável. Inúmeras manchetes em meio jornalístico impresso ou denúncias de movimentos sociais alertam sobre os danos ao se adquirir terras griladas. Portanto, de boa-fé pode até ter ocorrido apenas a transação imobiliária entre comprador e vendedor. Porém, essa ação não se reverte automaticamente na transformação de terras devolutas em propriedade privada.

Com isso, entendemos que os argumentos indicados pelos advogados dos fazendeiros réus procuraram apenas protelar uma decisão judicial através de medidas e atos que confundem e burocratizam o processo das ações discriminatórias. Pode-se observar também que dificilmente há uma defesa concreta e contundente na discussão do mérito da ação, ou seja, nem mesmo os advogados dos fazendeiros réus conseguem defender o título/papel apresentado como propriedade da terra, o que configura a própria confissão do ato da grilagem de terras públicas.

Considerações finais

O poder e a manutenção de uma determinada classe social no Brasil construíram, com base no controle e na violência, um discurso em que se estabelece amplos privilégios àqueles que detêm uma parcela do território, denominada propriedade privada da terra. A propriedade privada capitalista da terra é a materialização do poder, de extensão de um domínio econômico/político, que foi adquirido de um bem natural. Portanto, a relação terra, território e Estado está atrelada a uma disputa entre as classes sociais. O poder adquirido pela tomada ilegal de parcelas de um território garante à classe latifundiária amplos direitos e benefícios. Primeiro, o direito de auferir toda a renda capitalizada da terra e transformá-la em reserva de valor. Segundo, o benefício de tentar manter um *status* político/ideológico que, em princípio, impossibilitaria o Estado de retomar ou redistribuir as terras no Brasil. Caberia então a organização da própria sociedade, na forma de movimentos, sindicatos, partidos etc., para questionar, denunciar e expor publicamente as mazelas dos diversos segmentos envolvidos em práticas conservadoras, de manutenção de uma determinada ordem social.

Nesse embate entre as classes, o Estado, teoricamente, foi criado para manter o equilíbrio e o controle social/territorial. O papel do Estado nessa luta de classes não é apenas o de um agente regulador dos princípios da liberdade e igualdade. O entendimento de sua ação fica inócuo, sem a compreensão da interferência e do poder de uma classe que procura manter-se em uma condição dominante e privilegiada de informações e benefícios. O Estado nasceu pela necessidade de conter os antagonismos das classes; contudo, já nasceu em meio a seus conflitos e luta entre elas. Portanto, seu surgimento esteve vinculado ao domínio de uma das classes, a mais forte economicamente.

Na relação com a terra, o Estado brasileiro deixou sua destinação e ocupação à mercê do jogo de força das relações sociais. Com isso, a terra tornou-se refém da propriedade. A propriedade com as cartas constitucionais, desde a Revolução Francesa, tornou-se um direito. E o direito de propriedade passou a ser o pilar estrutural da sociedade capitalista. Nesse caso, a terra transformou-se em poder. E, consequentemente, a concentração de terra em acúmulo de poder e riqueza. É justamente pela violência que os povos indígenas foram dizimados, os negros escravizados, os posseiros expropriados e os sem-terra "demonizados", despejados, e perseguidos. Por isso o movimento camponês dos sem-terra e os posseiros são os rebeldes da contemporaneidade. Questionam, recuam e voltam a questionar oportunamente em vários momentos da história a irracionalidade da propriedade privada da terra. Sem esse questionamento, os planos governamentais de reforma agrária sequer seriam incluídos como políticas públicas.

O Estado, ao ser pressionado pelo movimento camponês para retomar as terras públicas griladas, que foram apropriadas ilegalmente, possibilita tanto a (re)criação deste como a dos latifundiários, hoje maquiados e "blindados" pelo discurso da eficiência e produtividade via aliança com empresas capitalistas, quando não elas mesmas territorializadas.

Se, por um lado, os camponeses conquistam parcelas do território que estavam sob o domínio e controle dos fazendeiros grileiros; por outro, os fazendeiros foram e podem ser "recompensados" ao converterem atos de ilegalidade e crime em legalidade e acúmulo de riqueza. Seja na regularização de parte das fazendas griladas, seja na relação de compra-venda das terras públicas metamorfoseada em pagamento de indenizações de benfeitorias, seja na compra com dinheiro público de novas e maiores terras nas regiões Centro-Oeste e Norte do Brasil, reproduzindo novamente práticas conhecidamente ilegais.

Nesse contexto de luta de classes, o Estado apresenta-se como um administrador do conflito pontual. Porém, entender e resolver a estrutura agrária requer assumir uma postura no conflito de classes com interesses opostos, por isso o Estado administra os conflitos de acordo com a conjuntura que lhe favoreça. Assumir uma postura nesse caso das terras devolutas não é transferir a responsabilidade para outra esfera de poder. A maioria das ações discriminatórias deu ganho de causa ao Estado, portanto são terras públicas. O Estado adota uma postura política de abrir mão do controle do território, mesmo as terras tendo sido julgadas públicas. Portanto, ele não assume o controle sobre o território. Transfere e transverte responsabilidades e decisões políticas em competências técnicas, assim como para a esfera do poder judiciário a resolução da questão das terras públicas, griladas e ocupadas irregularmente por fazendeiros e/ou empresas. Com isso, impera o discurso da justiça lenta para a resolução da questão agrária brasileira.

Cabe então ao movimento camponês a rebeldia de lutar por frações do território que estão oportunamente sob domínio irregular de particulares, mesmo que para isso vidas sejam silenciadas nesse processo truculento de barbárie que se materializa no campo brasileiro. Como bem poetizou dom Pedro Casaldáliga:

> *Enterrem-me no chão,*
> *como tanto peão*
> *que tombou nesta guerra:*
> *sem nome e sem caixão*
>
> *Só reivindico o póstumo direito*
> *de sentir liberada a terra*
> *sobre o cartório comunal do peito*
>
> ("Enterrem-me no chão", Dom Pedro Casaldáliga, 2006)

Referências bibliográficas

AGUIAR, R. A. R. *O que é justiça?: uma abordagem dialética*. São Paulo: Alfa-Ômega, 1999.

BARHUM, S. *Contribuição aos estudos sobre ações discriminatórias de terras*. São Paulo, 2003. 245f. Dissertação (Mestrado) – Unoeste, Presidente Prudente.

BORGES, P. T. *Institutos básicos do Direito Agrário*. 4.ed. São Paulo: Saraiva, 1984.

BRASIL. Incra. Reforma da legislação. Disponível em: http://www.incra.gor.br/_serv/placar/balanco/reforma.htm. Acesso em: 8 jan. 1999.

CLEPS, J. *O Pontal do Paranapanema paulista:* a incorporação regional da periferia do café. São Paulo, 1990. Dissertação (Mestrado) – Unesp/ Rio Claro.

COBRA, A. N. *Em um recanto do sertão paulista.* São Paulo: Typ. Hennies Irmãos, 1923.

D'AMÉLIO, M. *Novissimo digesto italiano.* Turim: Unione Tipográfico-Editrice Torrinese, 1991. v.1.

FELICIANO, C. A. *Território em disputa:* Terras (re)tomadas no Pontal do Paranapanema. São Paulo, 2009. 575f. Tese (Doutorado em Geografia Humana) – Faculdade de Filosofia, Letras e Ciências Humanas, Universidade de São Paulo.

GUGLIELMI, V. T. *As terras devolutas e seu registro.* XVII Encontro dos Oficiais de Registro de Imóveis do Brasil, Maceió (AL), 1991.

JUNQUEIRA, M. *As terras devolutas na reforma agrária.* São Paulo: Revista dos Tribunais, 1964.

LACERDA, M. L. de. *Tratado das terras no Brasil.* Rio de Janeiro: Imprenta, 1960. v.I.

LOPES, C. F. *Discriminatória.* São Paulo: Editora Americana, 1940.

MARTINS, J. S. *Os camponeses e a política no Brasil.* Petrópolis: Vozes, 1981.

MORATO, F. *Miscelânea jurídica.* São Paulo: Saraiva, 1945. v.II.

OLIVEIRA, A. U. *Modo capitalista de produção e agricultura.* São Paulo: Labur Edições, 2007.

SILVA, L. O. *Terras devolutas e latifúndio.* São Paulo: Editora da Unicamp, 2008.

SOUZA, J. B. M. *Revista de Direito Agrário,* n.11. Brasília: Incra, 1986.

3
Camponeses e a história da ditadura em São Paulo

Clifford Andrew Welch[1]
Rosana Akemi Pafunda[2]

Introdução

Depois de meio século, os historiadores estão começando a reconhecer o que milhões de camponeses brasileiros têm guardado na memória há décadas: os anos da ditadura foram agridoces. Cerca de 30 milhões de camponeses foram expulsos do campo nesse período, milhares tiveram seus direitos humanos violados, alguns até chegaram à morte. Migraram para áreas urbanas, deixando para trás parentes amados e terras conquistadas, mas raramente compradas, os queridos ninhos da criação e formação. Assim como o país, suas vidas também foram transformadas pela transposição e pelo tempo. Contudo, o tempo lhes conferiu perseverança e otimismo, que são a salvação do ser humano, pois correm como sangue na veia do brasileiro. Ambas fizeram a nova situação parecer melhor, um sinal

---

1 Professor da Escola de Filosofia, Letras e Ciências Humanas da Universidade Federal de São Paulo – Unifesp. Professor do Programa de Pós-Graduação em Desenvolvimento Territorial na América Latina e Caribe do Instituto de Políticas Públicas e Relações Internacionais – IPPRI/Unesp.

2 Mestre pelo Programa de Pós-Graduação em Desenvolvimento Territorial na América Latina e Caribe do Instituto de Políticas Públicas e Relações Internacionais – IPPRI/Unesp.

de progresso individual celebrado pela ditadura como avanço da própria civilização brasileira.[3]

É possível contar nos dedos o número de historiadores que trata dessa parte fundamental da história contemporânea do Brasil. Não que os historiadores não se importem com o tema da história social do campo, mas a preocupação deles tem sido o território tradicionalmente distante do tempo presente. Um dos objetos de estudo mais típico é a escravidão; outros historiadores se dedicaram, particularmente, à formação social nos períodos da Colônia, Império e da Primeira República, quando a zona rural predominava. É perceptível um relativo crescimento no número de estudos históricos sobre "homens livres", "pobres agricultores livres", cangaceiros, colonato, campesinato, imigrantes rebeldes e rebeliões no campo em geral, especialmente Canudos e Contestado.

Importantíssimo foi o grupo que fundou o Centro de Pós-Graduação em Desenvolvimento, Agricultura e Sociedade (CPDA), originalmente na Fundação Getúlio Vargas e desde 1982 na Universidade Federal Rural do Rio de Janeiro. Liderados inicialmente pela historiadora Maria Yedda Linhares, alguns professores desse grupo investigaram o fenômeno das ligas camponesas associado ao político Francisco Julião no tocante à ditadura. Até o século atual, apenas a historiadora Zilda Iokoi havia se arriscado a narrar a experiência dos trabalhadores rurais no contexto do período ditatorial, seguindo o viés comparativo entre Brasil e Peru na publicação de sua tese. Ainda assim, a partir de 2003, quando Jorge Ferreira requisitou especialistas que escrevessem um capítulo sobre o campo para sua

3 Quando o general Médici foi presidente da ditadura (1969-74), sua administração lançou o *slogan* "Os sem-terra do Nordeste para as terras sem-gente da Amazônia" como forma de estimular a "integração nacional" através de um plano de desenvolvimento que dependia de grandes migrações de camponeses. Entre 1960 e 1980, mais de 16 milhões de pessoas deixaram o campo na região Nordeste. No final dos anos 1970, quando a ocupação do Norte já se revelara um desastre para milhares de pessoas, a ditadura criou o Programa Nacional de Apoio às Migrações Internas.

excelente coletânea *O Brasil republicano*, foi destacado para o serviço o antropólogo Mario Grynszpan.

Talvez pela forma como se organizam as áreas de conhecimento, antropólogos, geógrafos e sociólogos tenham uma formação mais adequada para chegar primeiro ao assunto. Geografia e Sociologia possuem subáreas especializadas em problemas agrários. Ambas enfatizam a atualidade, e parte da atualidade do Brasil no século XX foi a transformação da relação campo-cidade. A transformação mais evidente foi demográfica. Em 1960, 67,3% das pessoas residiam no campo e, em 1991, esse percentual caiu para apenas 37,3%. Como comentaram os sociólogos Carlos B. Vainer e Fausto Brito: "as massas rurais que tinham sido imóveis foram lançadas no curso migratório" em decorrência das "mudanças profundas na sociedade, primeiro com a abertura de novas fronteiras agrícolas no campo" (2001, p.21). E os migrantes "eram decisivos em determinar o tempo e o formato do processo de industrialização urbana no Brasil" (Vainer; Brito, 2011, p.21). Em outras palavras, uma grande história estava acontecendo, evidentemente despercebida pela maioria dos historiadores.

Portanto, visando integrar o debate o olhar do historiador para além da questão demográfica, pretendemos abordar aqui três temas da história social do campo recente: 1) a historiografia; 2) o golpe; e 3) o estado da pesquisa sobre a verdade no período da ditadura.

A questão agrária

Entre os historiadores, a questão agrária foi abordada de maneira explícita em um livro publicado por Linhares e Francisco Carlos Teixeira da Silva em 1999. Segundo eles, a questão está enraizada no debate entre "campesinistas" e "descampesinistas", quer dizer, quem acredita ou não que o desaparecimento do campesinato é inevitável para o progresso da condição humana. Assim, a questão implica a consideração de políticas públicas, como a reforma agrária e o papel que o campesinato teve, ou deverá ter, na história. Como eles argumentam, a perspectiva do autor sobre a questão agrária e sua representação terá uma influência concreta na análise da atuação política dos camponeses e na atenção dada à formação e orientação dos movimentos sociais e sindicais do campo.

O desafio surge a partir do *Manifesto comunista* (1848), no qual Marx e Engels argumentam que o campesinato "procura fazer retroceder a roda da história" e, assim, necessitam transferir "para o proletariado [...] os seus interesses". Desse modo, a cidade e não o campo é representada como o centro dinâmico da história:

> De todas as classes que hoje se defrontam com a burguesia, *apenas* o proletariado é uma classe realmente revolucionária. As outras classes decaem e, por fim, desaparecem com o desenvolvimento da indústria moderna, mas o proletariado é seu produto mais autêntico.
>
> As classes médias inferiores, os pequenos industriais, os pequenos fabricantes, os artesãos, os *camponeses*, todos lutam contra a burguesia, para garantir sua existência como parte da classe média. Portanto, não são revolucionárias, mas conservadoras, e mais ainda reacionárias, pois procuram fazer retroceder a roda da história. Se por acaso tornam-se revolucionárias, é em consequência de sua iminente transferência para o proletariado; não defendem, pois, seus interesses atuais, mas os futuros, abandonando seu próprio ponto de vista pelo do proletariado. (Marx; Engels, 1848, p.35, ênfase nossa)

Poucos anos depois da publicação do *Manifesto*, Marx fez outra avaliação negativa da potência revolucionária do campesinato com sua comparação infame a um "saco de batatas". Mas o *18 Brumário*, apesar de manter sua relevância como texto, não foi tão importante para o processo político do Brasil como a Revolução Cubana de 1959, que inspirou um debate feroz no reposicionamento da esquerda brasileira. No contexto da Guerra Fria e no "quintal" dos Estados Unidos, a Revolução Cubana se provou vitoriosa por causa da mobilização camponesa. Essa representação dos fatos, no contexto de outras guerras revolucionárias que envolveram camponeses, como a do Vietnã, mudou profundamente o debate sobre as expectativas revolucionárias do campesinato e provocou mudanças ideológicas que colocaram em foco o conceito de "revolução camponesa", desafiando as leituras convencionais de Marx, com a realidade de um campesinato altamente radical no movimento de libertação dos países do Terceiro Mundo. É importante observar que Cuba proporcionou aos líderes ditos revolucionários oportunidades de estudar e treinar em Cuba.

Apesar de abrir novas avenidas para interpretar a questão agrária no contexto de uma transição histórica – o golpe civil-militar de 1964 –, a história social do campo atraiu poucos pesquisadores entre os historiadores. Em sua revista *Brasiliense*, Caio Prado Júnior destacou a importância dos trabalhadores rurais nos anos anteriores ao golpe. Logo depois, em 1966, deu continuidade com a publicação do livro *A revolução brasileira*, onde enfatiza o valor da organização sindical dos trabalhadores rurais no melhoramento imediato de suas condições de trabalho e vida, como fonte de mais alimentos para a população urbana e enquanto consumidores da produção industrial para o mercado doméstico; todos eles valores que contribuem para fortalecer o capitalismo e, assim, criar as condições para realizar o socialismo.

A tendência dos historiadores foi a de valorizar ainda mais a questão urbana, tornando-se, talvez sem querer, colaboradores do projeto dos *descampesinistas*. No período, Prado Júnior foi o único entre os historiadores que deu atenção à questão agrária. Similar a Marx, era a relação campo-cidade que importava, não a luta pela terra e a renovação do campesinato. Para Prado Júnior, os pequenos agricultores não eram protagonistas importantes da história brasileira, mas o proletariado rural sim. Em contraste, Linhares e Silva mostram a importância do campesinato ao destacar a continuidade da ditadura com a exclusão social provocada pela Lei de Terras de 1850 e as políticas públicas elaboradas durante a Primeira República, que aprofundaram as tendências da concentração fundiária e a consolidação da hegemonia da oligarquia rural. Segundo Linhares e Silva, sem a transformação do "sistema de propriedade da terra, a construção do Brasil como nação democrática e republicana, com a superação de uma imensa dívida social", não aconteceria (1999, p.xvii).

O golpe e os movimentos camponeses em São Paulo

As esquerdas da época do golpe perceberam a questão agrária como fundamental para o futuro do país; a ditadura também, uma vez que a repressão no campo e a elaboração de políticas agrárias eram priorizadas no contexto da organização do golpe e a implantação do governo civil-militar. Após o famoso discurso do presidente João Goulart no Rio de Janeiro em 13 de março, intensificou-se a luta entre os grupos críticos de apoio e oposição às reformas de base, especialmente a reforma agrária.

Uma das pequenas controvérsias que surgiu na época envolvia o curso de treinamento que os líderes dos movimentos camponeses haviam pedido que a Superintendência da Política Agrária (Supra) organizasse. Goulart criou a Supra no final de 1962 em Ribeirão Preto para fomentar, implantar e administrar tudo que fosse gerado como projeto para a transformação socioeconômica do campo. Como parte do plano, o governo começou a reconhecer e, consecutivamente, legalizar sindicatos dos trabalhadores rurais.

O ritmo das atividades desenvolvidas pela Supra em Ribeirão Preto era intenso. Enquanto voluntários ofereciam cursos sobre direitos trabalhistas e gestão sindical para os líderes dos trabalhadores de toda a região da Alta Mogiana, outros sindicatos rurais se formavam. Mas o dia mais importante para a Supra ainda estava por vir: na quinta feira, dia 24 de março, dezenas de pessoas participariam do primeiro encontro geral para organizar o escritório regional. Esperavam a participação de jornalistas, advogados, sacerdotes, líderes sindicais, estudantes de medicina e odontologia, entre dezenas de outros interessados na formação básica e mobilização política dos trabalhadores do campo.

Se, por um lado, o ritmo dos eventos nacionais parecia tanto acelerar como alterar a agenda da Supra, aqueles que apoiavam a conspiração contra o presidente apressaram simultaneamente suas atividades. Depois do sucesso da Marcha da Família, eles solidificaram seus planos e marcaram o golpe secretamente para o dia 1º de abril. Com a tomada de poder pelos militares já preparada, a situação chegou ao limite em Ribeirão Preto, assim como em outros lugares, no fim do mês de março.

A primeira batalha ocorreu no sábado, dia 28 de março, no Colégio Marista. Em um debate patrocinado pelo Movimento de Arregimentação Feminina (MAF), o padre Celso, que havia sido líder da Frente Agrária Paulista (FAP) e representava a frente política progressista da Igreja Católica, enfrentou o inimigo. Para estimular um confronto, o MAF convidou o padre Masueto, um sacerdote reacionário de São Paulo, para pôr na defensiva tanto o padre Celso como seus aliados, incluindo o prefeito Wilson Gasparini, até então um aliado da FAP. Falando do pódio, Masueto acusou o padre Celso de ser um "assalariado de Moscou". O padre radical já esperava golpes desse tipo, mas não estava preparado para a provocação que ocorreu, quando agitadores tentaram comprar uma briga com o prefeito. Os agitadores não permitiram que Gasparini falasse, chamando-o de "burro", empunhando bastões e atacando aqueles que tentavam defender o prefeito e o padre Celso. O conflito só se encerrou com a chegada da polícia.

As atividades religiosas do dia seguinte fizeram com que o padre Celso esquecesse os eventos de sábado. Moraes, por outro lado, só ficou sabendo dos eventos naquele domingo. Quando escutava uma reportagem sobre o confronto no rádio, recebeu um telegrama de São Paulo, ordenando que participasse de uma reunião de emergência do comitê estadual do PCB na manhã do dia 30 de março. Logo, Moraes dirigiu-se à sede estadual do partido, que ficava no 14º andar do Edifício Martinelli, disfarçada como "escritório eleitoral". Ao chegar, o salão estava quase cheio, com dezenas de camaradas vindos de todo canto do estado. No entanto, o encontro mal começou, quando um jovem chegou gritando para avisar que a polícia estava se preparando para invadir o prédio. Como lembra Moraes, todo mundo desceu os catorze andares pela escada. Moisés Vinhas, um intelectual e líder do PCB, disse a Moraes e Soares: "Façam estoque de gasolina, encham bastante o tambor de gasolina. Preparação!" (Welch; Geraldo, 1992, p.182).

Moraes lembra ter ficado muito irritado, pois no último momento o partido esperava que seus militantes revertessem anos de estratégia de acomodação. "Agora, até ontem vocês eram contra, agora mandam fazer estoque de gasolina. Aonde, de que jeito? De hoje para amanhã?" (Welch; Geraldo, 1992, p.182-3). Considerando esse dilema no caminho de volta a Ribeirão Preto, decidiram falar com o padre Celso. Moraes encontrou o padre no dia 31 de março e contou-lhe o que havia acontecido em São Paulo. Pela primeira vez, revelou que ele e cerca de trinta camponeses e outros militantes haviam participado de treinamento militar em uma fazenda perto de Altinópolis. Com um golpe militar acontecendo, Moraes pediu a cooperação do padre no planejamento de uma greve geral em Ribeirão Preto para que seu grupo guerrilheiro tentasse neutralizar a polícia nas cidades vizinhas.

Apesar de os jornais reacionários terem escandalizado os leitores ao mencionarem exércitos revolucionários de camponeses no interior do país, o padre Celso havia ignorado o alarme, convencido de que, se tais exércitos existissem, eles seriam ineficazes. Afinal, o Brasil não era uma ilha das proporções de Cuba. Mas Moraes não apenas confirmou os relatos, como também pediu que o padre o ajudasse. A princípio, o padre Celso disse a Moraes que era ridículo organizar uma greve geral da noite para o dia, pois o movimento dos trabalhadores não era suficientemente coeso. Embora desacreditasse em uma mobilização, o padre Celso seguiu seus princípios e publicou no jornal sua oposição ao golpe. No entanto, poucas cópias foram distribuídas antes que as autoridades descobrissem o esquema. As manchetes da primeira página eram: "LUTE PELA PAZ!" e "DECLARADA A GREVE GERAL!"

A edição de 1º de abril foi a última editada pelo padre Celso. No início da manhã o golpe já estava completo; João Goulart foi deposto em menos de dois dias. Em Ribeirão Preto, a polícia ocupou os escritórios do *Diário de Notícias*, impedindo que o jornal publicasse novas edições até o dia 12 de maio; o *Diário da Manhã* também foi fechado antes que sua edição de 1º de abril fosse ao prelo.

O escritório da Supra também foi fechado e sua equipe acusada de subversão de acordo com a lei de segurança nacional. Com todos os documentos da agência apreendidos, o novo regime os usou para desacreditar a Supra e o movimento camponês junto à imprensa; promotores militares também utilizaram esses papéis para iniciar processos criminais contra a agência e seu pessoal. Em São Paulo, assim como em outros estados, a Supra foi selecionada como alvo privilegiado da repressão, pois tinha conseguido, em um curto prazo de tempo, apaziguar a rivalidade entre as diversas facções dedicadas a mobilizar os camponeses, ajudando-as a obter um nível nunca antes visto de unidade.

Em junho de 1972, o Superior Tribunal Militar indeferiu o processo do governo contra a Supra. De acordo com o tribunal, os funcionários estavam apenas obedecendo às orientações da lei e não tinham violado a ordem jurídica. A essas alturas, no entanto, o estrago já estava feito. Os novos governantes compreenderam que, se diferentes resultados eram desejados, então a lei deveria ser modificada e outra equipe montada para executá-la. Sendo assim, o superintendente da Supra João Pinheiro Neto foi substituído pelo coronel Vital Queiroz e, finalmente, encarcerado como um dos 102 inimigos do Estado. Devido às suas conexões com a elite, Pinheiro Neto foi logo libertado, todavia uma punição lhe foi aplicada: ele foi proibido de ter carreira política, jornalística ou acadêmica. A Supra também foi desmantelada e transformada em duas novas agências: o Instituto Nacional de Desenvolvimento Agrário (Inda) e o Instituto Brasileiro de Reforma Agrária (Ibra). Contudo, nenhum dos dois promovia a sindicalização rural.

Dentro de um ano, o regime fechou 2.381 sindicatos de produtores autônomos, pequenos proprietários, trabalhadores agrícolas e rurais, deixando o país com apenas cerca de 490 sindicatos funcionando em agosto de 1965. As pessoas envolvidas com as organizações fechadas foram presas, forçadas a se esconderem ou deixarem o país. Destacados militantes do PCB em São Paulo, como Lyndolpho Silva e Nestor Vera, não foram presos nesse período, mas tiveram seus direitos políticos revogados pelo regime. Moraes se escondeu em uma fazenda de Altinópolis por três meses e Mário Bugliani, presidente do sindicato de Pontal que Moraes havia ajudado a fundar, também escapou de ser preso. Ele se escondeu na distante Ituverava. Assim como muitos militantes, Moraes e Bugliani sentiram-se logo frustrados com o regime militar que suprimia quase toda forma de ação coletiva. Em 1967, Bugliani uniu forças com outros militantes das esquerdas descontentes, como Vanderlei Caixe e Áurea Moretti, e fundou a Frente Armada de Libertação Nacional (Faln), um grupo de guerrilheiros que foi especialmente ineficaz, eliminado por um destacamento policial em 1969, com a prisão de Moraes e Bugliani.

O padre Celso e seus companheiros da FAP sofreram destinos significativamente diferentes. No dia 3 de maio, a polícia o prendeu no quartel da brigada, junto com outros supostos inimigos do Estado, o que foi mais de seu agrado – pelo menos, ficou assim lembrado por ele mais de vinte anos após o ocorrido. Ele tinha se oposto ao golpe e queria ser tratado como outros opositores e críticos do novo regime. No final, o padre Celso foi mais bem tratado do que esperava. Com toda a disciplina conspiratória e liderança militar do golpe, a tomada de poder tinha também suas ineficiências e pontos fracos. "Fiquei muito bem instalado", afirma, descrevendo a prisão militar improvisada. "Foi um mês de confraternização festiva da esquerda de Ribeirão Preto" (Welch, 2010, p.413).

Mas a festa terminou para o padre Celso no dia 4 de junho, quando ele retornou ao Brasil pós-Goulart. O novo governo lhe havia restringido severamente todo tipo de atividade política ou qualquer pretensão de se associar ao movimento camponês. O padre tentou se ajustar à nova situação, mas sentia-se especialmente frustrado, pois o arcebispo Rossi recusava sua volta à edição do *Diário de Notícias*. O padre Angélico Sândalo Bernardino era agora responsável por esse cargo, como em outras ausências do padre Celso no passado. Restrito às atividades de padre da paróquia de Vila Seixas, o padre Celso se rebelou. No dia 26 de junho, o *Diário da Manhã* publicou seu "Sermão da montanha". Nesse texto, o padre Celso usava habilidosamente as palavras do apóstolo Mateus para condenar o governo militar e todos os que se acomodavam com ele. "Concretamente", concluía o sermão, "no Brasil de hoje, o cristão que *se conforma* com a atual ordem e com a estrutura social, que não luta por profundas modificações a favor dos menos afortunados, é o cristão que *ainda não* pode participar do Santo Sacramento" (itálicos no original). Frustrado, o padre Celso encontrou maneiras sutis de se expressar, até abandonar a batina em 1967.

Os militares intimidaram líderes locais da FAP, como Otávio Sampaio, de Batatais, e Antônio Crispim da Cruz, de Cravinhos, mas, no final, permitiram que continuassem a exercer as funções de presidentes de seus respectivos sindicatos de trabalhadores rurais. Na verdade, se, por um lado, os militares destruíram a Supra, fecharam centenas de sindicatos e forçaram os militantes comunistas notórios a buscarem a clandestinidade, por outro, eles não arrancaram totalmente as raízes do movimento camponês. Significativamente, alguns sindicatos locais e federações estaduais continuaram a existir, o Estatuto do Trabalhador Rural (ETR) não foi abolido nem a Contag eliminada, e foi mantida uma política de reforma agrária.

Nas recordações de Crispim a respeito do golpe, a legitimidade fundamental do movimento sindical merece destaque. No dia 1º de abril, a polícia chegou à sua casa orientada por seu patrão, o proprietário da Fazenda São José de Colônia Preta. Como sua casa servia de escritório do sindicato, a polícia a revirou em busca de documentos escondidos, armas e explosivos. Eles levaram Crispim à delegacia de Ribeirão Preto, onde diversos agentes do Deops o interrogaram. Para cada acusação, ele protestava não ter feito nada de ilegal. O fazendeiro que o tinha denunciado é quem, na realidade, havia violado a lei, ao maltratar seus empregados a ponto de deixá-los passar fome dentro de sua fazenda. Nas memórias de Crispim, essa acusação transformou a polícia de inquisidores em simpatizantes. O capitão do exército perguntou se era verdade tudo o que Crispim estava dizendo e ele respondeu ao policial que infelizmente era verdade. Aparentemente, a polícia considerou as acusações de Crispim emocionantes e legítimas, tendo em vista que ele foi liberado e autorizado a controlar o sindicato do município de Cravinhos.

Essa anedota abre uma janela para observarmos as razões pelas quais os camponeses não se rebelaram para defender a administração de João Goulart ou para rejeitar o regime militar. Por um lado, a repressão foi seletiva, permitindo que militantes como Crispim e Sampaio voltassem a seus afazeres e reprimindo radicais e figurões, como João Pinheiro Neto, ministro da Supra, e Lyndolpho Silva, presidente da Contag. Visivelmente, os militares buscavam uns poucos e seletos líderes, não todo o movimento. Por outro lado, os militares coordenaram uma campanha eficaz, confundindo, dividindo e surpreendendo seus inimigos populares. Os golpistas agiram tão rapidamente que Moraes não teve tempo de organizar manifestações de protesto, algo que estava acostumado a fazer em tempo recorde.

É difícil dizer como os camponeses poderiam ter reagido a tal chamado. Embora o presidente João Goulart tenha contribuído para a criação da estrutura organizativa dos camponeses, isso trouxe resultados ambíguos, e os trabalhadores não poderiam ser responsabilizados por suas ambivalências com relação ao governo. As leis reconheciam os sindicatos, mas não tinham poderes suficientes para ajudá-los quando eram demitidos. Na verdade, os sindicatos eram impotentes, assim como as leis e os tribunais, constantes objetos de desafio por parte dos fazendeiros. Assim, quando João Goulart caiu, essas organizações foram derrubadas com ele, permanecendo um pequeno suprimento de sindicatos bem enraizados. Talvez os mais fortes dentre eles fossem os que se abstiveram da disputa envolvendo a Contag. É o caso dos sindicatos da FAP na região de Alta Mogiana.

Se, por um lado, Crispim e Sampaio achavam que os militares permitiram seu retorno à atividade devido ao bom trabalho que estavam realizando, fica claro que cada lado tinha ideias diferentes sobre a tarefa dos líderes dos camponeses e dos sindicatos. Crispim e Sampaio queriam ajudar os trabalhadores a melhorarem suas vidas, tarefa a que se dedicaram. Mas o regime militar gradualmente desenvolveu uma política que estabeleceu a prioridade de desenvolver meios eficazes e racionais para explorar os recursos do Brasil, tanto humanos quanto naturais. Do ponto de vista dos militares, o movimento sindical dos trabalhadores rurais poderia ajudar a conter greves, canalizando reclamações pelos tribunais e treinando trabalhadores no manuseio de maquinário, por exemplo. Em fevereiro de

1965, o Ministro do Trabalho, Arnaldo Sussekind, um informante de longa data dos adidos trabalhistas dos Estados Unidos no Brasil, lançou uma reformulação do ETR que eliminou as cinco categorias de atividade profissional rural que haviam sido estabelecidas anteriormente. Isso forçou trabalhadores com diferentes problemas e perspectivas a se unirem em um único sindicato por município, pondo os camponeses uns contra os outros e causando incontáveis problemas internos para o movimento. Para seu crédito, Crispim e Sampaio continuaram fiéis às suas visões dos deveres de um líder sindical, mantendo-se dentro do sistema para poder modificá-lo. O mesmo não se pode dizer de José Rotta, maior rival do padre Celso. Ele se tornou o líder sindical favorito dos militares. Com todos os seus diretores foragidos, a direção da Contag lhe foi entregue, e Rotta continuou a receber treinamento e financiamento dos Estados Unidos. Em abril de 1965, o ministro Sussekind permitiu que Rotta planejasse sua transição, de diretor interino indicado para presidente eleito da Contag. Mesmo com a participação de apenas onze federações reconhecidas, o pesquisador-observador Neale Pearson alega que Rotta assegurou-se de que os delegados das federações em que não confiava não pudessem participar, informando-os do encontro quando já era tarde demais. Sob seu reinado, o movimento camponês se fragmentou. Os líderes dos sindicatos locais se sentiam tão desgostosos com a confederação que romperam seus laços com ela, até que se lançou uma campanha para tirar Rotta da presidência. Na eleição de 1967, Rotta foi derrotado por uma chapa liderada pelo presidente da federação de Pernambuco, José Francisco da Silva. A partir de 1968, a Contag cresceu dramaticamente em força, e a estrutura de sindicatos e federações passou a ter mais sentido para seus membros nos anos 1970.

O campesinato precisava de uma estrutura de apoio depois da tomada de poder pelos militares. As condições miseráveis com altas taxas de desemprego atingiram um número cada vez maior de camponeses, pois cada vez mais fazendeiros se aproveitavam da lei e do excesso de mão de obra. Tornou-se mais eficaz e econômico para eles demitir trabalhadores residentes e expulsar suas famílias, contratando-os de volta como trabalho esporádico ou sazonal. Consequentemente, milhões de camponeses se mudaram para as cidades, inundando os mercados de trabalho dos setores comercial e de serviços, quando não conseguiam trabalho como *boias-frias* em zonas rurais. Essas condições permitiram que algumas famílias progredissem ao ganharem acesso a serviços urbanos, tais como escolas para seus filhos. Para outras famílias, no entanto, a mudança para a cidade levou à posterior migração para a região amazônica, ainda não totalmente colonizada. Para a maioria, o emprego urbano e rural em condições irregulares não permitia que obtivessem renda suficiente para satisfação de suas necessidades básicas.

A ditadura: violações de direitos humanos

"A luta pela terra se dá no campo, mas se ganha nas cidades." A observação de João Pedro Stédile, um dos fundadores e coordenador nacional do Movimento dos Trabalhadores Rurais Sem Terra (MST), é expressiva acerca da complexidade da relação campo-cidade. Quando falou em 1996, o MST calculava que só nas cidades haveria a possibilidade de construir apoio para a reforma agrária. No campo, esperava-se apenas conflitos, porque era lá que se concentrava a resistência contra a reforma. É interessante notar que somente a Geografia reserva uma subárea do conhecimento para a relação campo-cidade.

A tendência de os estudiosos privilegiarem as experiências urbanas, determinada pelo fato de a maioria da população morar em cidades desde os anos 1970, também influenciou a formação recente das comissões da verdade. Por volta de 2012, comissões e instituições como universidades foram encarregadas de investigar os casos de violações aos direitos humanos ocorridas no período da ditatura. Sem explicitar a necessidade de incluir de repressão no campo, a questão foi geralmente ignorada até os movimentos sociais e sindicais se mobilizarem para reivindicar a inclusão dos camponeses, povos indígenas e quilombolas.

De fato, a Comissão Nacional da Verdade ouviu o protesto e instituiu em novembro de 2012 um grupo de trabalho "sobre as violações de direitos humanos relacionadas à luta pela terra e contra populações indígenas por motivações políticas", coordenado pela psiquiatra paulistana Maria Rita Kehl. Mais tarde, os movimentos organizaram sua própria comissão, a Comissão Camponesa da Verdade coordenada pelo sociólogo Sérgio Sauer. Utilizando a sede nacional da Contag para suas reuniões, logo apareceu um conflito estrutural e ideológico no decorrer das tarefas, contradições evidentes já nas orientações formais dos dois grupos. Para a comissão camponesa, as violações aos direitos humanos não se restringiram às "motivações políticas" ou ao período 1946 a 1988. Brutalmente atingidos na atualidade por megaprojetos no Rio Madeira (RO) e no Rio Xingu (PA), por exemplo, os camponeses e povos indígenas sentem na pele a ligação direta entre as violações de seus direitos humanos e a continuidade das políticas desenvolvimentistas entre os governos militares e civis. Por outro lado, a CNV, preocupada com prazos e orçamento, limitou a comissão camponesa ao considerar somente os "casos emblemáticos" de "graves" violações dos direitos humanos até 1988, cuja participação do Estado é documentada.

Quando pensamos como historiadores, desejamos desenvolver uma relação dialética e dinâmica com um corpo de evidências – documentos, depoimentos, reportagens ou vozes (histórias orais) – que vão, de certa maneira, determinar os resultados. No entanto, a pressão por resgatar somente os casos "emblemáticos" de graves violações dos direitos humanos vinculados ao Estado entre 1946 a 1988 para sintetizar a demanda, tem o efeito de alterar significativamente o ofício do historiador, cobrando de sua área de conhecimento uma resposta mais próxima das ciências sociais, por iniciar-se com metas definidas. Ao invés de procurar a explicação temporal de um evento, a busca parte da necessidade de acumular casos dramáticos e chocantes.

A expressão norteadora dos "casos emblemáticos de graves violações" já chama atenção por, no mínimo, dois motivos. Primeiro, pela oportunidade de criar uma narrativa, uma história que chama a atenção do público ao mesmo tempo em que revela verdades sobre a condição humana, principalmente de um grupo – como o campesinato – negligenciado pela mídia e literatura. Essa é a principal contribuição criada pelo quinquagésimo aniversário do golpe de 1964, pois, com ou sem a pressão das comissões, a pesquisa continuaria. Segundo, os conceitos de "emblemático" e "grave" não são fáceis de definir. Podemos concordar que qualquer violação à Declaração Universal dos Direitos Humanos de 1948, documento fundamental da Organização das Nações Unidas (ONU), é emblemática e grave. Inclusive em 2013, em seu discurso de abertura na ONU, a presidente Dilma Rousseff expressou esse sentimento quando declarou a espionagem dos Estados Unidos, recentemente revelada por Edward Snowden, "uma grave violação dos direitos humanos". Isso significa que para a presidente o caso brasileiro é emblemático. Todavia, as violações no campo acumulam-se como gotas de chuva em um mar de crimes.

Nesse contexto, optamos, no caso do estado São Paulo, por organizar uma base de dados mais ampla e representativa dos casos de violações sofridas por camponeses entre 1946 e 1988. Faltando pouco tempo até a abertura do palco sobre as memórias do golpe, uma equipe de pesquisadores, estudantes e amigos de diferentes programas de pós-graduação reuniu diversas fontes para acumular dados que ajudam a descrever as violências e os conflitos inerentes ao processo de desenvolvimento rural paulista. Em 16 de dezembro de 2013, o levantamento foi apresentado pelo Grupo de Trabalho sobre Repressão no Campo em uma audiência pública da Comissão da Verdade "Rubens Paiva", na Assembleia Legislativa do Estado de São Paulo (Alesp).

Os resultados da pesquisa nos mostraram certos padrões de violação e contribuíram na elaboração de interpretações geográficas e históricas sobre o campesinato no contexto do golpe. No período entre 1946 a 1988, foram apurados 465 eventos de violações que envolviam mais de 300 mil camponeses. Embora as violações tenham ocorrido em todo o território do estado, a grande maioria se concentrou em três microrregiões (ver Prancha 3.1). Estas são:

Prancha 3.1 – Violações dos direitos humanos no estado de São Paulo, de 1946 a 1988.

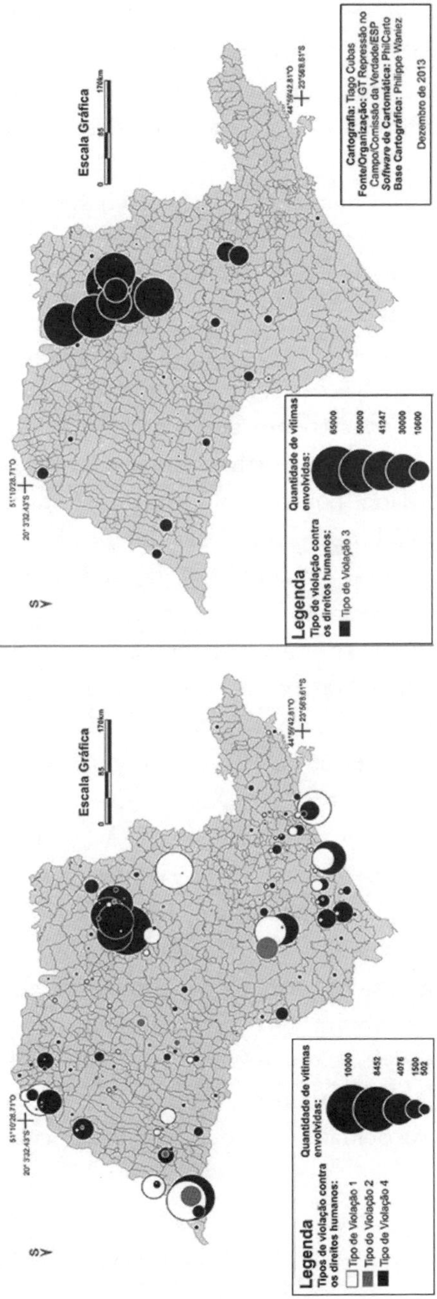

no litoral, com destaque para o Vale do Rio Ribeira e o caminho da estrada Rio-Santos; no nordeste, com destaque para a Alta Mogiana, com sede em Ribeirão Preto; e na fronteira com o Mato Grosso do Sul, extremo oeste do estado, com destaque para o Pontal do Paranapanema.

Além de indicar as regiões das violações, os mapas foram organizados segundo tipologias de violações. Recorremos ao sentido dos direitos humanos especificado na declaração universal para, assim, desenvolver tipologias mais relevantes que analisassem a experiência do campesinato paulista no período. A subdivisão em quatro tipos de violações ficou definida da seguinte forma: 1) violência contra a pessoa (por exemplo, assassinato/ ameaça de morte/ ferimento/ intimidação/ tortura/ desaparecimento); 2) violação do direito à liberdade (por exemplo, cassação/ suspensão de direitos políticos/ trabalho escravo/ deslocamento forçado ou perigoso/ migração enganosa/ prisão); 3) violação dos direitos trabalhistas (por exemplo, associação livre para formar ou integrar em sindicato impedida/ superexploração sistemática/ dívidas injustas/ não pagamento – transporte precário ou perigoso); 4) violação do direito a não interferência na vida privada, de sua família e em seu lar (Art. XII – direito à habitação); a ser privado de seu bem-estar (Art. XIII – liberdade de movimento/ Art. XXIII – direito ao emprego, direito a salário justo) e sua propriedade (Art. XXV – por exemplo, despejo/ expulsão das terras/ destruição das lavouras, pertences/incêndios).[4]

Na relação estabelecida pela comissão, a primeira violação corresponde aos casos de maior gravidade geralmente praticados pelo Estado ou classe dominante para intimidar ou eliminar militantes, sindicalistas e movimentos camponeses. A segunda violação é considerada do tipo "grave", por ter como objetivo a exploração descontrolada do camponês, seja pelo trabalho forçado, seja pela repressão da capacidade de se defender livremente.

4 Os artigos indicados são da Declaração Universal dos Direitos Humanos da ONU.

A introdução do terceiro tipo de violação permitiu a representação de uma situação bastante importante para entendermos a história social do campo, pois o número de camponeses que sofreu violação de seus direitos trabalhistas é tão maior quanto a soma dos outros tipos. Vale ressaltar que o cálculo do terceiro tipo de violação é especialmente importante, pois um dos temas mais peculiares dos conflitos no campo era a situação legal dos camponeses, seus direitos trabalhistas e/ou a proteção de sua posse na terra. O golpe de 1964 em São Paulo foi inspirado na intransigência da classe dominante, especialmente a parte rural dela.

O quarto tipo compreende as violações mais íntimas e perversas, que são as invasões dos lares camponeses: destruindo suas casas e pertences, liquidando as plantações, matando animais e aterrorizando suas crianças, os camponeses eram condicionados à desolação total, completamente à mercê da natureza, deixados com nada mais que a roupa do próprio corpo. Se os "graves" casos se limitassem aos assassinatos, omitiríamos da pesquisa uma categoria de violação essencial na construção da história social do campo, não apenas pelas experiências brutais sofridas pelos camponeses, mas também pela quantidade e amplitude da distribuição desse grupo de violações no estado de São Paulo. Trata-se, fundamentalmente, de uma feroz luta pela terra presente durante todo o período. Em cada episódio do conflito, um fazendeiro ou empresário empregou seus jagunços para exterminar das terras geralmente devolutas e, por sua vez, griladas, os trabalhadores e trabalhadoras que lá já constituíam sua moradia. Pode ser considerado, no mínimo, roubo. Entretanto, se a terra é a principal fonte de vida do camponês, a expulsão dela não poderia ser considerada equivalente a um massacre? Afinal, a terra não sustenta um só indivíduo, mas geralmente uma família inteira, quando não uma comunidade.

A relação entre o número de vítimas dos quatro tipos de violações e o tempo é representada também no gráfico de barras (ver Figura 3.1). O gráfico superior da Figura 3.1 mostra o crescimento dramático no número de violações no contexto da ditadura, especialmente nos anos da abertura, resultado esperado pela pesquisa por causa

Figura 3.1 – Quantidade de vítimas envolvidas em tipos de violação aos direitos humanos no estado de São Paulo, de 1946 a 1988, contabilizando as greves de 1984 a 1988.

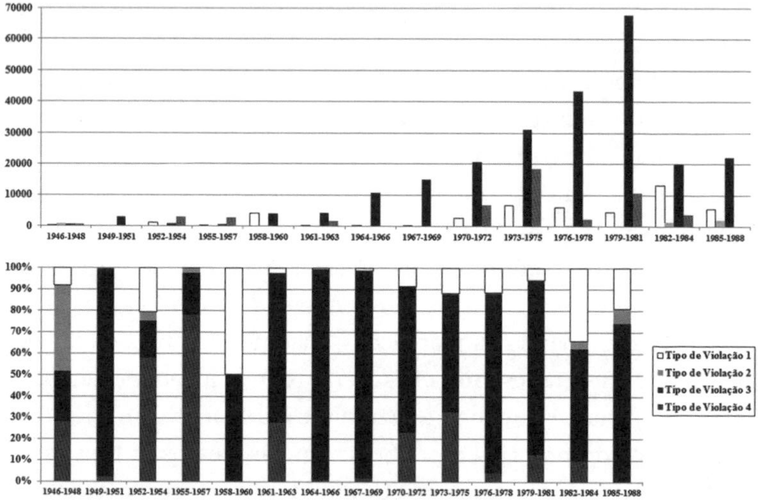

Fonte: GT Repressão no Campo/Comissão da Verdade/ESP. Org. Tiago Cubas e Cliff Welch.

dos efeitos globais do novo sindicalismo da época. Associado com a mobilização, encontramos também um aumento nas mais violentas violações representadas pela cor branca (tipo 1). As oscilações das barras de cor cinza-escuro (tipo 4) expressam as violações do direito a privacidade, emprego e moradia em decorrência dos megaprojetos da ditadura. Entre os megaprojetos estão a construção de barragens para redirecionar a água para a geração de energia nas novas usinas hidroelétricas e o Programa Nacional do Álcool (Pró-Álcool). O decreto que estabeleceu o Pró-Álcool saiu em 1975, mas os fazendeiros e usineiros de São Paulo já estavam engajados no planejamento da política e construção de complexos agroindustriais (CAIs) nos anos anteriores, protagonizando, assim, uma onda de concentração de terras para garantir a produção adequada de cana-de-açúcar para suas destilarias de etanol. A "concentração" é praticamente um eufemismo para a expulsão brutal dos camponeses de suas posses.

O gráfico inferior da Figura 3.1 nos ajuda visualizar a relação entre o número de vítimas dos quatro tipos de violações a cada intervalo de três anos.

Até o momento, são poucas as pesquisas históricas realizadas sobre a questão no contexto da ditadura. A disponibilidade de documentos oficiais referentes à ditadura é mais limitada ainda devido às questões políticas e à proximidade temporal. Nessas circunstâncias, a única vantagem da ditadura sobre o período anterior é sua maior potencialidade na apropriação da história oral, considerando o falecimento de quem já era adulto antes do golpe.

Prancha 3.2 – Violações 1, 2 e 4 aos direitos humanos por períodos de 1946 a 1988.

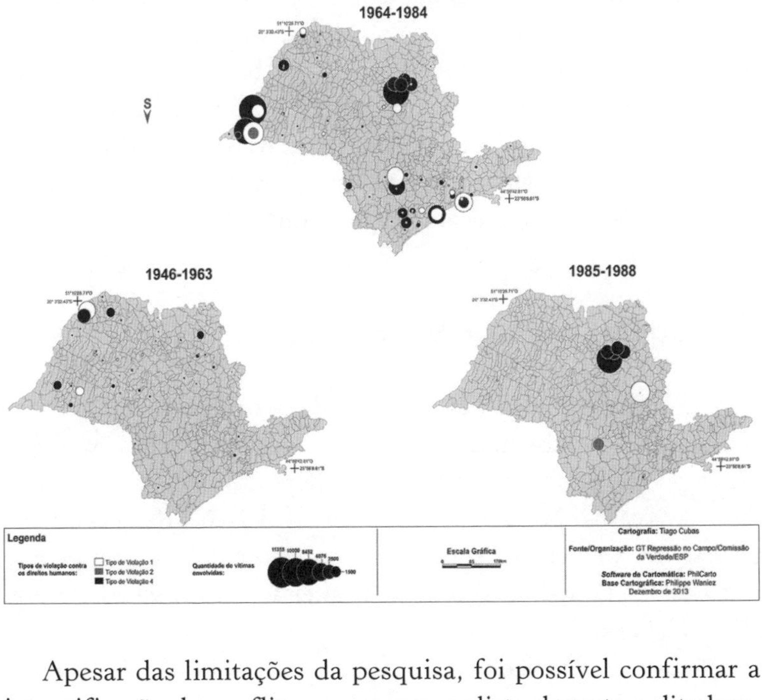

Apesar das limitações da pesquisa, foi possível confirmar a intensificação de conflito no campo paulista durante a ditadura. A Prancha 3.2 destaca a localização e o número de violações em três períodos históricos entre 1946 e 1988. As violações das leis trabalhistas foram excluídas para permitir uma melhor visualização das demais tipologias. Além do crescimento dramático das violações aos direitos humanos dos camponeses nos anos da ditadura, também é possível identificar um claro vínculo entre as frentes de "modernização conservadora" no estado e o crescimento das violações.

O conceito de "modernização conservadora", desenvolvido pelo sociólogo Barrington Moore, foi aplicado ao modelo de desenvolvimento econômico implementado pela ditadura, especialmente no campo, onde a relação entre o regime civil-militar, a burguesia e os latifundiários funcionou para reforçar o controle da oligarquia rural sobre os camponeses, como trabalhadores rurais ou pequenos agricultores familiares. Como foi indicado na discussão da Figura 3.1, o "outro lado" dos megaprojetos do período foi o sofrimento causado na vida de milhares de pessoas pelo êxodo rural que provocaram. A partir das próprias manchas no mapa, é possível reconhecer a relação entre a repressão e a construção de barragens na região do Pontal do Paranapanema e do Rio Paraná, a concentração de terras e a industrialização nos CAIs do Pró-Álcool na bacia da Mogiana em volta de Ribeirão Preto, a luta pela terra provocada pela construção da estrada Rio-Santos e a valorização imobiliária do litoral paulista.

A ditadura: casos emblemáticos

Durante a audiência pública de 16 de dezembro de 2013, foram selecionados e apresentados cinco casos que ilustrassem a experiência camponesa no estado diante dos diferentes tipos de repressão. Assim, os casos apresentados envolveram violações de cada tipologia e revelaram detalhes sobre a natureza dos conflitos nos "pontos quentes" do Pontal, no litoral, na fronteira noroeste e na região de Ribeirão Preto.

No caso do Pontal do Paranapanema, foi possível levantar violações aos direitos pessoais, políticos e trabalhistas dos tipos 1 e 2, com o exemplo da repressão pela polícia de tentativas de formar uma liga camponesa em Santo Anastácio entre 1946 e 1949. A pessoa mais integrada ao processo foi Nestor Vera, um militante do PCB que se dedicou à luta camponesa desde então até o final de sua vida em 1975, quando foi torturado e assassinado pelo Deops em Minas Gerais.

Um caso de 1959 a 1960, na região do município de Santa Fé do Sul, na fronteira com o estado de Mato Grosso do Sul, permitiu expor o grupo de violações indicado na tipologia 4. Nesse conflito, oitocentas famílias de camponeses foram despejadas de seus lotes sem qualquer compensação. Anos de trabalho no preparo da terra, plantio de diversas culturas e construção de casas e armazéns foram totalmente destruídos com o apoio do então governador Carvalho Pinto. O conflito chamou a atenção nacional quando houve o atentado contra seu líder Jôfre Corrêa Netto.

No final dos anos 1960, o Pontal voltou ser palco de um caso emblemático de despejo similar ao caso de Santa Fé do Sul. Dessa vez, quatrocentas famílias camponesas lutaram para resistir na Gleba Santa Rita, em Euclides da Cunha Paulista, com a ajuda do Sindicato dos Trabalhadores Rurais de Teodoro Sampaio. Além dos camponeses, estavam envolvidos o sindicato e os latifundiários, a polícia militar, interventores estaduais e o promotor. O conflito continuou esporadicamente até 1986, com a desistência de várias famílias e a integração de outras. Realizaram-se ocupações de terras, processos para documentar grilagem, negociações com políticos, até que a intervenção federal e da Comissão Pastoral da Terra finalmente pacificou os ânimos com o estabelecimento de um projeto de reforma agrária.

No litoral sul, no período de 1972 a 1976, uma associação composta por 360 famílias camponesas foi reprimida no contexto de um prolongado conflito com imobiliários, apoiado pela polícia militar. Produtores de palmito, os camponeses foram expulsos de uma área de mais de 3 mil hectares, e seus pertences foram destruídos sem nenhuma indenização. Inclusive sofreram espancamento e prisões nas mãos dos policiais. Na região de Leme, em 1986, duas pessoas foram assassinadas pela polícia militar durante uma greve de cortadores de cana, que reivindicava a aplicação das leis trabalhistas nas fazendas de cana-de-açúcar que se espalhavam pelo Brasil a partir de 1979.

Necessariamente breve, nosso resumo dos casos emblemáticos apresentados na audiência talvez permita sentir um pouco do drama humano no campo paulista durante o período da ditadura. É importante dizer que a seleção de cinco casos significa a exclusão de centenas de outras histórias de lutas e pessoas não menos valiosas e tão merecidas de estudo quanto as que foram escolhidas. De fato, cada caso, cada pessoa tem direito a uma investigação profunda, bem como a avaliação das reparações apropriadas para alcançar os objetivos implícitos desse processo nacional de busca da verdade e da justiça. Se a intenção é contribuir para a construção de um Brasil onde as atrocidades da ditadura não se repitam no futuro, não existe caso que não seja emblemático, quer dizer, fundamentalmente todos deveriam ser apurados e resolvidos de modo a garantir a dignidade da vida humana de todos.

No sentido agridoce apresentado na introdução, é óbvio como foi amarga a repressão iniciada até antes do golpe de 1964 e que só se intensificou nas décadas da ditadura. Percebemos, contudo, algumas tendências que ficaram apagadas pelas interpretações que enfatizaram a repressão e, assim, criaram a suposição da não existência de resistência até os anos 1980. Para aceitar isso, era necessário aceitar um conceito aquém do "fim da história". Talvez, por isso também, os historiadores não dessem atenção à história social do campo contemporâneo. O que nos permitiu perceber é justamente como a história não parou, e sim acelerou. Vários militantes do período democrático não desistiram de agir. Temos como exemplos Irineu Luís de Moraes, Mario Bugliani e Nestor Vera. O movimento sindical camponês cresceu dramaticamente, levantando bandeiras de luta pela reforma agrária e a aplicação das leis trabalhistas, como exemplificam os casos da Gleba Santa Rita e a greve de Leme. Os próprios gráficos dão testemunho de que a luta camponesa continua crescente desde a época da ditadura. Esses indícios da consciência da classe trabalhadora é o doce do agridoce. Na verdade, o trabalho de contar a história social do campo da era da ditadura ainda está em sua infância.

Referências bibliográficas

BASTOS, E. R.; CHAIA, V.; FERRANTE, V. L. B. *As lutas sociais no campo no estado de São Paulo* – 1964 a 1981 – Relatório de pesquisa de 1982 a 1983. São Paulo: Cedic/PUC, 1983. 3v.

BECKER, D. *Na luta de Nestor Vera:* os comunistas e a organização dos camponeses. São Paulo, 2014. Monografia em História. Universidade Federal de São Paulo (Unifesp).

BRASIL. Comissão Nacional da Verdade. Resolução n. 5, de 5 nov. 2012. Institui Grupo de Trabalho sobre violações de direitos humanos relacionados à luta pela terra e contra populações indígenas, por motivações políticas. Disponível em: <http://www.cnv.gov.br/images/pdf/resolucao_05_051112.pdf>. Acesso em: 21 fev. 2014.

COLETTI, C. *A estrutura sindical no campo:* a propósito da organização dos assalariados rurais na região de Ribeirão Preto. Campinas: Editora da Unicamp, 1998.

______. Ascensão e refluxo do MST da luta pela terra na década neoliberal. *Idéias*. v.9, n.1, p.49-104, 2002.

D'INCAO, M. C. *O "boia-fria":* acumulação e miséria. 8.ed. Petrópolis: Vozes, 1975.

FERNANDES, B. M. *MST:* formação e territorialização. São Paulo: Hucitec, 1996.

GORENDER, J. *Combate nas trevas:* a esquerda brasileira das ilusões perdidas à luta armada 2.ed. São Paulo: Ática, 1987.

GRYNSZPAN, M. "A questão agrária no Brasil pós-1964 e o MST". In: FERREIRA, J.; REIS FILHO, D. A. *O tempo da ditadura*. Rio de Janeiro: Civilização Brasileira, 2007. p.315-48. v.4: O Brasil Republicano.

FERREIRA, J. *João Goulart:* uma biografia. Rio de Janeiro: Civilização Brasileira, 2011.

IANNI, O. *A luta pela terra*. Petrópolis: Vozes, 1978.

LINHARES, M. Y.; SILVA, F. C. T. da. *Terra prometida:* uma história da questão agrária no Brasil. Rio de Janeiro: Campus, 1999.

LOPEZ, J. R. B. *Do latifúndio à empresa:* unidade e diversidade do capitalismo no campo. 2.ed. Petrópolis: Vozes, 1976.

MARX, K. O 18 Brumário de Luís Bonaparte. In: IASI, M. L. (Org.). *A revolução antes da revolução*. São Paulo: Expressão Popular, 2008 [1869]. p.199-336. v.2.

______; ENGELS, F. *Manifesto comunista*. São Paulo: Instituto José Luís e Rosa Sundermann, 2003 [1848].

PALMEIRA, M. The Aftermatch of Peasant Mobilization: Rural Conflict in the Brazilian Northeast Since 1964. In: AGUIAR, N. (Org.). *The Structure of Brazilian Development*. New Brunswick: Transaction Books, 1979. p.71-97.

PIRES, A. M. Entrevista concedida a Clifford Andrew Welch. Ribeirão Preto, 11 jun. 1997.

PIRES, M. J. de S.; RAMOS, P. O termo modernização conservadora: sua origem e utilização no Brasil. *REN – Revista Econômica do Nordeste*, v.40, n.3, p.411-24, set. 2009.

PRADO JÚNIOR, C. *A revolução brasileira*. São Paulo: Brasiliense, 1966.

REIS, J. C. Anos 1960: Caio Prado Jr. e A Revolução Brasileira. *Revista Brasileira de História* [On-line] 1999, 19 (set), s/p. Disponível em: <http://www.redalyc.org/articulo.oa?id=26303712>. Acesso em: 28 jun. 2014.

ROLLEMBERG, D. *O apoio de Cuba à luta armada no Brasil:* o treinamento guerrilheiro. Rio de Janeiro: Mauad, 2001.

SALES, J. R. *A luta armada contra a ditadura militar:* a esquerda brasileira e a influência da revolução cubana. São Paulo: Editora Fundação Perseu Abramo, 2007.

VAINER, C. B.; BRITO, F. Migration and migrants shaping contemporary Brazil. Trabalho apresentado na Conferência da População Geral XXIV. *International Union for the Scientific Study of Population*. Salvador, 2001. Disponível em: <http://www.digaai.org/wp/pdfs/migrantsandmigration.pdfn>. Acesso em: 12 fev. 2014.

WELCH, C. A. *A semente foi plantada:* as raízes paulistas do movimento camponês, 1924-1964. Trad. de Melissa Fortes e Andrei Cunha. São Paulo: Expressão Popular, 2010. p.287-9.

______. Os com-terra e sem-terra de São Paulo: retratos de uma relação em transição (1945-1996). In: FERNANDES, B. M.; MEDEIROS, L. S. de; PAULILO, M. I. (Orgs.). *Lutas camponesas contemporâneas:* condições, dilemas e conquistas. São Paulo: Editora da Unesp, 2009. p.139-70.

______. *Jôfre Corrêa Netto, capitão camponês (1921 a 2002)*. São Paulo: Expressão Popular, 2010.

______; GERALDO, S. *Lutas camponesas no interior paulista:* memórias de Irineu Luís de Moraes. São Paulo: Paz e Terra, 1992.

WOLF, E. *Guerras camponesas do século XX*. São Paulo: Global, 1984.

4
Conflitualidade da questão agrária brasileira[1]

Eduardo Paulon Girardi[2]

Introdução

Em Girardi e Fernandes (2009), analisamos a conflitualidade agrária brasileira como um conjunto de conflitos que constitui um processo gerador e indissociável do desenvolvimento no campo. A conflitualidade também compreende diferentes tipos de violência que formam um obstáculo ao desenvolvimento, desarticulando os conflitos por meio do controle social. Gerada nos processos de territorialização-desterritorialização-reterritorialização de movimentos socioterritoriais, de camponeses, de grupos tradicionais, do agronegócio e do latifúndio, a conflitualidade desencadeia conflitos como a luta pela terra (assentamento, terra indígena, quilombo, pequena propriedade, castanhal, seringal) e também diversos tipos de violência. Conflito e violência são conceitos distintos. O conflito é uma ação criadora para transformação da realidade e promoção do

---

1 Este texto é parte dos resultados de uma pesquisa financiada pelo CNPq – Conselho Nacional de Desenvolvimento Científico e Tecnológico – Edital Universal 14/2013.

2 Professor do Programa de Pós-Graduação em Desenvolvimento Territorial na América Latina e Caribe do Instituto de Políticas Públicas e Relações Internacionais – IPPRI/Unesp.

desenvolvimento em todas as suas dimensões. A violência é reação ao conflito e se caracteriza pela destruição física ou moral exercida sobre as pessoas. Além da violência privada, também existe a violência praticada pelo Estado contra os movimentos socioterritoriais, através de ações diretas e indiretas, passivas ou ativas (Girardi; Fernandes, 2009).

O embate entre os territórios da questão agrária gera um processo de conflitualidade, o qual é inerente ao desenvolvimento (Fernandes, 2005). Essa conflitualidade, *que não é sinônimo de violência*, pode ser eliminada de duas formas: ou através do desenvolvimento, com a solução ou minimização dos problemas da questão agrária; ou então através da violência, que é uma forma de inibir os processos de luta pela terra. A maioria das ocorrências de violência no campo brasileiro é praticada por fazendeiros e latifundiários contra o *grupo de oprimidos do campo* (os sem-terra, pequenos posseiros, indígenas, ribeirinhos, quilombolas e extrativistas). A violência pode ser *direta* ou *indireta*. A *violência direta* é a violência física empregada contra a pessoa, contra a posse e contra a propriedade camponesa através de ameaças de morte, assassinatos, tentativas de assassinatos e expulsão da terra.

O Estado também pratica a violência direta ao realizar despejos judiciais. O Estado pode atuar de forma *ativa* e *passiva* na violência direta. Exemplos de forma *ativa* são os despejos judiciais e os massacres promovidos pelas forças policiais na tentativa de dissipar manifestações de luta, cumprir ordens de despejo e mandatos de reintegração de posse. A forma *passiva* da violência direta ocorre com a omissão do Estado em relação à violência direta praticada pelos fazendeiros e empresários contra sem-terra, indígenas, quilombolas, extrativistas e pequenos posseiros. A criminalização da luta pela terra e a impunidade dos criminosos que praticam violência direta contra os grupos oprimidos do campo são importantes formas de atuação passiva do Estado na violência direta. A *violência indireta* contra esses grupos é uma prática simultânea do Estado e de fazendeiros e empresários através de ações políticas a favor do território do agronegócio e do latifúndio. Hoje, com a grande demanda por *commodities* do agronegócio, o consequente aumento do preço da terra e os grandes projetos minerais e energéticos, o avanço sobre as terras dos pequenos posseiros, assentamentos, terras indígenas e quilombos é cada vez maior e gera uma intensa disputa territorial que caracteriza a questão agrária brasileira na atualidade, foco de análise neste artigo.[3]

A terra e sua concentração

A histórica concentração da terra no Brasil é o principal elemento estruturante da conflitualidade agrária no país. A concentração fundiária tem como consequência a concentração do poder político e econômico e iniciou-se com a forma concessionária de terras das sesmarias, que permaneceu até 1822, ano da independência. Como demonstrado por Osório Silva (2008), de 1822 até 1850 a posse passou a ser a forma principal de acesso à terra, sendo que em 1850 a Lei de Terras institui a propriedade privada plena, privatizando as sesmarias e posses de até então e restringindo o acesso à terra à compra do Estado ou de particulares. Essa articulação ocorreu com o intuito de criar um mercado de terras e de cercar a terra para que os imigrantes que chegavam não pudessem acessá-la livremente e, portanto, fossem obrigados a vender sua mão de obra aos fazendeiros do café – terra livre, homem cativo; homem livre, terra cativa (Martins, 2010 [1979]).

Como argumenta Osório Silva (2008), não é correto determinar as sesmarias e a Lei de Terras de 1850 como os únicos instrumentos responsáveis por toda a concentração da terra efetivada no Brasil até hoje. Isso pelo fato de que, em 1850, apenas uma pequena área do país estava efetivamente ocupada pela sociedade pós-cabralina. Ocorre que, após 1850, a aristocracia rural dispôs de instrumentos

3 Pelo fato de esta publicação não ser colorida, alguns mapas possuem pequenas limitações na comunicação das informações, já que é tecnicamente impossível substituir totalmente as cores nos mapas mais complexos. As versões coloridas dos mapas deste artigo podem ser encontradas no site do Atlas da Questão Agrária Brasileira (www.fct.unesp.br/nera/atlas).

jurídicos para legalizar suas posses, terras tomadas por esbulho ou mesmo terras públicas. Também várias leis abriram brechas à concentração da terra no Brasil, efetivando o latifúndio através do reconhecimento das grandes posses e da venda de terra pública por valores irrisórios. A última medida legal nesse sentido ocorreu em 2009, quando passou a ser possível a regularização de posses de até 1.500 hectares na Amazônia – o Programa Terra Legal (lei n. 11.952, de 25 jun. 2009).

Em 1850, a pequena posse também pôde ser transformada em pequena propriedade, mas sempre de forma residual, já que para ampliar suas "propriedades" os grandes posseiros expulsavam os pequenos. Nenhuma política voltada à pequena propriedade foi criada, a não ser na região Sul do Brasil. As posses camponesas sofreram sempre investidas dos grandes posseiros, que expulsaram os camponeses para outras fronteiras, aumentando seus grilos, o que configura um dos principais e mais antigos conflitos no campo brasileiro, responsável pela maior parte da violência contra camponeses no Brasil.

O Estado nunca tomou partido dos camponeses ou outro grupo oprimido, deixando ocorrer o processo de expulsão e ficando impunes os grileiros, que cometem crimes contra a pessoa e contra a posse/propriedade do camponês (assassinatos, ameaças de morte, tentativa de assassinato, espancamentos, expulsões da terra). Esse processo é histórico e pode ser visto em todas as fronteiras. Monbeig (1984 [1949]) mostrou isso no estado de São Paulo, e Leite (1998) mais especificamente no Pontal do Paranapanema, extremo oeste paulista. Desde a década de 1970, quando o regime militar abriu a fronteira da Amazônia, esse processo é mostrado em números todos os anos pela Comissão Pastoral da Terra da Igreja Católica (CPT).

Os indígenas foram ainda mais afetados no processo de privatização e concentração das terras, sendo expulsos de seus territórios e tendo muitas aldeias dizimadas pelos colonizadores em todo o país, que incorporavam as terras ao processo produtivo do capital e as transformavam em mercadoria e riqueza concentrada. Entre o final do século XIX e início do século XX, esse processo teve como foco

Mapa 4.1 – Terras indígenas

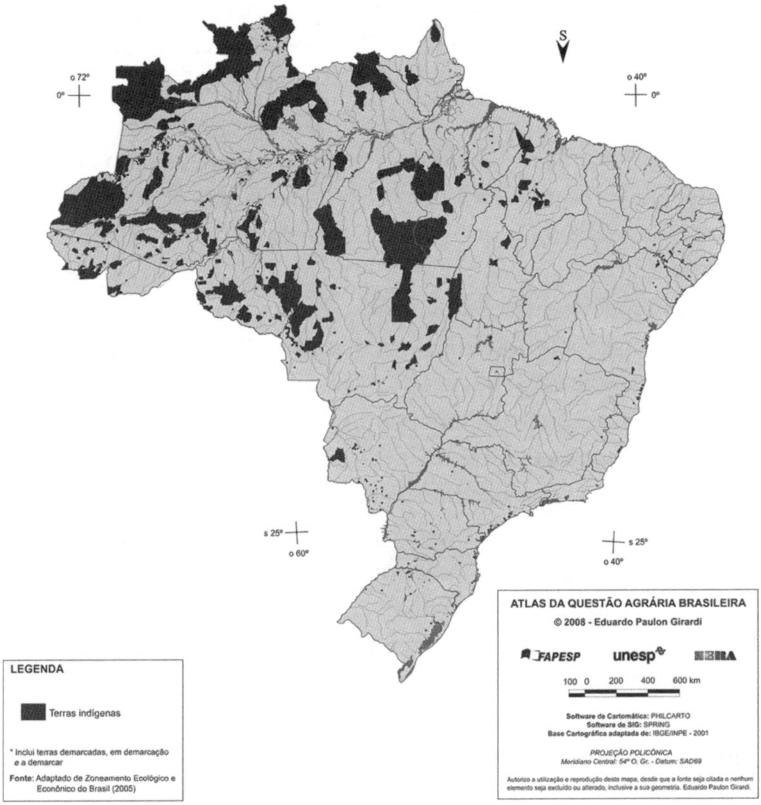

a fronteira agropecuária no estado de São Paulo e norte do Paraná, sendo que a partir da década de 1940 até 1960 foi direcionado para o Mato Grosso do Sul e o sul de Mato Grosso. A partir da década de 1970, a fronteira agropecuária na Amazônia e no centro-norte, região do Cerrado, passou a ser o foco da desterritorialização recente dos indígenas. Contudo, com a redemocratização do país no final da década de 1980 e o início de um processo mais amplo de reconhecimento das terras indígenas na década de 1990, os povos começam a lutar por seus direitos, principalmente territoriais, seja nas regiões de fronteira ou mesmo em outras regiões, onde haviam sido confinados ou das quais haviam sido expulsos.

As terras indígenas no Brasil somam aproximadamente 105 milhões de hectares e estão concentradas na Amazônia (Mapa 4.1).[4] Fora daí, a criação e demarcação das terras indígenas esbarram no poder do latifúndio e do agronegócio, sendo muito pequenas as áreas demarcadas e estando as populações indígenas expropriadas de seus territórios tradicionais. O caso de Mato Grosso do Sul é emblemático na atualidade, já que há intensa discussão e oposição sobre reconhecer como indígenas terras que são hoje culturas de soja, cana, eucalipto e arroz.

Sendo a concentração da terra o principal indutor da conflitualidade agrária brasileira, vejamos como ela está concentrada no Brasil. Os dados de 1998 e 2012 (Tabela 4.1) mostram um intenso processo de crescimento da estrutura fundiária, relatando a apropriação privada constante dessas terras. Nesse período, os registros de área total dos imóveis rurais cresceu em 181 milhões de hectares. A alta concentração da terra permanece, de forma que o índice de Gini para o Brasil ainda é superior a 0,800, patamar que se mantém desde 1992. Destaque-se o fato de que uma área de 72,9 milhões de hectares, da classe de 100.000 e maior, está sob controle de apenas 219 imóveis rurais, podendo esses imóveis estar sob o domínio de um número ainda mais reduzido de pessoas ou empresas. A área média desses 219 imóveis é de 333 mil hectares. No outro extremo estão os 286.039 imóveis rurais com menos de dois hectares, que possuem área média de um hectare.

Tabela 4.1 – Estrutura fundiária brasileira – 1998 e 2012

Classes de Área (ha)	1998		2012	
	Nº de Imóveis	Área (ha)	Nº de Imóveis	Área (ha)
TOTAL	3.586.525	415.548.886,60	5.498.451	597.018.808,73
Menos de 1	68.512	35.181,90	117.301	58.875,48
1 a menos de 2	118.926	160.875,80	168.738	229.075,39
2 a menos de 5	440.708	1.483.892,60	759.005	2.549.567,37

4 Todos os mapas deste texto estão disponíveis *on-line* para *download* no *Atlas da questão agrária brasileira*. Disponível em: www.fct.unesp.br/nera/atlas.

Classes de Área (ha)	1998		2012	
	Nº de Imóveis	Área (ha)	Nº de Imóveis	Área (ha)
5 a menos de 10	515.823	3.737.828,60	829.862	5.996.899,20
10 a menos de 25	939.198	12.265.972,30	1.391.712	22.560.427,52
25 a menos de 50	573.408	20.067.945,60	860.300	30.210.990,87
50 a menos de 100	403.521	27.902.893,30	611.745	42.414.477,17
100 a menos de 200	239.217	32.260.122,40	593.026	122.332.189,00
200 a menos de 500	166.686	51.491.978,60		
500 a menos de 1.000	62.643	43.317.666,40	85.437	59.426.508,45
1.000 a menos de 2.000	30.325	41.651.744,70	41.206	56.933.642,14
2.000 a menos de 5.000	20.120	59.497.823,80	31.865	93.781.039,50
5.000 a menos de 10.000	4.758	33.839.004,39	6.157	44.106.421,27
10.000 a menos de 20.000	1.648	22.485.749,70	1.113	15.263.453,08
20.000 a menos de 50.000	768	22.468.684,80	627	18.502.428,82
50.000 a menos de 100.000	154	10.504.269,00	138	9.701.272,64
100.000 e mais	108	29.377.251,20	219	72.951.538,86

Fonte: Incra e Dataluta – Banco de Dados de Luta pela Terra, 2013. www.fct.unesp.br/nera.

No Mapa 4.2, do índice de Gini, é possível visualizar um processo importante da estrutura fundiária brasileira: embora existam algumas ilhas de menor concentração de terra, em especial nos estados de Santa Catarina e Rio Grande do Sul, o fenômeno que prevalece é o da média e alta concentração fundiária.

Os processos[5] da fronteira agropecuária são importantes para entender a estrutura agrária brasileira atual como resultado da

5 Entendemos a fronteira agropecuária como um espaço geográfico dotado de especificidades, sendo uma delas a existência de intensos e rápidos processos que marcam sua dinâmica, todos de alguma forma ligados à expansão do capital, como por exemplo as expansões fundiária, agropecuária, populacional, energética e urbana, como também salientado por Trindade Jr. (2006) citando Becker (1990). Sendo assim, ao chamar a atenção para o "processo da fronteira" nesse contexto, salientamos os processos de expansão da fronteira que permitiram a modernização conservadora no campo brasileiro.

modernização conservadora. Configurada a partir da década de 1970 pelo regime militar, a expansão da fronteira agropecuária na Amazônia e no Cerrado teve como um dos objetivos desarticular os levantes sociais pela reforma agrária, especialmente no Nordeste, mas também em outras regiões de estrutura fundiária concentrada. Paralelamente, o objetivo também era integrar essas regiões ao sistema produtivo nacional, estando assentada na exploração de recursos minerais, florestais e na criação de grandes projetos agropecuários de cunho capitalista, origem do agronegócio atual. A terra pública foi amplamente privatizada nas mãos de latifundiários e capitalistas.

Mapa 4.2 – Índice de Gini – 2012

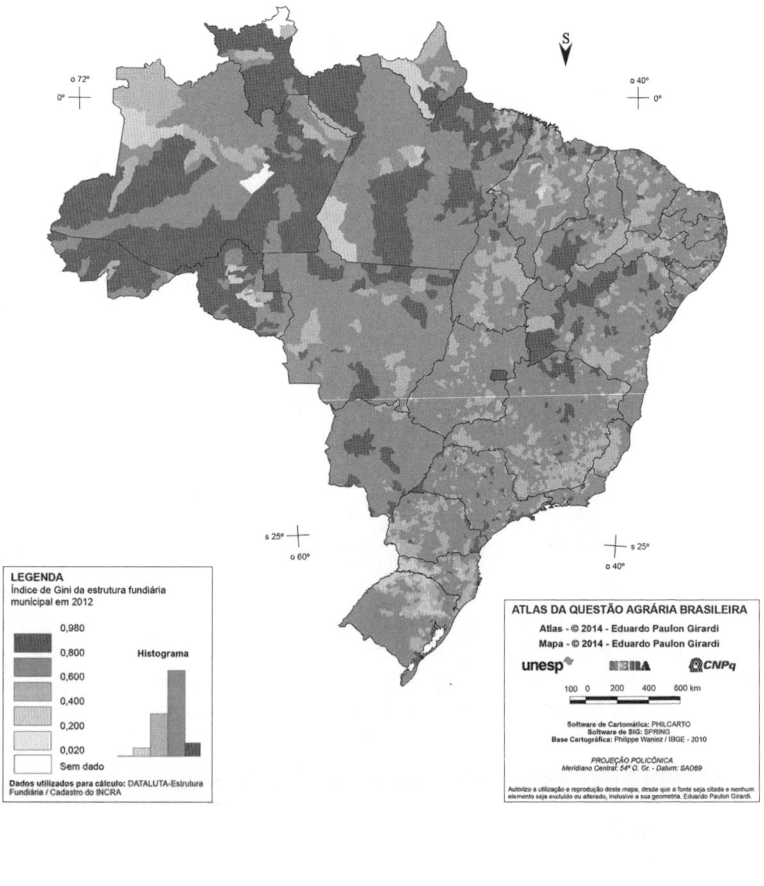

Uma das principais causas do golpe civil-militar de 1964 foi a aproximação do presidente João Goulart dos interesses dos movimentos em prol da reforma agrária. Estabelecido o golpe, para diminuir os movimentos de luta pela terra, além do assassinato de camponeses e militantes da causa, a criação do Estatuto da Terra foi uma das principais medidas tomadas pelo governo ditatorial para tentar demonstrar o "interesse" em promover a reforma agrária. Contudo, por mais progressista que fosse o estatuto, ele nunca foi aplicado, sendo na verdade convertido em um instrumento para permitir a colonização da Amazônia e do Cerrado (a Amazônia Legal), priorizando o estabelecimento do capital. Os camponeses foram levados para essas regiões pretensamente como colonizadores, mas o fim da grande maioria foi formar um exército de mão de obra para o capitalismo agrário ali implantado. Vários "assentamentos rurais" foram criados na região, considerados até hoje pelo Estado brasileiro como projetos de reforma agrária.

Como demonstramos em Girardi (2008), esses assentamentos da fronteira agropecuária auxiliam a configurar a reforma agrária conservadora, já que grande parte dos assentamentos da região – que também é a região com o maior número de famílias "assentadas" – é de caráter de colonização, e não de reforma agrária, ou seja, as terras do latifúndio não foram transformadas em terras camponesas. O Mapa 4.3 mostra elementos marcantes da fronteira agropecuária na Amazônia. Uma das principais consequências da promoção da fronteira foi o desflorestamento desnecessário de 729,5 mil quilômetros quadrados da Floresta Amazônica para transformação em pastagem e terras para a produção do agronegócio. Além da Floresta Amazônica, o Cerrado também sofre grande impacto, embora esse bioma, de forma equivocada, tenha tido menor atenção no que concerne ao desflorestamento. Praticamente metade do Cerrado já foi desflorestado e transformado em pastagens e áreas de grãos, algodão e cana, correspondendo a quase 100 milhões de hectares desflorestados.

Mapa 4.3 – Desflorestamento na Amazônia Legal

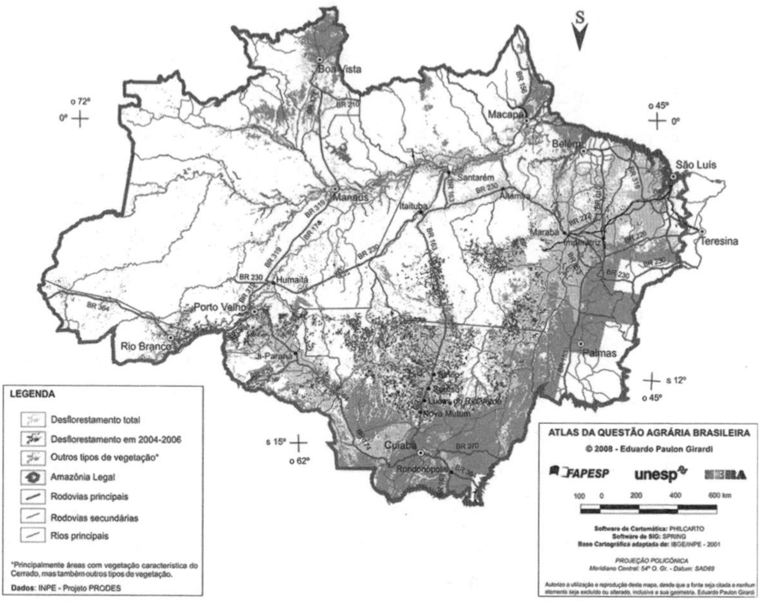

Luta pela terra e política de assentamentos rurais

Como já mencionamos, a luta pela terra no Brasil não é um fenômeno restrito à atualidade dos movimentos socioterritoriais. Partimos de uma concepção mais ampla, na qual a luta pela terra é desenvolvida historicamente para acessar a terra, mas também para permanecer nela e utilizá-la como fonte de manutenção do grupo familiar camponês, das comunidades indígenas, quilombolas e demais populações tradicionais. Nesse sentido, desde as sesmarias, o campesinato se estabeleceu de forma periférica à grande produção capitalista, fornecendo inclusive víveres para as fazendas e pequenos povoados, uma vez que o sistema da grande lavoura não estava disposto a utilizar a mão de obra escrava para a produção de alimentos. Assim foi historicamente nos ciclos econômicos, sendo o campesinato responsável pelo abastecimento interno do país. Esse quadro permanece até hoje, sendo que a maior parte dos alimentos consumidos pela população no Brasil é proveniente da produção camponesa, embora o grande foco da economia seja o agronegócio.

A luta pela terra em um sentido mais estrito, ligada à luta de forma articulada por movimentos sociais, terá no Brasil sua primeira maior expressão nacional a partir da década de 1940, com as ligas camponesas, cujo movimento articulado pelo Partido Comunista culminará na década de 1960 como um dos motivos para o estabelecimento do golpe civil-militar. Esse movimento é extinto, e uma forma articulada de luta só será possível novamente na década de 1980, cuja expressão mais notável é o surgimento do Movimento dos Trabalhadores Rurais Sem Terra, que permitiu e incitou o surgimento de vários outros movimentos com o mesmo objetivo: a reforma agrária.

A ação dos movimentos socioterritoriais na atualidade tem como consequência principal a criação de assentamentos rurais, que constitui a forma primordial de recriação do campesinato hoje. As ocupações constituem um momento da luta pela terra. Como resposta às ações dos movimentos socioterritoriais, os governos criam assentamentos rurais que, em princípio, constituem a conquista da terra. Os assentamentos significam uma nova etapa da luta: o processo pela conquista da terra. Ainda é necessário conquistar condições de vida e produção na terra; resistir na terra e lutar por um outro tipo de desenvolvimento que permita o estabelecimento estável da agricultura camponesa. Essa segunda luta tem se mostrado bastante difícil.

No Brasil, a ocupação é a principal estratégia de luta pela terra realizada pelos movimentos socioterritoriais camponeses. Os dados do Dataluta de 2012 mostram que no país, entre 2000 e 2012, foram registradas ocupações de terra realizadas por 116 diferentes movimentos socioterritoriais. As áreas ocupadas são principalmente latifúndios, terras devolutas e imóveis rurais onde leis ambientais e trabalhistas tenham sido desrespeitadas. De modo geral, as propriedades ocupadas são aquelas que apresentam indicativos de descumprimento da função social da terra, definida no artigo 186[6] da Constituição Federal. Como o Estado não apresenta iniciativa para cumprir a determinação constitucional, os movimentos socioterritoriais agem para que isso aconteça. Ultimamente, além de lutar contra o latifúndio, os movimentos socioterritoriais camponeses iniciaram a luta contra a territorialização do agronegócio em suas formas mais intensas e, por isso, as ocupações têm ocorrido em áreas de produção de soja transgênica, cana-de-açúcar e plantações de eucalipto, por exemplo.

Em princípio, a ocupação de áreas *economicamente* produtivas seria muito mais uma forma de protesto, visto que pela constituição (art. 185) elas não são suscetíveis à desapropriação para a reforma agrária. O artigo 186 estabelece que a propriedade deve cumprir sua função social, que compreende as dimensões ambiental, trabalhista e de bem-estar do proprietário e dos trabalhadores. Na interpretação desses dois artigos, Pinto Jr. e Farias (2005) afirmam não bastar que a propriedade rural seja produtiva (art. 185) no sentido *economicista* para que não seja passível de desapropriação; ela deve ser produtiva respeitando *simultaneamente* os princípios do art. 186. A produtividade não pode ser alcançada sob consequência de desrespeito aos aspectos da função social, de forma que essas duas características são indissociáveis e "a função social é continente e conteúdo da produtividade" (Pinto Jr.; Farias, 2005, p.48). Assim, caso a produção seja conseguida a partir do descumprimento das dimensões estabelecidas pelo artigo 186, o aspecto produtivo não isenta a propriedade de desapropriação para a reforma agrária.

Em geral, o agronegócio, através de suas práticas, desrespeita a função social da terra. Por isso, as ocupações de propriedades

6 Art. 186 da Constituição Federal: "A função social é cumprida quando a propriedade rural atende, simultaneamente, segundo critérios e graus de exigência estabelecidos em lei, aos seguintes requisitos: I) aproveitamento racional e adequado; II) utilização adequada dos recursos naturais disponíveis e preservação do meio ambiente; III) observância das disposições que regulam as relações de trabalho; IV) exploração que favoreça o bem-estar dos proprietários e dos trabalhadores".

cultivadas que não cumprem a função social são legítimas no sentido da luta, já que podem ser suscetíveis à desapropriação segundo a interpretação da lei apresentada acima. Além disso, sob o mesmo aspecto da função social – e improdutividade –, o latifúndio é alvo da ação dos movimentos socioterritoriais. Essa brecha constitucional para a reforma agrária, porém, é prejudicada por outros instrumentos também constitucionais, já que as terras desapropriadas, mesmo que não cumprindo a função social, devem ser pagas aos proprietários, sendo as benfeitorias no ato e a terra em títulos da dívida agrária. Por isso, o montante de terra a ser destinado à reforma agrária é determinado pelo montante de recurso que o orçamento destina a essa ação anualmente. O latifúndio não é punido. Outra linha de atuação dos movimentos é quanto à legalidade dos títulos de propriedade da terra. Quando detectados problemas, os movimentos buscam a transformação dessas terras devolutas em assentamentos. Esse processo foi amplamente utilizado no Pontal do Paranapanema, região oeste do estado de São Paulo, como pode ser visto em Feliciano (2006).

A reforma agrária é necessidade historicamente defendida para a resolução de parte dos problemas do campo no Brasil. Em nossa análise da luta pela terra tomamos o período de 1988 até 2012, quando a política de assentamentos rurais foi intensificada. Nos sucessivos governos desse período, as ações de reforma agrária no Brasil têm sido baseadas principalmente nas políticas de criação de assentamentos rurais e de concessão de crédito aos camponeses. Partimos do princípio de que uma reforma agrária *ampla* no Brasil deve, simultaneamente, *reformar a estrutura fundiária do país, possibilitar o acesso dos camponeses à terra e fornecer-lhes condições básicas de vida e produção.*

De acordo com o Dataluta (2013), desde 1988 até 2012 foram realizadas 8,8 mil ocupações de terra, das quais participaram cerca de 1,2 milhão de famílias cujos lares foram (ou ainda são), por vários anos, os barracos de lona dos acampamentos. Entre 1979 e 2012 foram criados 9.070 assentamentos rurais, cuja área total de 81,8 milhões de hectares comporta 933.836 famílias. Poderíamos então concluir, por esses números, que a política de assentamentos rurais alcançou medidas muito próximas da demanda pelas terra? A resposta positiva à qual conduz a matemática da *reforma agrária conservadora* é facilmente derrubada pela análise geográfica. O aspecto geográfico (aqui como referência ao localizacional) da política de assentamentos não constitui uma resposta local às demandas/denúncias dos movimentos socioterritoriais. A geografia da política de assentamentos rurais é um dos elementos que denunciam seu caráter conservador.

Os mapas da Prancha 4.1 representam de forma detalhada as famílias em ocupações e as famílias assentadas. A *oposição noroeste-sudeste*[7] evidencia a *ineficácia regional* da política de assentamentos rurais, indicando que os problemas agrários locais não são resolvidos, o que mantém o conflito e anula o desenvolvimento. O aspecto mais elementar da concentração das ocupações no centro-sul e em regiões do Nordeste é que esses são os locais em que se concentra a população brasileira. Aí também se concentram os milhões de expropriados e camponeses em vias de desintegração devido à modernização da agricultura e industrialização do país, não planejadas de forma adequada para garantir a distribuição da riqueza.

Essas regiões, de ocupação consolidada,[8] ainda permanecem conflituosas, sendo foco das ocupações de terra. São regiões caracterizadas pela melhor infraestrutura para produção, maior mercado consumidor e acesso a serviços básicos como educação, saúde, eletricidade e saneamento. Essas são as áreas onde a *reforma* tem

---

7 Quando analisados os mapas de ocupações e assentamentos conjuntamente, é possível estabelecer uma divisão do Brasil em duas metades: uma metade noroeste e outra sudeste, as quais estão separadas por uma linha que vai do litoral piauiense até a metade do limite de Mato Grosso do Sul com a Bolívia. Essa é uma importante estrutura elementar para entender a questão agrária no território brasileiro.

8 Regiões do Centro-Sul e do Nordeste de colonização antiga, com a maior parte das terras já apropriada por particulares, cujos processos da fronteira agropecuária já não são importantes e as redes de infraestrutura já são mais presentes e homogêneas. Ser uma região de ocupação consolidada não exclui a existência de conflitos, mas o contrário, como demonstra a análise: é nessas regiões que a luta pela terra é mais intensa.

Prancha 4.1

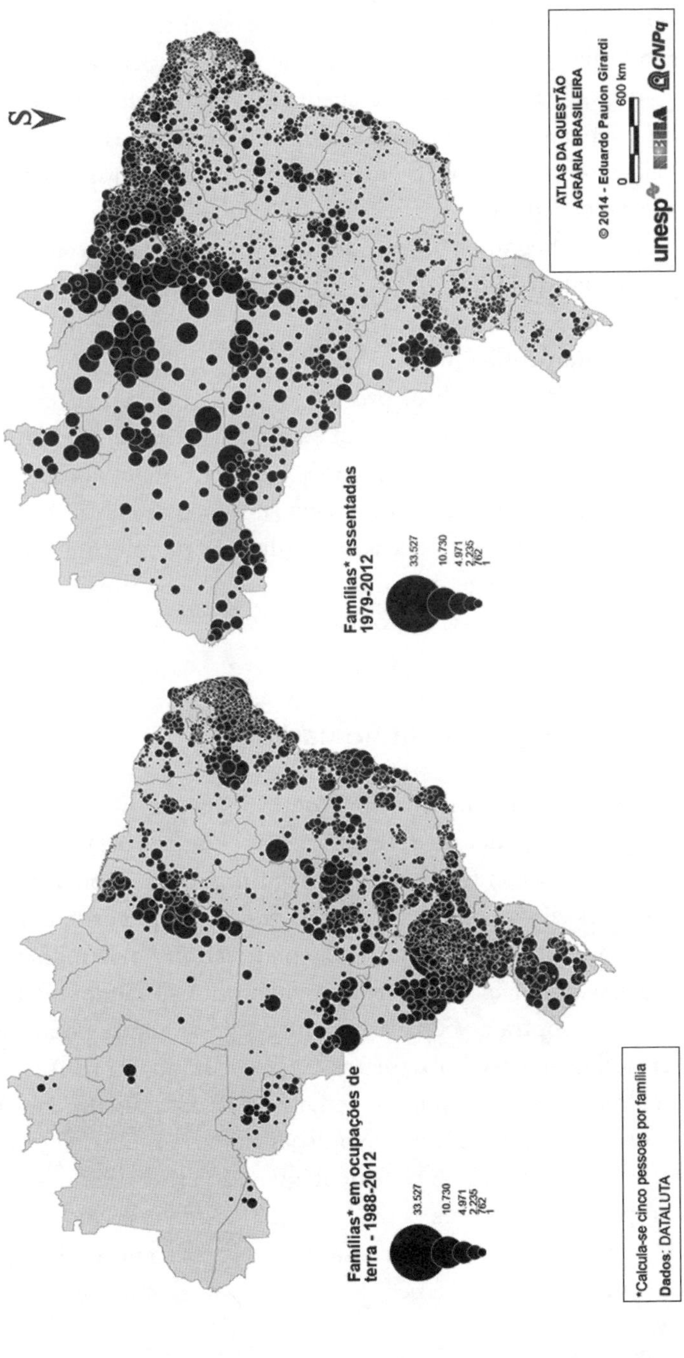
Famílias* em ocupações de terra - 1988-2012
33.527
10.730
4.971
2.235
762
1
Famílias* assentadas 1979-2012
33.527
10.730
4.971
2.235
762
1
*Calcula-se cinco pessoas por família
Dados: DATALUTA
ATLAS DA QUESTÃO AGRÁRIA BRASILEIRA
© 2014 - Eduardo Paulon Girardi
0
600 km
unesp
CNPq

mais importância imediata, pois desconcentra as terras e otimiza sua utilização. É nessas regiões que a agricultura camponesa pode conseguir mais facilmente sucesso de forma autônoma, já que a intervenção do Estado é insignificante em relação ao verificado em países desenvolvidos. É nessas regiões que a estrutura concentrada já estabelecida deve ser prioritariamente reformada.

Aqui chegamos a um ponto importante para compreender a conflitualidade da questão agrária brasileira: a reforma agrária ampla nunca foi realizada efetivamente, ficando restrita à política de assentamentos rurais; a Amazônia foi utilizada como válvula de escape para os conflitos originários da estrutura concentrada das outras regiões brasileiras; com o avanço do capital, dos latifundiários e a expulsão dos camponeses para a fronteira agropecuária na Amazônia, estabeleceu-se na região um foco de conflito e violência constante, indicando que a não realização da reforma agrária pela via da Amazônia gerou ainda mais violência e ampliou a conflitualidade da questão agrária brasileira.

Conflito e violência no campo

Como delimitamos no início deste texto, conflito não é sinônimo de violência e, por essa definição, as ações de luta pela terra apresentadas anteriormente são parte dos conflitos. Neste tópico, trataremos mais especificamente da violência contra camponeses e indígenas no campo brasileiro. A violência pode ser *direta* ou *indireta, ativa* ou *passiva*. A *violência direta* é a violência física empregada contra a pessoa, contra a ocupação e contra a posse camponesa. Ela pode ser deflagrada por particulares ou pelo Estado e constitui-se principalmente de assassinatos, tentativas de assassinato, ameaças de morte, despejos da terra, expulsões da terra e outras formas que causem danos físicos ou psicológicos aos trabalhadores rurais e camponeses ou a seus bens. As tentativas de assassinato, ameaças de morte e expulsões da terra são formas de violência privada contra os camponeses.

Na violência direta e ativa, o Estado age principalmente com os despejos judiciais e com o uso da força policial no cumprimento de ordens de despejo e na dissipação de manifestações, o que tem como consequência mortes e ferimentos. A forma *passiva* da violência direta ocorre com a *omissão* do Estado em relação à violência direta praticada por particulares contra os camponeses. A violência indireta é uma prática simultânea do Estado, fazendeiros e empresários. A ação política é a principal forma de execução dessa violência. Promovendo *lobbies* e fazendo parte dos poderes executivo, judiciário e principalmente no legislativo, fazendeiros e empresários influenciam as decisões que envolvem temas relativos à questão agrária (Vigna, 2001). A criminalização da luta pela terra é outro exemplo de violência *indireta* contra os camponeses, e que pode gerar formas de violência direta em seu cumprimento. Essas ações contribuem para impedir o acesso à terra por meio da reforma agrária.

Analisamos nesta seção as principais formas de violência direta contra a pessoa no campo. Essa violência ocorre paralelamente à agricultura altamente produtiva que caracteriza o agronegócio e, por isso, configura o que Oliveira (2004) chama de *barbárie da modernidade*. A Comissão Pastoral da Terra documenta, desde a década de 1980, as ocorrências de conflitos e violências no campo brasileiro, cujos dados são publicados desde 1984 no caderno "Conflitos no Campo". Paralelamente aos dados, a pastoral ligada à Igreja Católica também publica manifestos e relatos de diversos casos de violência contra a pessoa, posse e propriedade de camponeses e trabalhadores rurais.

O Mapa 4.4 representa os conflitos por terra no Brasil em 2012, que somaram 816 naquele ano. A Amazônia/fronteira agropecuária é claramente o lócus central dos conflitos, embora haja focos importantes no sul de Mato Grosso do Sul, oeste do estado de São Paulo, sul da Bahia e entre Pernambuco e Sergipe, no Nordeste. Os conflitos por terra são despejos pelo Estado, expulsões por fazendeiros, ameaças de despejo e expulsões, bens destruídos e pistolagem, indicando a violência contra os camponeses e a posse e propriedade de suas terras. Segundo a CPT (2013), também ocorreram, em 2012,

Mapa 4.4 – Conflitos por terra em 2012

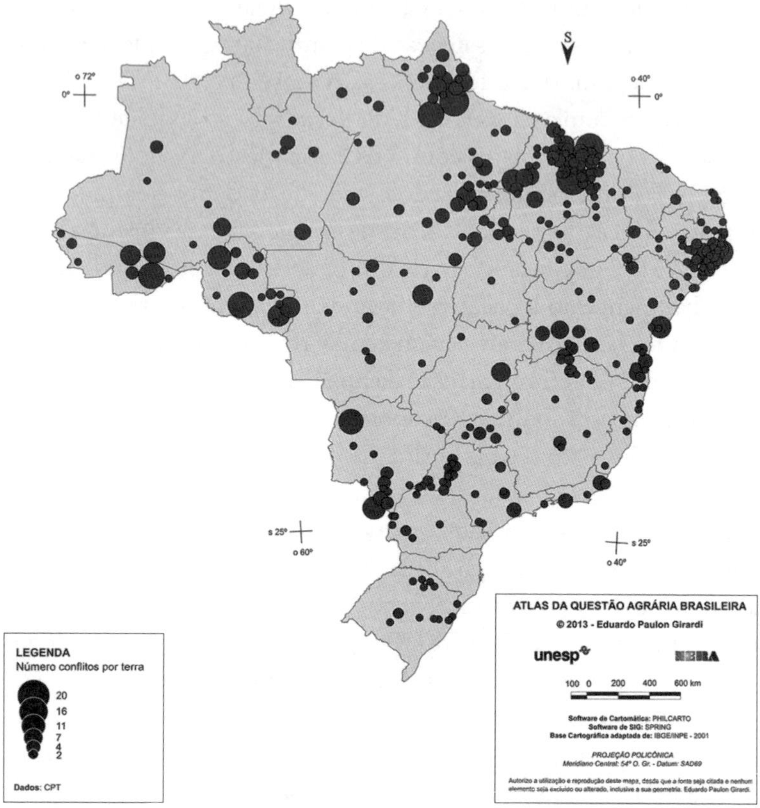

238 ocupações de terra e foram montados treze acampamentos. O total de conflitos no campo registrado em 2012 foi de 1.364, tendo como resultado 36 assassinatos, e a participação de 648.515 pessoas na disputa por 13.181.570 hectares (Tabela 4.2).

O Mapa 4.5 representa os casos de violência contra a vida (assassinatos, ameaças de morte e tentativas de assassinato) ocorridos no campo brasileiro entre 2010 e 2012, assim como a taxa de violência contra a pessoa, expressa por número de casos por mil habitantes da zona rural. Segundo a CPT (2013), somente em 2012 foram 36 assassinatos, 77 tentativas de assassinato, 295 ameaçados de morte, 10 mortos em consequência dos conflitos, 99 presos e 88 agredidos.

Tabela 4.2 – Conflitos no campo Brasil – 2003-2012

	2003	2004	2005	2006	2007	2008	2009	2010	2011	2012
Conflitos de terra										
Ocorrências de conflito	659	752	777	761	615	459	528	638	805	816
Ocupações/ retomadas	391	496	437	384	364	252	290	180	200	238
Acampamentos	285	150	90	67	48	40	36	35	30	13
Total conf. Terra	1.335	1.398	1.304	1.212	1.027	751	854	853	1.035	1.067
Assassinatos	71	37	38	35	25	27	25	30	29	34
Pessoas envolvidas	1.127.205	965.710	803.850	703.250	612.000	354.225	415.290	351.935	458.675	460.565
Hectares	3.831.405	5.069.399	11.487.072	5.051.348	8.420.063	6.568.755	15.116.590	13.312.343	14.410.626	13.181.570
Conflitos trabalhistas										
Trabalho escravo	238	236	276	262	265	280	240	204	230	168
Assassinatos		2		3	1	1		1		
Pessoas envolvidas	8.385	6.075	7.707	6.930	8.653	6.997	6.231	4.163	3.929	2.952
Superexploração	97	107	178	136	151	93	45	38	30	14
Assassinatos	2			1				1		

	2003	2004	2005	2006	2007	2008	2009	2010	2011	2012
Pessoas envolvidas	6.983	4.202	3.958	8.010	7.293	5.388	4.813	1.643	466	73
Total conf. Trabalhistas	335	343	454	398	416	373	285	242	260	182
Conflitos pela água										
Nº de conflitos	20	60	71	45	87	46	45	87	68	79
Assassinatos					2			2		2
Pessoas envolvidas	48.005	107.245	162.315	13.072	163.735	135.780	201.675	197.210	137.855	158.920
Outros										
Nº de conflitos			52	2	8			4		36
Assassinatos										
Pessoas envolvidas			43.525	250	3.660			4.450		26.005
Total										
Nº de conflitos	1.690	1.801	1.881	1.657	1.538	1.170	1.184	1.186	1.363	1.364
Assassinatos	73	39	38	39	28	28	26	34	29	36
Pessoas envolvidas	1.190.578	975.987	1.021.355	783.801	795.341	502.390	628.009	559.401	600.925	648.515
Hectares	3.831.405	5.069.399	11.487.072	5.051.348	8.420.083	6.566.755	15.116.590	13.312.343	14.410.626	13.181.570

Fonte: CPT (2013) – Caderno "Conflitos no Campo" 2012.

Mapa 4.5 – Violência contra pessoa no campo – 2010-2012

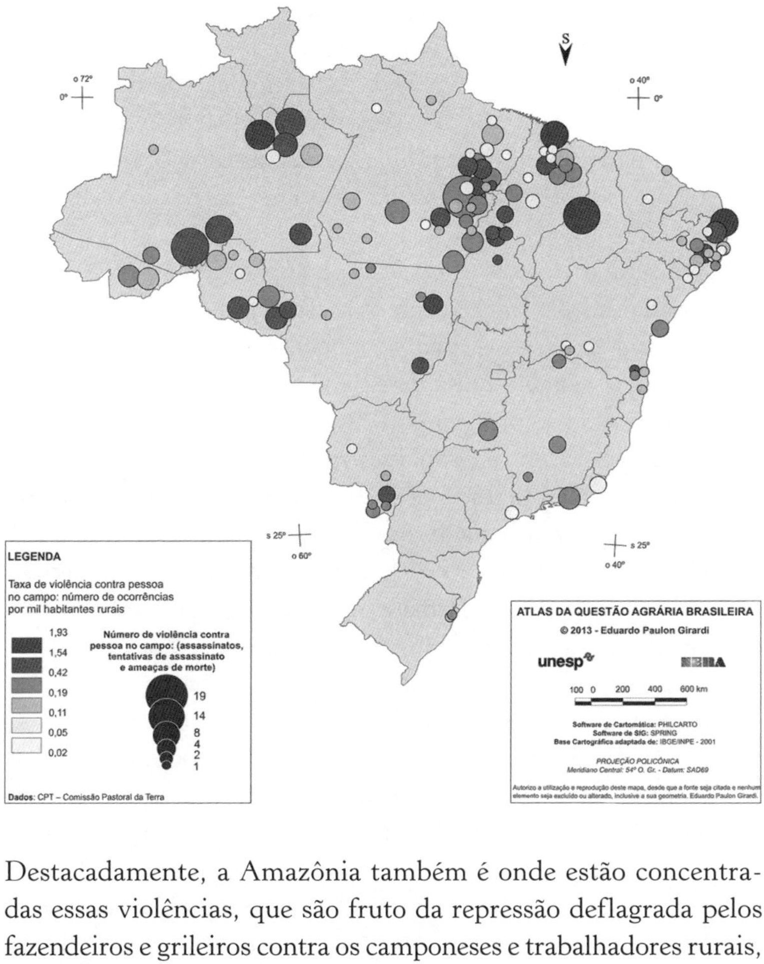

Destacadamente, a Amazônia também é onde estão concentradas essas violências, que são fruto da repressão deflagrada pelos fazendeiros e grileiros contra os camponeses e trabalhadores rurais, principalmente. Como ressalta o caderno "Conflitos no Campo" da CPT (2013), a investida sobre as terras da Amazônia para a exploração mineral e energética na atualidade também contribui para manter a região no centro dos conflitos no campo, já que essas ações têm como característica importante a violação dos diretos das pessoas e das comunidades. A Amazônia responde pelas seguintes porcentagens dos conflitos e violências registrados em 2012: 45,8% dos conflitos, 97% das áreas em conflito, 58,3% dos assassinatos,

84,4% das tentativas de assassinato, 77,4% das ameaças de morte, 62,6% dos presos e 63,6% dos agredidos.

Quando observamos os números de ocupações de terra, percebemos uma tendência constante de diminuição desde o ano de 2004, assim como a criação de assentamentos, que diminui constantemente a partir de 2005, sendo reflexo da diminuição da ação dos movimentos socioterritoriais na luta pelo acesso à terra com a criação de assentamentos rurais.

Uma série de fatores estruturais pode contribuir para explicar essa diminuição: o primeiro é que os potenciais membros dos movimentos socioterritoriais passam a ser beneficiários de programas de renda mínima, como o Bolsa Família, o que permite o incremento da renda até um patamar mínimo de sobrevivência, tornando mais distante a decisão dessa população em fazer parte dos que lutam pela terra. Também o crescimento do número de empregos e trabalho, mesmo com rendimento mínimo, é constante no Brasil nesse período, processo alavancado pelo crescimento econômico do país. O possível público da reforma agrária encontra aí também uma alternativa mais imediata de manter suas famílias. Por fim, a própria ação dos governos em tornar muito mais vagaroso o processo de assentamento também contribui para a diminuição da luta.

As ações dos movimentos socioterritoriais camponeses têm sido reorientadas para alcançar melhoria dos assentamentos rurais, em busca de assistência técnica, crédito, políticas de desenvolvimento dos assentamentos, saúde, educação etc. Segundo o Relatório Dataluta (2013), em 2012 ocorreram 1.007 manifestações no campo brasileiro com a participação de 436.748 pessoas. Grande parte dessas manifestações visa ações de reforma agrária e outros direitos de grupos sociais do campo. Outro movimento verificado a partir de 2004 é o crescimento da participação de outros grupos sociais nos conflitos no campo. Como salientado por Acselrad e Barros (2013), além dos sem-terra e dos posseiros, cuja participação foi de 29% e 24% nos conflitos no campo em 2012, os indígenas estão na terceira posição (15%), seguidos pelos quilombolas (12%) e pelos assentados (9%). A CPT (2013) ainda adiciona que, se aos indígenas e quilombolas forem direcionados os posseiros e outras comunidades tracionais (9%), 60% dos envolvidos em conflitos no campo são de grupos que impedem a efetivação à apropriação da terra e de outros recursos naturais.

Apesar de historicamente o Brasil estar em condição subordinada na divisão internacional do trabalho, configurando-se como um país de industrialização dependente e histórico fornecedor de matérias-primas, a década de 1990 foi caracterizada pelo reforço dessa característica de impelir os investimentos externos em setores primários, como o agronegócio e a exploração de minérios. Com a crise internacional da década de 2000, um grande vulto de capitais encontrou no setor primário a oportunidade de manter a lucratividade. Setores como o de grãos, agrocombustíveis e papel e celulose estão em forte expansão devido à demanda internacional, e o Brasil é centro dos investimentos para esse fim, encontrando os capitais um terreno fértil, tanto naturalmente quanto no apoio do Estado para sua reprodução. Nesse contexto, como escreve Liebgott (2013),

> A questão indígena no Brasil vem se constituindo, ao longo das últimas décadas, em grande obstáculo aos interesses de grupos econômicos que pretendem explorar os recursos naturais [...]. Em função disso, povos e comunidades indígenas são brutalmente atacados, violentados, e têm seus direitos constitucionais desrespeitados. Atualmente as violações aos povos indígenas estão inseridas dentro de uma lógica desenvolvimentista do fato consumado. Ou seja, os direitos acabam sendo desrespeitados para impor projetos, programas e empreendimentos que violam os direitos humanos, da natureza e as perspectivas de futuro dos povos indígenas e das demais comunidades tradicionais e pequenos agricultores. (p.115)

Segundo dados do Conselho Indigenista Missionário (Cimi) apud Liebgott (2013), entre 2003 e 2012 ocorreram 560 assassinatos de indígenas no Brasil, sendo que 318 deles no estado de Mato Grosso do Sul. Esse estado é hoje o foco da violência contra os indígenas pelo avanço concomitante da soja, da cana e do eucalipto. Pelo esgotamento da área de produção de cana no estado de São Paulo, o cultivo avança sobre o Mato Grosso do Sul, aumentando a pressão sobre as terras e os direitos dos indígenas. Mediante a pressão que as comunidades sofrem, são comuns casos de suicídio entre os indígenas. Só em Mato Grosso do Sul foram registrados 466 casos de suicídios entre os indígenas.

A CPT também documenta formas de violência que desrespeitam ou superexploram o trabalho dos camponeses e trabalhadores rurais. Em 2012, foram registrados casos com 73 vítimas de superexploração do trabalho. No extremo dessas formas de violência está o *trabalho escravo*. Essa forma contemporânea de escravidão

Mapa 4.6 – Ocupações de terra realizadas por indígenas – 2000-2011

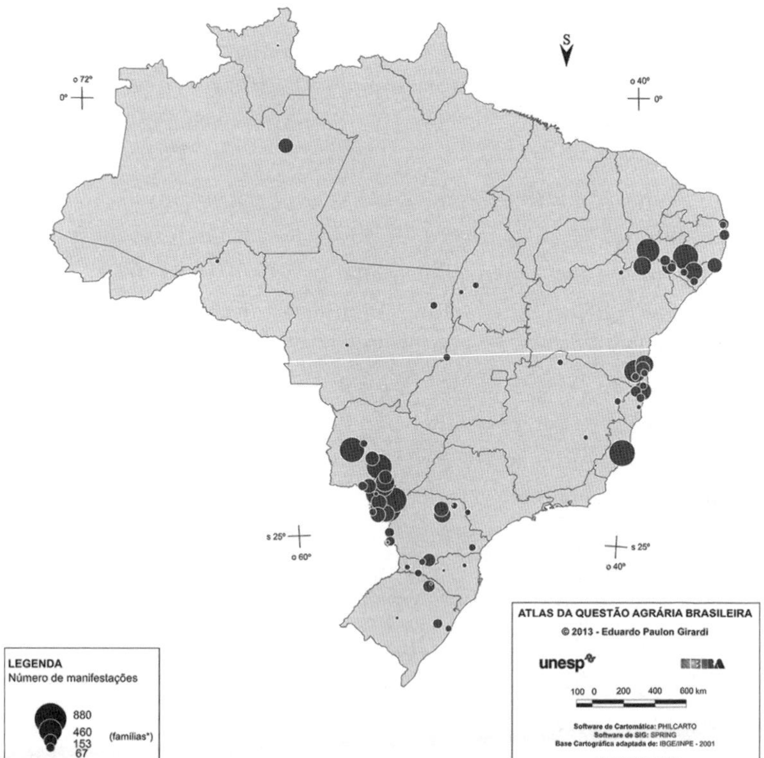

é mais uma das contradições e desigualdades do desenvolvimento do capitalismo no campo brasileiro e exemplo de como esse sistema utiliza relações de produção não capitalistas para se desenvolver. Segundo Vilela e Cunha (1999), "os dados disponíveis apontam, nos últimos 25 anos, para empresas modernas envolvidas nos casos de escravidão, revelando [...] uma cumplicidade entre o arcaico e o moderno" (p.36).

A escravidão contemporânea no campo brasileiro usa como principal instrumento de controle a dívida impagável e crescente, a coação física e psicológica, a apreensão de documentos e o isolamento geográfico. Os trabalhadores escravizados são aliciados em regiões distantes do local de trabalho. Não há caráter racial. A duração da escravidão do trabalhador é indeterminada, mas geralmente temporária. Os trabalhadores são submetidos a longas jornadas de trabalho e a condições subumanas de alimentação, moradia e salubridade. O trabalho escravo é empregado principalmente em tarefas pesadas como o desmatamento, limpeza de pastos (arrancar tocos), produção de carvão e corte de cana.

Como pode ser visto nos mapas da Prancha 4.2, elaborados com dados do Ministério do Trabalho, o trabalho escravo é um fenômeno característico da fronteira agropecuária. Trata-se de uma prática baseada no crime e na perversidade dos fazendeiros, jagunços e gatos, mas é fortemente beneficiado pela situação de extrema pobreza dos trabalhadores aliciados, como demonstrado em Théry et al. (2012). Os trabalhadores são oriundos principalmente de regiões do Nordeste que figuram como as mais pobres do Brasil. Por não terem nenhuma possibilidade de rendimento mínimo para a manutenção de suas famílias, os trabalhadores são aliciados em propostas dos gatos, que prometem situações de trabalho e rendimento impossíveis nas regiões de origem desses trabalhadores. A situação de miséria e falta de alternativas é tão grande que um mesmo trabalhador é várias vezes escravizado, mesmo depois de libertado pelo ministério do trabalho. Se não há outras alternativas, acaba por "acreditar" no aliciador e espera que será diferente da última vez.

Prancha 4.2 – Trabalho escravo – 2007-2012

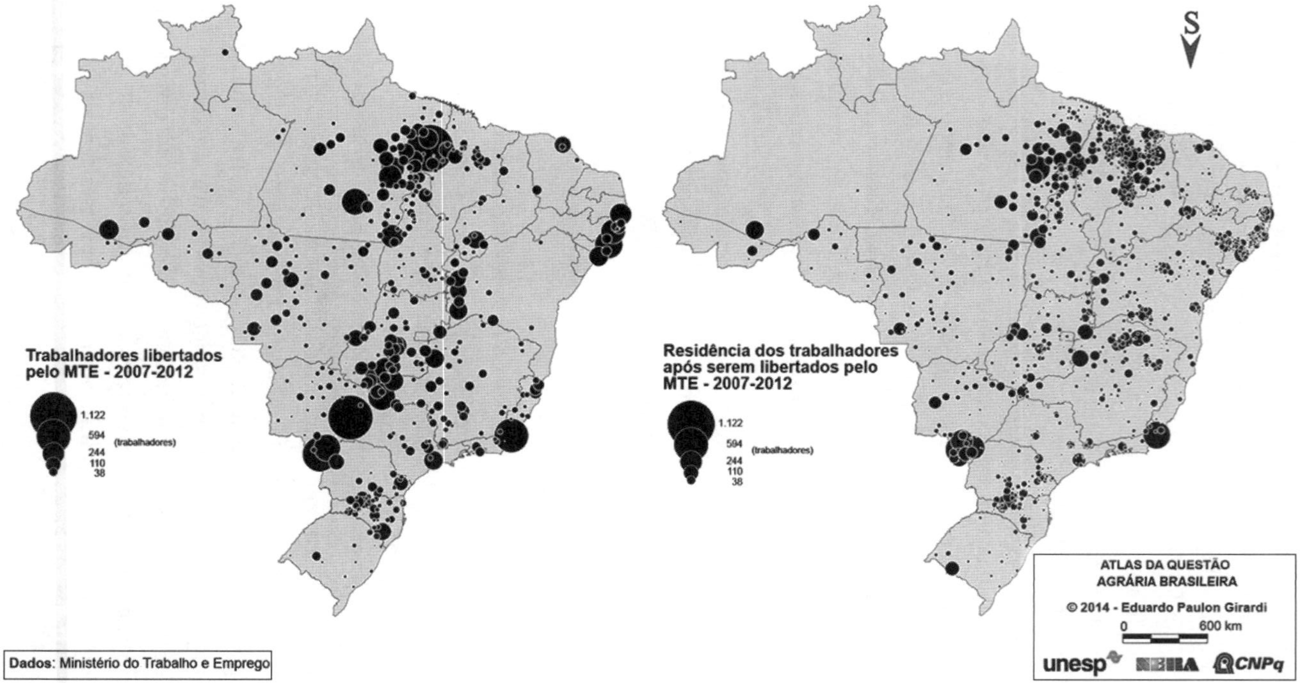

Os avanços do agronegócio

Os mapas da Prancha 4.3 mostram, respectivamente, o aumento da área plantada com soja e com cana-de-açúcar no Brasil. Essas duas culturas ocupam a maior área cultivada no país. A cana, foco de políticas públicas na história recente desde a década de 1970, teve, a partir de 2004, um novo impulso pela retomada do incentivo ao etanol combustível e também devido à desarticulação do setor açucareiro europeu, que o Brasil conseguiu junto à OMC. Com isso, o setor sucroalcooleiro brasileiro ganhou potencialidade também para a produção de açúcar para exportação, aumentando seu mercado. Os capitais europeus do setor migraram para o Brasil, sendo esse um grande foco de investimentos externos na atualidade. A grande propaganda do governo brasileiro para transformar o etanol em uma *commodity* não teve os resultados esperados, sendo a produção de etanol ainda quase exclusiva para o consumo interno e o mercado definido pelo preço nacional da gasolina e internacional do açúcar, já que as plantas têm total liberdade em escolher o produto final – etanol ou açúcar –, independente da justificativa dos vastos subsídios do governo.

Como parte das necessidades para a aceitação do etanol combustível por mercados como o europeu, as buscas por justificativas de sustentabilidade incluíram ações do governo, como por exemplo o zoneamento da cana, que proíbe a expansão dos cultivos com fins industriais na Amazônia, no Pantanal e na bacia do Alto Paraguai. Embora positiva de certa forma, os efeitos propagandísticos são muito maiores do que a ação de fato. Isso porque a cana está se expandindo nas terras do estado de São Paulo e nos limites com os estados vizinhos do Paraná, Mato Grosso do Sul, Minas Gerais e no não vizinho Goiás. Essas regiões são também grandes produtoras de grãos, principalmente soja, e de rebanho bovino, para corte e especialmente leite. Como o rendimento monetário da cana para o produtor ou para o arrendamento da terra não encontra concorrente à altura, gado e soja estão sendo expulsos para outras fronteiras. Isso pode ser constatado pelo constante aumento do rebanho bovino

Prancha 4.3 – Territorialização da soja e da cana de açúcar – 2006-2012

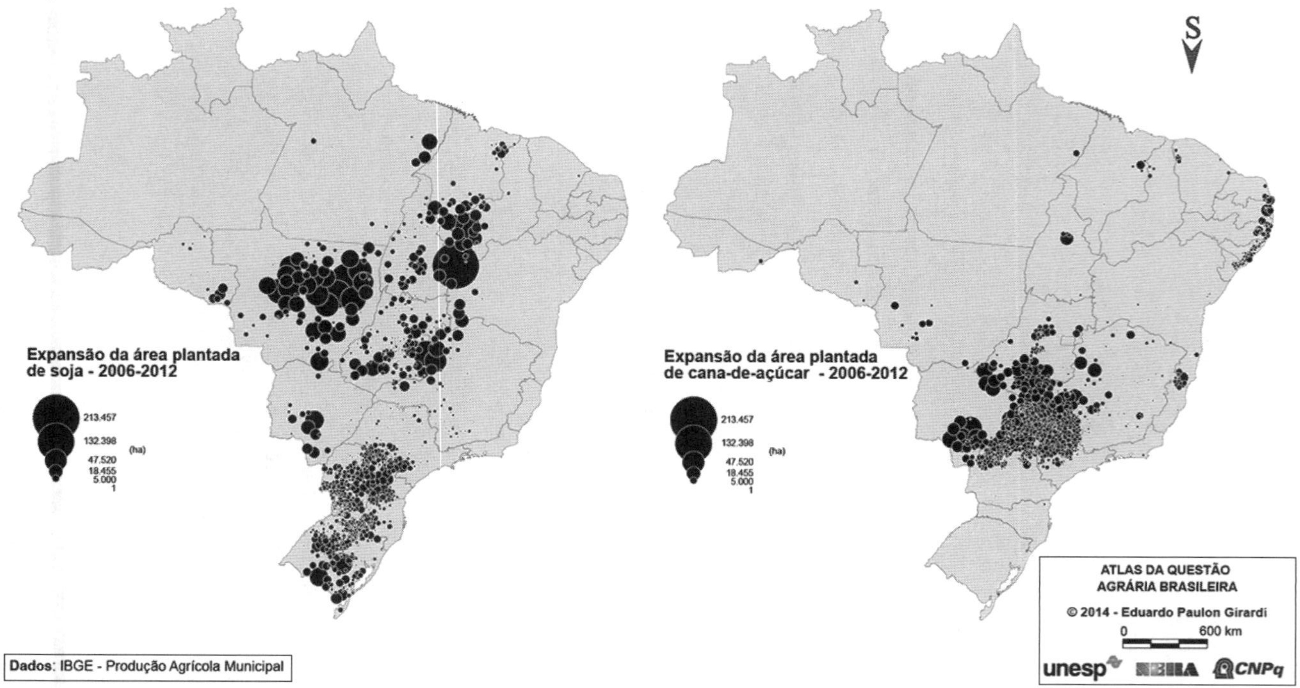

geral (passou de 195 milhões de cabeças em 2003 para 212 milhões em 2011) e concentrado nas áreas da fronteira agropecuária e no Pantanal, por exemplo. Também a soja se expande não para o interior da Amazônia, mas principalmente para o extremo norte do Cerrado, nos estados do Piauí, Maranhão, Tocantins e Bahia. Em regiões cuja soja havia estabelecido arranjos produtivos locais, como o sul de Goiás, há conflito entre os setores, envolvendo inclusive o poder público, tentando impedir o avanço da cana.

Esses dados demonstram que as culturas do agronegócio estão em constante expansão, pressionando a valorização da terra e, por isso, incitando ainda mais a demanda dos latifundiários, grileiros e capitalistas para consegui-las, seja para a produção, seja para a especulação. Isso quer dizer que as terras sob domínio de grupos como indígenas, quilombolas, comunidades extrativistas e outras comunidades tradicionais estão na prioridade do cercamento por esses agentes fundiários. Não raros são os conflitos entre indígenas, quilombolas e empresas de celulose, que utilizam ilegalmente as terras dessas populações para o plantio de eucalipto, intermediadas por agentes grileiros. Esse avanço do capital sobre as terras das comunidades tracionais, embora não seja novo no Brasil, configura uma face importante da conflitualidade agrária na atualidade. A crescente estrangeirização da terra para o desenvolvimento do agronegócio adiciona mais um elemento para manutenção da concentração fundiária e expansão do processo de grilagem das terras na fronteira e principalmente sobre as terras dos grupos indígenas e quilombolas. O aumento pela demanda por terra aumenta o preço da terra, mesmo que essa necessidade seja pautada pelo caráter privado da terra que a torna "virtualmente escassa", visto que há enorme disponibilidade de terra subutilizada e improdutiva no Brasil.

Estruturas principais do Brasil agrário

O Mapa 4.7 apresenta uma interpretação do Brasil agrário e suas principais expressões no território nacional. Os dois primeiros elementos destacados configuram a oposição noroeste-sudeste das ocupações de terra e dos assentamentos rurais, configurando uma reforma agrária conservadora, cujo foco desde o início foi a colonização da Amazônia Legal e não o enfrentamento do latifúndio. O segundo elemento é a região de alta concentração da violência no campo, cavada pelo próprio regime ditatorial quando abriu a fronteira agropecuária. Essa região, no leste amazônico, é palco de conflitos e violência pela terra nas últimas três décadas e que são oriundos da incitação promovida pelo Estado, quando levou para a região sem-terras, capitalistas e grileiros, deixando valer a lei do mais

Mapa 4.7 – O Brasil agrário

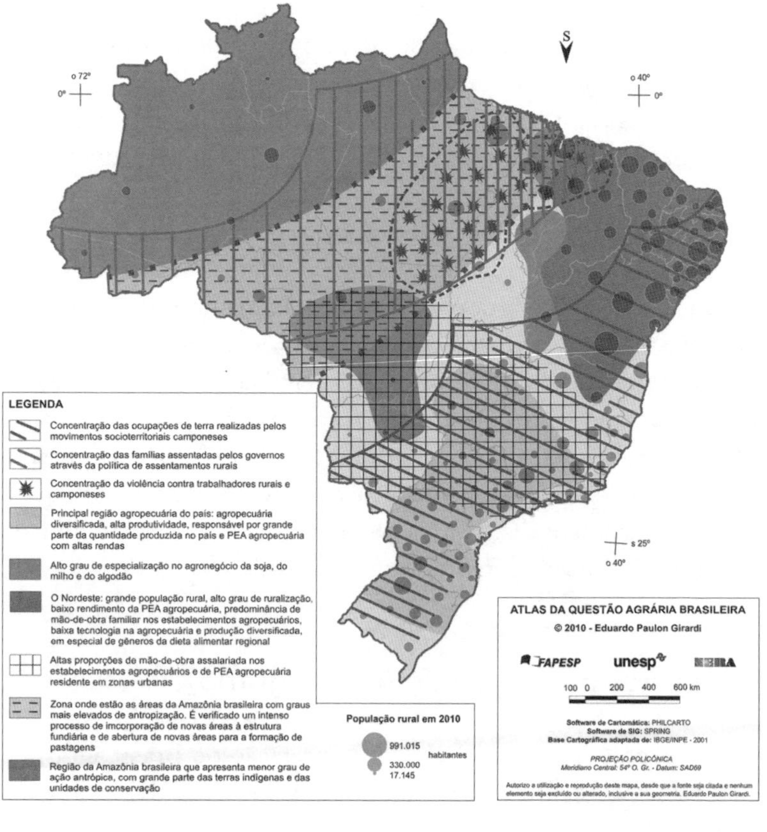

forte. Milhares de camponeses e trabalhadores rurais foram mortos, escravizados e explorados por essa política do Estado brasileiro.

A zona que compreende parte do Sudeste e do Sul configura a região com maior produção, produtividade e diversidade agropecuária do país e é dividida em duas pela natureza da estrutura produtiva: a metade norte é baseada no trabalho assalariado; já a metade sul é baseada na agricultura camponesa. A área quadriculada é o centro da agricultura capitalista no Brasil, onde predominam as relações de assalariamento. As zonas no Centro-Oeste e leste do Nordeste são de domínio do agronegócio de grãos e algodão, sendo crescente a integração com a produção de carne de aves, suína e bovina, configurando um grande complexo regional do agronegócio. O Nordeste continua sendo uma região com predominância das perdas econômicas e sociais, mas cuja população rural é mais expressiva, assim como a agricultura camponesa. Por fim, a Amazônia tem duas regiões bem demarcadas, no sul e leste as entradas são bastante significativas, sendo o processo de antropização intenso, e seu avanço, bastante difícil de conter. Já o interior da Amazônia apresenta menores impactos. As medidas para manter esse cenário são várias, com a formação de faixas de unidades de conservação e terras indígenas que diminuem a pressão e barram o avanço.

Conclusões sobre a conflitualidade no campo brasileiro

Apesar de a questão agrária estar cada vez mais longe da pauta política dos governos e partidos políticos no Brasil e de a conjuntura econômica do país mascarar parte dos graves problemas estruturais relativos à questão agrária no país, é evidente o agravamento da conflitualidade no campo brasileiro. Se por um lado há uma tendência de retração das ações dos movimentos socioterritoriais camponeses na luta pelo acesso à terra – criação de assentamentos rurais –, um outro conjunto de questões relativas ao processo de territorialização do capital no campo aparece na pauta dos movimentos, fazendo surgir inclusive articulações por parte de outros grupos, como indígenas, quilombolas, ribeirinhos e extrativistas. Isso ocorre porque há um aumento da pressão do capital sobre as terras e os direitos desses grupos, buscando transformar essas terras em objeto de especulação ou de produção de *commodities*. Há uma retomada do enfrentamento direto entre os fazendeiros e empresários e esses grupos, e nesse processo a disputa pela terra – o território material – está sendo travada também em uma esfera das ideias e do poder político e econômico (território imaterial), cuja representatividade do latifúndio e do agronegócio nas instâncias formais e legais é muito superior àquelas que defendem os demais grupos sociais do campo.

O capital internacional chega à última instância de poder e intrusão na questão agrária através da estrangeirização das terras, isso porque a produção de *commodities* e, portanto, o uso da terra, de outros recursos naturais e dos recursos do Estado já estavam a serviço das grandes empresas multinacionais do agronegócio. Agora a terra passa a ser dominada também juridicamente por essas empresas. Esse fato deve ser encarado atualmente como um dos principais agravantes da conflitualidade da questão agrária, constituindo em mais um desafio para a reforma agrária, provocando inclusive o desmonte das conquistas alcançadas a duras penas até hoje pelos camponeses, indígenas, quilombolas e ribeirinhos.

A conflitualidade da questão agrária deve ser considerada de forma articulada a outras questões estruturais, como a da soberania alimentar, a questão ambiental, do trabalho e urbana. Também suas relações escalares não são simples, já que a mundialização do capital (Chesnais, 1996) transformou o local em campo de ação do capital livre, na circulação global, para tirar vantagens das diferenças dos lugares, permitindo uma exploração cada vez mais intensa da natureza e do homem, buscando o combustível único do capital: o lucro.

A diversidade paisagística, histórica e cultural do território brasileiro também configura uma questão agrária regionalizada, mas a fronteira agropecuária é sem dúvida o fenômeno que mais tem influenciado na questão agrária brasileira, pois seu peso como atrativo de população e capitais distendeu o conflito em outras regiões, mas estabeleceu um foco intenso de outros conflitos. Mesmo os processos relativos à produção em outras regiões, como é o caso da cana, da soja e do gado, ainda encontram na fronteira um elemento solidário. Em suma, a conflitualidade da questão agrária brasileira parece passar por uma mudança, mas de forma alguma por uma diminuição oriunda do desenvolvimento, isso porque continua e apresenta novas estratégias daquele que é o processo original da questão agrária, ou seja: o avanço do capitalismo no campo e a consequente desintegração do campesinato e, nesse caso específico, de outros grupos tradicionais do campo, como os indígenas, quilombolas, ribeirinhos e povos da floresta.

Referências bibliográficas

ACSELRAD, H.; BARROS, J. N. Os descaminhos da associação entre o "Senhor Capital" e a "Senhora Terra". In: *CPT – Comissão Pastoral da Terra*. Caderno "Conflitos no Campo" 2012. Goiânia: CPT, 2013. p.115-20.

BECKER, B. K. *Amazônia*. São Paulo: Ática, 1990.

CHESNAIS, F. *A mundialização do capital*. São Paulo: Xamã, 1996.

CPT – Comissão Pastoral da Terra. Caderno "Conflitos no Campo" 2012. Goiânia: CPT, 2013.

DATALUTA – Banco de Dados da Luta pela Terra. Relatório Brasil 2012. Presidente Prudente: FCT/Unesp/Nera, 2013. Disponível em: <www.fct.unesp.br/nera>

FELICIANO, C. A. *Movimento camponês rebelde*: a Reforma Agrária no Brasil. 1.ed. São Paulo: Contexto, 2006.

FERNANDES, B. M. Questão agrária: conflitualidade e desenvolvimento territorial. In: BUAINAIN, A. M. (Org.). *Luta pela terra, reforma agrária e gestão de conflitos no Brasil*. Campinas: Ed. Unicamp, 2005.

GIRARDI, E. P. *Atlas da questão agrária brasileira*. 2008. Disponível em: <www.fct.unesp.br/nera/atlas>

_____; FERNANDES, B. M. Geografia da conflitualidade no campo brasileiro. In: FERNANDES, B. M.; MEDEIROS, L. S. de; PAULILO, M. I. (Orgs.). *Lutas camponesas contemporâneas*: condições, dilemas e conquistas. São Paulo/Brasília: Ed. Unesp/Nead, 2009. p.339-66. v.II.

LEITE, J. F. *A ocupação do Pontal do Paranapanema*. São Paulo: Hucitec--Fundação Unesp, 1998.

LIEBGOTT, R. A. A violação aos direitos indígenas no Brasil. In: *CPT – Comissão Pastoral da Terra*. Caderno "Conflitos no Campo" 2012. Goiânia: CPT, 2013. p.115-120.

MARTINS, J. de S. *O cativeiro da terra*. 9.ed. São Paulo: Contexto, 2010 [1979].

MONBEIG, P. *Pioneiros e fazendeiros de São Paulo*. São Paulo: Hucitec-Polis, 1984 [1949].

OLIVEIRA, A. U. de. Barbárie e modernidade: as transformações no campo e o agronegócio no Brasil. *Revista Terra Livre*. São Paulo: AGB, n.21, p.113-156, 2º sem. 2003.

OSÓRIO SILVA, L. *Terras devolutas e latifúndio:* efeitos da Lei de 1850. Campinas: Ed. Unicamp, 2008.

THÉRY, H. et al. *Atlas do trabalho escravo no Brasil*. São Paulo: Amigos da Terra, 2012.

TRINDADE JR., S.-C. C. da. Pensando a concepção de Amazônia. In: BORZACCHIELLO DA SILVA, J.; LIMA, L. C.; ELIAS, D. (Orgs.). *Panorama da Geografia brasileira*. São Paulo: Annablume, 2006. p.355-64.

VIGNA, E. A bancada ruralista: um grupo de interesse. *Argumentos*. n.8. Brasília: Inesc, 2001.

VILELA, R. B. V.; CUNHA, R. M. A. A experiência do Grupo Especial de Fiscalização Móvel no combate ao trabalho escravo. In: VV.AA. (Orgs.). *Trabalho escravo no Brasil contemporâneo*. Goiânia/São Paulo: CPT/Loyola, 1999. p.35-42.

5
Debate paradigmático e modelos de desenvolvimento: territórios (i)materiais no campo e nos câmpus

Janaina Francisca de Souza Campos Vinha[1]

Introdução

A questão agrária deve ser entendida diante da lógica desigual, complexa e plural do desenvolvimento capitalista moderno (Oliveira, 2001), e tratada em diálogo com a conflitualidade, processo impulsionado pelas contradições e desigualdades geradas por esse mesmo sistema (Fernandes, 2005). O entendimento da questão agrária, calcada nesses referenciais, extrapola a realidade do campo e adentra o câmpus universitário. Isso quer dizer que, se o campo brasileiro é complexo, plural e dotado de conflitualidade territorial, a universidade também se constitui como espaço complexo e plural, marcado pela conflitualidade, porque abriga profícuos e efervescentes debates teórico-metodológicos capazes de defender/argumentar visões de mundo sobre os modelos de desenvolvimento para o país e o mundo. As pesquisas desenvolvidas no interior da universidade difundem muito mais do que resultados e reflexões, mas revelam,

1 Docente da Universidade Federal do Triângulo Mineiro (UFTM). Docente do Programa de Pós-Graduação em Desenvolvimento Territorial na América Latina e Caribe do Instituto de Políticas Públicas e Relações Internacionais (TerritoriaAL-Unesp). Pesquisadora do Núcleo de Estudos, Pesquisas e Projetos de Reforma Agrária (Nera-Unesp).

também, visões de mundo construídas e/ou reproduzidas por pesquisadores sobre os modelos de desenvolvimento para o campo.

Ao partir desse posicionamento, o presente artigo evidencia o conteúdo político-ideológico das pesquisas em Geografia Agrária que se esforçam para compreender as transformações do espaço agrário brasileiro, resultando em estudos que apresentam inúmeras interpretações. O legado positivista tentou apagar esse conteúdo, dissociando sujeito e objeto, e rotulando a ciência como atividade neutra e isenta, na qual o pesquisador deve manter distanciamento e imparcialidade em relação ao objeto de estudo. O conhecimento científico, assim como o senso comum, o religioso e o mítico, é produto de posicionamentos políticos e ideológicos inerentes a todo e qualquer ser social. Autores como Maia (2000), Kuhn (2007) e Fleck (1979; 2010) desmitificam que a atividade científica seja fruto de um conhecimento totalizante e universal, já que, diante dos fatos, estão imbuídas interpretações e teorizações sobre o objeto de estudo.

Dentro dessa interpretação, este texto dá foco ao debate paradigmático contido nas pesquisas acadêmicas. A universidade e os grupos de pesquisas são considerados territórios (i)materiais, territórios políticos que, ao socializar o conhecimento produzido, participam de uma disputa teórico-metodológica e político-ideológica (Bourdieu, 2002; 2008) que estamos denominando de debate paradigmático, e apontam, em suas investigações, diretrizes sobre os modelos de desenvolvimento para o campo.

O debate paradigmático pode ser entendido com a análise dos grupos de pesquisa, organizações acadêmicas situadas nas universidades brasileiras que vêm ganhando destaque desde o final do século XX e início do século XXI nas mais diversas áreas do conhecimento, inclusive na Geografia. O debate paradigmático é uma opção interpretativa de análise do conhecimento produzido pela Geografia Agrária, no qual são evidenciadas as concepções teórico-metodológicas das pesquisas que consolidam e sinalizam visões de mundo de desenvolvimento para o campo. Entretanto, esse debate é, ao mesmo tempo, um debate político-ideológico que sintetiza, sobretudo, dois paradigmas que enxergam o desenvolvimento do campo de formas distintas: o Paradigma do Capitalismo Agrário (PCA) e o Paradigma da Questão Agrária (PQA). O PCA compreende que o modelo de desenvolvimento do campo depende da integração ao sistema capitalista e deve correr paralelamente às estruturas de mercado e controle do Estado. No PQA, a perspectiva está na transformação da sociedade, no enfrentamento e na superação do capitalismo, sendo a luta camponesa pela terra uma luta contra o capital. Essas duas visões de mundo representam a conflitualidade em que o debate paradigmático e o conhecimento científico estão mergulhados porque possuem distintas referências teóricas, conceituais, metodológicas, ideológicas e políticas para a leitura do espaço agrário.

Quando interpretada diante do debate paradigmático, a Geografia Agrária mostra a diversidade de teorias, métodos, conceitos e categorias empregadas, dimensões paradigmáticas recheadas de intencionalidades e concepções ideológicas e políticas que revelam, igualmente, a diversidade dos modelos de desenvolvimento para o campo. Para uns, a questão agrária é um problema estrutural, que poderá ser resolvido com a superação do capitalismo. O conflito, a contradição, a desigualdade e a diferenciação social, a renda da terra e a luta de classe são alguns dos elementos do PQA. Uma das tendências desse paradigma é o campesinato, cujo modelo baseia-se na (re)criação da classe campesina no campo. A defesa da reforma agrária, da luta pela terra e dos movimentos sociais consolidam-se como estratégias para o desenvolvimento territorial. Considerado também um modo de vida, essa tendência acredita no movimento desigual e contraditório do desenvolvimento capitalista no campo que propicia o aparecimento das relações não capitalistas de produção e na qual o campesinato, mesmo tendo sua renda subordinada ao capital, existe e resiste. Para um outro grupo, o PCA, a tendência da agricultura familiar é dominante nos estudos geográficos. As desigualdades geradas pelas relações capitalistas são um problema conjuntural em que o camponês, para alcançar o desenvolvimento, deve integrar-se às estruturas de mercado, a natureza empresarial, a competitividade, a racionalidade produtiva, a capacidade de inovação que deve correr paralelamente à intervenção do Estado, cujas políticas públicas ocupam papel decisivo. Não haveria espaço para o camponês, o qual passaria por um processo de metamorfose, transformando-se em agricultor familiar, processo que integraria esse sujeito ao mercado e o levaria ao desenvolvimento. O modo de vida e a classe campesina são incompatíveis com a economia de mercado. O principal elemento de análise desse paradigma está na integração ao mercado capitalista.

Esses dois paradigmas disputam interpretações na Geografia Agrária nacional em espaços políticos, como eventos científicos e publicações, instrumentos que auxiliam na tomada de decisão para o desenvolvimento da agricultura (Fernandes; Welch; Gonçalves, 2012). Nesse debate paradigmático, desenvolve-se a conflitualidade, revelada não só no âmbito das pesquisas desenvolvidas na Geografia Agrária, como também dos modelos de desenvolvimento para o campo defendidos pelos intelectuais brasileiros. Isso porque, no PQA, as pesquisas se direcionam na luta contra o capital e nas práticas de resistência e enfrentamento, e no PCA o desenvolvimento se dá na integração ao mercado e aliança ao capital. A principal diferença entre eles é a perspectiva de superação (PQA) ou integração (PCA) ao capitalismo. A abordagem paradigmática transforma os estudos geográficos em força política e ideológica, incorrendo a discussões e práticas sobre o estabelecimento de formas democráticas de desenvolvimento do campo.

A abordagem paradigmática converte os estudos geográficos em força política e ideológica na defesa por modelos de desenvolvimento para o campo. Analisar a conflitualidade desses dois paradigmas leva a discussões e práticas sobre o estabelecimento de formas democráticas de desenvolvimento do campo, cada qual amparada em concepções teórico-metodológicas distintas.

Além desta introdução, o trabalho está organizado em mais três partes: o primeiro, que versa sobre o movimento do conhecimento produzido pela Geografia Agrária, explorando a diversidade de interpretações teórico-metodológicas desse campo disciplinar;

o segundo, que relaciona o debate paradigmático e os territórios (i)materiais com as propostas de desenvolvimento para o campo, mostrando como as pesquisas são elementos intimamente relacionados a projetos políticos e ideológicos; e, por fim, a terceira e última parte, que realiza algumas reflexões finais.

O movimento da Geografia Agrária brasileira e as correntes teórico-metodológicas

Nesta seção, realizamos um diálogo com intelectuais que se propuseram, de alguma maneira, ao estudo das abordagens teórico-metodológicas da Geografia, em especial da Geografia Agrária. A preocupação foi revelar a diversidade[2] de interpretações sobre o pensamento e apresentar as mais variadas formas de se compreender o movimento teórico-metodológico desse ramo geográfico, para, posteriormente, adentrar o debate paradigmático realizado nas universidades e grupos, entendido como uma dessas inúmeras formas de apreender as pesquisas geográficas desenvolvidas sobre o campo brasileiro. O debate paradigmático, considerado um método de análise, assume a responsabilidade de desvelar as posturas político-ideológicas que as pesquisas em Geografia Agrária projetam para o campo, o que permite associar tal debate com as propostas de desenvolvimento para o campo.

A Geografia, desde sua gênese, percorreu variados caminhos teórico-metodológicos, e esteve marcada por movimentos de superações na construção do conhecimento. O pensamento geográfico "não é homogêneo, mas contraditório e múltiplo", se "justapõe e se supera, movimentos que não podem ser limitados, nem definidos claramente [...]" (Carlos, 2002, p.163). A diversidade de abordagens contribui significativamente, pois fomenta o

2 Além da diversidade, foi possível compreender a diferencialidade e a unidade. Ver Campos (2012).

constante debate em torno da ciência geográfica, questionando seu papel na sociedade.

Sobre essa diversidade, Cidade (2001) aponta as diferenças teórico-metodológicas, indagando se as mesmas podem ser chamadas de paradigmas. Valendo-se da flexibilidade do conceito, a autora considera que um paradigma envolve o compartilhamento de valores exercidos pelas comunidades científicas:

> Ao longo da consolidação da geografia como campo de conhecimento e após a sua sistematização como ciência, no século XIX, apresentaram-se diferentes correntes teóricas e metodológicas. Os desdobramentos, rupturas e transformações e recombinações expressam-se até os dias atuais, também sob diferentes linhas. Na busca do conhecimento, diferenças de abordagem teórica e metodológica fazem parte da dinâmica normal de crescimento e consolidação de uma ciência. No entanto, há discussões sobre se diferentes correntes dentro de um corpo disciplinar constituem-se em paradigmas distintos. (Cidade, 2001, p.102)

O paradigma é encarado com uma determinada abordagem eleita pelos pesquisadores para interpretar seu objeto de estudo, ou seja, pela organização do pensamento que pode expressar-se em correntes teóricas, escolas e linhas de pensamento, temáticas, autores, épocas e/ou grupos (Sposito, 2010).[3]

De acordo com Berry (1978), a Geografia presenciou um longo processo de transição paradigmática, pois mesmo em determinados períodos de sobrepujança de um paradigma, a disciplina sempre abarcou a multiplicidade paradigmática. Sposito (2001) também tratou dessa questão e agrupou os paradigmas em dois grandes eixos: o neopositivismo e o materialismo histórico. O primeiro se traduz pelo uso de uma linguagem matemática e estatística, fortemente referendado na neutralidade científica, e o segundo está fundado

3 Informação verbal concedida pelo professor Eliseu Savério Sposito em 28 jan. 2010.

no rompimento da neutralidade e na crítica social, cujo método de análise é a dialética.

Para Galvão (1989) e Sposito (2001), a Geografia passou por dois períodos importantes de renovação que ajudam a compreender o debate sobre as contribuições teórico-metodológicas da Geografia Agrária: a revolução teórico-quantitativa e o materialismo histórico-dialético. Galvão não os denomina de paradigmas, chama de "momentos específicos do processo de renovação da Geografia no Brasil" (Galvão, 1989, p.16). A inserção dessas duas correntes de pensamento provocou disputas, cujas posturas se preocuparam em defender suas teorias diante da comunidade científica.

Da mesma forma, Gusmão (1978) realizou uma breve revisão dos estudos referentes ao campo e apontou as tendências desse ramo dentro da Geografia. Assim como Galvão (1989), seu pensamento procurou compreender os *enfoques preferenciais* (Gusmão, 1978, p.57), também denominados de *paradigmas* (Gusmão, 1978, p.62), que os estudos sobre o campo desenvolveram, destacando três fases: 1) estudos rurais de diferenciação de áreas; 2) estudos classificatórios do espaço rural, com base em modelos estatísticos-matemáticos; e 3) estudos de desenvolvimento rural. Gusmão (1978) deixou claro que, embora esses três paradigmas tenham alcançado ápices em determinados períodos, essas concepções estiveram justapostas e influenciaram o direcionamento das pesquisas.

Segundo Andrade (1995), a Geografia pode ser caracterizada como um campo disciplinar plural, fator fundamental para a ciência:

> Admitamos que a Geografia brasileira chegou ao estágio das opções, as mais diversas, de domínio de um pluralismo que, longe de homogeneizar, heterogeneiza as soluções, trazendo um enriquecimento à produção científica. Passaram as fases do tradicionalismo ambientalista, da geografia teorética, da geografia crítica marxista, da geografia da percepção, como fases "imperialistas" que hostilizavam uma às outras, para entrarmos em uma fase de maturidade em que os geógrafos se posicionem de acordo com sua formação

> filosófica e dialogam com aqueles de quem divergem. (Andrade, 1995, p.12-13, grifo nosso)

Para Andrade (1995), no que concerne aos estudos sobre o campo em escala nacional e internacional, seria perigoso formular um único paradigma para a compreensão da realidade:

> No caso específico da Geografia Rural, ter-se-ia dificuldade de generalizar uma teoria que explicasse, englobando a superfície da terra, de vez que o rural não se constitui uma unidade, em escala mundial, havendo um rural na Europa, outro na Ásia e outro na América Latina [...]. (Andrade, 1995, p.11)

Andrade (1995) faz referência às influências descritiva, quantitativa, sociológica e fenomenológica. Ao mencionar o quantitativo, o autor destaca a Universidade Estadual Paulista (Unesp), câmpus de Rio Claro, a Universidade Federal do Rio de Janeiro (UFRJ) e o Instituto Brasileiro de Geografia e Estatística (IBGE). Ainda, de acordo com o autor, a influência da escola anglo-saxônica propiciou que os geógrafos prestassem atenção especial aos dados quantitativos e maior interdisciplinaridade com outros ramos do conhecimento, como por exemplo com a Economia. Acreditamos que, além de haver um paralelo entre escolas geográficas e universidades, há também um paralelo entre paradigmas e grupos de pesquisa, como será visto nas próximas páginas.

Bombardi (2003) também retoma a questão dos paradigmas na Geografia Agrária e atesta sua hibridez. Ao afirmar que a gênese da Geografia Agrária brasileira foi fundada pelo paradigma alemão historicista, em que as questões envolvendo as relações sociais permaneciam fora do debate acadêmico, a autora atesta a hibridez paradigmática: "Evidentemente, não há um 'purismo historicista': há traços de positivismo especialmente na separação homem/natureza e, sobretudo, na força tremenda pela 'neutralidade científica'" (Bombardi, 2003, p.45).

De acordo com Oliveira (1995), a história do pensamento geográfico, assim como a própria Geografia Agrária, foi e ainda é fortemente influenciada pelo *embate e debate* de três correntes filosóficas de pensamento: o positivismo, o historicismo – denominados, respectivamente, de neopositivismo e neo-historicismo – e a dialética. O autor também destaca o avanço dos estudos fenomenológicos no pensamento geográfico nos últimos anos. Interessante é notar que Oliveira (1995) reconhece a influência do positivismo nas outras correntes do pensamento, atingindo, por exemplo, o historicismo e o marxismo. Isso ajuda a compreender que os trabalhos realizados pelos geógrafos, de alguma forma, são passíveis de apresentar uma dimensão híbrida:

> A difusão dessas ideias, particularmente do postulado de uma ciência axiologicamente neutra, apareceu também fora do quadro estrito do positivismo, alcançando mesmo o historicismo e o marxismo. Esse fenômeno revela, antes de tudo, uma certa dimensão positivista no interior de vertentes dessas escolas de pensamento. (Oliveira, 1995, p.19.)

Com a institucionalização da Geografia no Brasil na década de 1930, foi a orientação de cunho positivista e, posteriormente, neopositivista que encaminharam a produção geográfica. Porém, mesmo nesse período de forte influência positivista, em que o pressuposto da neutralidade científica exerceu papel preponderante para a legitimação da ordem social burguesa cometida pelo Estado, notou-se a presença de estudiosos que rompiam com tal pressuposto. Nesse grupo, destacam-se Manuel Correia de Andrade e Josué de Castro. Em 1963, com o lançamento da obra *A terra e o homem no Nordeste*, Manuel incorporou à Geografia a discussão sobre os movimentos de luta pela terra nessa região. Ao discutir a problemática da fome, o médico e geógrafo Josué de Castro foi além das questões tratadas pela Geografia de sua época, trazendo elementos até então ignorados pelos estudiosos. O autor preocupou-se em denunciar as desigualdades sociais e econômicas existentes no país, indo contra os temas investigados pela corrente francesa.

Contudo, mesmo nos autores que desenvolveram trabalhos perante uma vertente mais crítica, o positivismo esteve presente, atingindo também o historicismo e o marxismo (Oliveira, 1995). Ainda, a corrente positivista, a partir da década de 1960, trajada com uma roupagem moderna e atraente, permaneceu na Geografia sob o enfoque neopositivista. Sobre essa influência, Oliveira afirma que "parece óbvio, insistir que o movimento neopositivista, também denominado de empirismo lógico, manteve praticamente intactos esses postulados básicos, sobretudo a objetividade/neutralidade" (Oliveira, 1995, p.20).

Para Oliveira (1995), o estudo do campo brasileiro vem sendo realizado sob diferentes vertentes da corrente marxista. Entre as distintas interpretações da corrente marxista, o geógrafo frisa a existência de pelo menos três vertentes marxistas no interior da Geografia:

> [...] temos autores que acreditam que no Brasil existiu feudalismo, ou mesmo relações semifeudais de produção. Por isso eles advogam a seguinte tese: para que o campo se desenvolva é preciso acabar com essas relações feudais ou semifeudais e ampliar o trabalho assalariado no campo. Para esses autores, a luta dos camponeses contra os latifundiários exprimiria o avanço da sociedade na extinção do feudalismo. Portanto, a luta pela reforma agrária é um instrumento que faz avançar o capitalismo no campo. [...] Outra vertente entende que o campo brasileiro está se desenvolvendo do ponto de vista capitalista e que os camponeses devem desaparecer, pois eles seriam "resíduos" que o progresso capitalista extinguiria. Ou seja, os camponeses, ao tentarem produzir para o mercado, acabariam indo à falência e perdendo suas terras para os bancos, ou mesmo teriam de vender suas terras para saldar as dívidas. (Oliveira, 1995, p.23.)

A partir dessas duas caracterizações, com a inserção cada vez mais intensa, contraditória e desigual do modo de produção capitalista, não haveria espaço para existência do campesinato no Brasil.

Oliveira (1995) discorda dessas duas formulações e elabora outra. Para ele, o estudo do campo no Brasil

> [...] deve ser feito levando-se em conta que o processo de desenvolvimento do modo capitalista de produção no território brasileiro é contraditório e combinado. Isso quer dizer que, ao mesmo tempo que esse desenvolvimento avança reproduzindo relações especificamente capitalistas (implantando o trabalho assalariado através da presença no campo do "boia-fria"), ele (o capitalismo) produz também, igual e contraditoriamente, relações camponesas de produção (através da presença e do aumento do trabalho familiar no campo). (Oliveira, 1995, p.24-5.)

Recorrendo a Oliveira (1995), Fernandes (1998) sinaliza para os paradigmas que o pensamento geográfico abarca, reconhecendo sua diversidade. "O embate entre 'quantitativistas', 'tradicionalistas' e 'críticos' proporcionou a existência de um espaço interativo para o debate teórico entre os geógrafos, o que resultou em diferentes propostas teóricas que se refazem a cada dia" (Fernandes, 1998, p.8). Dentre a diversidade de paradigmas que a ciência geográfica contempla, Fernandes (1998) destaca a Geografia Crítica como a mais disseminada no país.

Posteriormente, a partir da metade do primeiro decênio do século XXI, Fernandes (2005), Felício (2011) e Campos (2012) balizaram a discussão em direção aos paradigmas presentes nos estudos do campo, analisando os trabalhos dos estudiosos que se dedicam a essa temática em dois paradigmas distintos, o PQA e o PCA, debate que será pormenorizado na próxima seção.

A contribuição de outras ciências à Geografia é outro episódio que merece destaque, fato que levou, muitas vezes, a uma modificação de abordagens ao longo de sua trajetória. George (1972) mostra a dependência desse campo disciplinar em relação às outras ciências, já que a interface desponta como uma de suas características fundamentais e impôs conflitos de atribuição e delimitação com os outros campos do saber (Clozier, 1972).

A heterogeneidade de enfoques acentuou ainda mais a situação, pois ao longo de sua trajetória, a "[...] Geografia tem cultivado um discurso e uma prática que são tanto sociais como naturais" (Cidade, 2001, p.100) na tentativa de interpretar o espaço geográfico. Como se não bastasse, constantemente, o conhecimento produzido no interior dessa ciência é "revirado", de modo que suas ideias dificilmente tornam-se obsoletas e são frequentemente "ressuscitadas" (Johnston, 1986; Stoddart, 1981).

É através do reconhecimento desse movimento teórico-metodológico, caracterizado pelo rico mosaico de concepções, que o processo de construção do conhecimento merece ser encarado. Contudo, é preciso avançar e iniciar a construção de um método de análise que dê o devido relevo às posturas político-ideológicas que as pesquisas em Geografia Agrária apreendem e projetam para o campo. É dentro desse contexto que encaminhamos a próxima seção, relacionando o debate paradigmático e os territórios (i)materiais com as propostas de desenvolvimento, evidenciando como as pesquisas são elementos intimamente associados aos projetos políticos para o campo.

Debate paradigmático, territórios (i)materiais, pesquisa e modelos de desenvolvimento para o campo

Dentre as várias formas de compreender o movimento teórico metodológico da Geografia Agrária pontuadas na seção anterior, as pesquisas sobre o campo brasileiro podem ser analisadas a partir de dois grandes eixos paradigmáticos: o PQA e o PCA (Fernandes, 2005; Felício, 2011; Campos, 2012).[4] Esses dois paradigmas

4 A diversidade teórico-metodológica da Geografia Agrária mostra que mesmo dentro do PCA e do PQA existe uma infinidade de interpretações que também estão em disputas e conflitos. Um exemplo são as tendências e temáticas selecionadas e compartilhadas por cada grupo de pesquisa, como poderemos verificar nas páginas ulteriores.

disputam interpretações na Geografia Agrária nacional e defendem diferentes propostas para o desenvolvimento do campo (Fernandes; Welch; Gonçalves, 2012). Nesse debate paradigmático, desenvolve-se a conflitualidade, revelada não só no âmbito das pesquisas em Geografia Agrária, como também nos modelos de desenvolvimento para o campo defendidos pelos intelectuais brasileiros.

Cabe destacar que realizar o debate paradigmático é apenas uma proposta interpretativa da produção científica da Geografia Agrária que, além de identificar temas e paradigmas, também evidencia a postura política-ideológica contida nas pesquisas sobre o desenvolvimento do campo. É evidente que as pesquisas sobre o campo brasileiro não se resumem à análise desses dois grandes eixos, mas adotá-la é uma questão de método.

Os paradigmas são pensamentos socializados e/ou compartilhados por estudiosos que se esforçam para construir interpretações e visões de mundo dos temas pesquisados. Esses paradigmas influenciam direta ou indiretamente nas decisões para o desenvolvimento do campo, repercutindo em modelos voltados à agricultura camponesa ou ao agronegócio, por exemplo.

Recorremos ao conceito[5] tendo em vista as *propriedades estruturais* de compartilhamento, direcionamento, orientação, seleção e coesão dos paradigmas, elementos consistentes para o estabelecimento de um diálogo junto à Geografia. Também acreditamos que, além das propriedades estruturais, os paradigmas possuem um conjunto de dimensões – teorias, métodos, conceitos, ideologias e intencionalidades – que possibilitam uma leitura crítica do pensamento construído no interior da Geografia, remetendo essa área do saber aos auspícios da diversidade e diferencialidade teórico-metodológica.

Ao analisar a produção intelectual da Geografia pela abordagem paradigmática, a conflitualidade é condição necessária. Propomos

---

5 A discussão a respeito do conceito de paradigma partiu da análise crítica das obras de Thomas Samuel Kuhn e Ludwik Fleck. Em Campos (2012), discutimos as propriedades estruturais e as dimensões que compõem os paradigmas.

uma Geografia que revele um sentido político à produção científica (Oliveira, 1978), já que cada autor se compromete, explícita ou implicitamente, consciente ou inconscientemente, com paradigmas específicos para a apreensão da questão agrária e dos modelos de desenvolvimento para o campo. Ao alimentar suas visões, os grupos de pesquisa possibilitam o fortalecimento do PCA e/ou do PQA. Essa "conflitualidade acadêmica é salutar e não pode ser impedida pela ausência de debates entre os grupos de pesquisadores, que possuem diferentes paradigmas para ler as mesmas realidades" (Fernandes, 2005, p.22).

Esses dois paradigmas não se firmam, apenas, nas áreas do conhecimento, mas comparecem junto a outros segmentos, como movimentos camponeses, organizações sociais, instituições públicas e privadas e políticas públicas. Em qualquer um desses campos, os paradigmas geram conflitualidades porque possuem distintas referências teóricas, conceitos, métodos, metodologias, ideologias e intencionalidades para a leitura da realidade. Essa diferença comparece nos debates, publicações, pesquisas, projetos, eventos, manifestações (Fernandes, 2005) e, inclusive, nos grupos de pesquisa (Campos, 2012).

Não se trata de instituir uma leitura dual ou dicotômica sobre a produção construída pela Geografia Agrária, tampouco agrupar ou classificar, mas evidenciar a conflitualidade que toda forma de conhecimento abriga. "[...] Trata-se, isso sim, de construir as explicações das diferenças, demarcá-las e revelá-las por inteiro" (Oliveira, 2004, p.30).

> O debate e o confronto das ideias são também função básica da produção acadêmica e da reflexão intelectual. Abrir a discussão sobre as múltiplas dimensões que envolvem as análises sobre o campo significa mergulhar no debate político, ideológico e teórico [...]. (Oliveira, 2004, p.29)

No conhecimento científico, como expressão do pensamento geográfico e da produção intelectual da Geografia Agrária, os grupos de pesquisa são espaços científicos, teóricos, políticos e ideológicos que produzem e socializam o conhecimento. Eles conduzem seus estudos e podem ser interpretados por paradigmas que são selecionados, direcionados e amplamente compartilhados pelos pesquisadores que possuem mais do que pesquisas, projetos e temáticas em comum, mas que compreendem diferentes modelos de desenvolvimento do campo brasileiro, ou seja, diferentes visões de mundo.

Produtores e produzidos por paradigmas, os grupos de pesquisa compartilham diferentes leituras espaciais da realidade por meio do emprego, disputa e defesa de teorias, métodos, conceitos, ideologias e intencionalidades, dimensões que compõem os paradigmas. Eles carregam a unidade, diversidade e diferencialidade do pensamento geográfico e estão em permanente conflito, pois disputam o poder explicativo de seus pensamentos no processo de construção do conhecimento dos grupos. Por conter essa relação de tensão e conflito, marcada pela disputa paradigmática e como parte das relações sociais que interagem junto ao espaço, os paradigmas conformam territórios (i)materiais (Fernandes, 2009).

Como expressão do pensamento geográfico, os grupos de pesquisa são territórios que compartilham temáticas e paradigmas que apontam para diferentes modelos de desenvolvimento para o campo. Estes se materializam pelos/nos grupos de pesquisa e revelam posturas político-ideológicas na disputa pelo poder explicativo na interpretação do espaço agrário. O conhecimento compartilhado pelos pesquisadores de grupos de pesquisa são territórios imateriais que procuram contribuir com o desenvolvimento de territórios materiais, no qual o campo é o espaço de vida e reprodução social. O conhecimento, a produção das ideias e o pensamento, elementos que fazem parte da imaterialidade, estão intimamente conectados à realidade material nas quais os indivíduos interagem.

Imaterialidade e materialidade são complementares e não podem, em hipótese alguma, ser dissociadas do entendimento sobre o território. É a mobilidade dos territórios imateriais sobre o espaço geográfico, por intermédio da intencionalidade, que determina a construção de territórios materiais. (Fernandes, 2005.) A intencionalidade é um aspecto da (i)materialidade do território e que cerceia a sociedade. "O movimento do pensamento em sensações, percepções, leituras, reflexões é um aspecto do abstrato que é inerente aos processos territoriais significando, ao mesmo tempo, objetividade" (Saquet, 2007, p.171-2).

O poder liga o território às relações sociais de forma dialética. O caráter multidimensional do poder se expressa no seio da sociedade e se materializa nas ações em que a informação, aqui representada pelos paradigmas, se transforma em energia, portanto, em forças, disputas, tensões e conflitualidades (Raffestin, 1993).

O conceito de campo científico de Bourdieu (2002) contribui com a discussão proposta ao romper com a ideia harmônica do ambiente acadêmico. A universidade participa da luta política pela dominação científica, na qual a disputa e a concorrência são características que não podem ser olvidadas. O campo universitário é espaço de dominação e conflito (Bourdieu, 2008). Como parte desse campo, os grupos de pesquisa não são espaços neutros, estão estruturados em um sistema de relações que os põem em conflito acadêmico ao (re)produzir seus paradigmas.

O poder explicativo está presente nos campos de produção intelectual e pode estar explícito ou implícito, consciente ou inconsciente, e permeia a construção intelectual dos grupos de pesquisa. Cada sociedade estabelece seu próprio sistema de referências, uma espécie de política geral selecionada e aceita (Foucault, 1979). Por isso, os grupos de pesquisa devem ser entendidos dentro do campo do poder, representado pela disputa paradigmática da qual participam.

O território (i)material é caracterizado pelas relações de poder explicativo dos paradigmas que os grupos tomam para si. Isso quer dizer que a disputa, a tensão e o conflito paradigmático fazem parte do pensamento geográfico. Na busca de uma leitura da realidade, eles participam de um espaço de luta teórica e que abrange todo um aparato político-ideológico.

A disputa territorial não pode ser compreendida apenas com foco na materialidade, isto é, como espaço físico, mas deve ser concebida desde a natureza do território, em que a existência de paradigmas distintos conforma territórios (i)materiais. Dependendo da posição político-ideológica assumida pelo pesquisador, os paradigmas constituem-se territórios teóricos e políticos que contribuem para a transformação da realidade ou para a manutenção da ordem vigente (Fernandes, 2005).

Na Geografia Agrária, até a década de 1980, Oliveira (1995) destacava duas correntes teóricas: uma delas defendia a proletarização do campesinato por sua destruição através da diferenciação interna, produzida pelas contradições inerentes ao processo de integração no mercado capitalista. Os camponeses seriam, inevitavelmente, atingidos pela penetração das relações capitalistas de produção no campo; a outra defendia a permanência do campesinato – que não foi destruído nem proletarizado –, sujeito constantemente destruído e recriado em virtude do desenvolvimento desigual e contraditório do capitalismo no campo e da produção capitalista de relações não capitalistas de produção (Fernandes, 2005).

Essas duas interpretações, a proletarização e o campesinato, são tendências do PQA e têm três principais elementos de análise: "[...] a renda da terra, a diferenciação econômica do campesinato e a desigualdade social gerada pelo desenvolvimento do capitalismo" (Fernandes, 2005, p.11). A gênese do PQA está em pensadores como Karl Marx, Karl Kautsky, Vladimir Lênin, Alexander Chayanov, Rosa Luxemburgo e Teodor Shanin (Felício, 2011). Eles são referenciais seminais para o estudo da questão agrária por versarem sobre os desdobramentos do avanço do capitalismo no campo. Kautsky e Lenin, principais pensadores desse paradigma, apostaram no fim do campesinato, assentados no pressuposto de sua eliminação em decorrência do avanço do capitalismo no campo; no entanto, para ambos havia a perspectiva de superação do campesinato dentro do sistema socialista. Suas perspectivas exaltaram os camponeses como sujeitos ativos na luta contra o capital e na superação do sistema capitalista. Kautsky e Lenin admitiram a conflitualidade, em que o enfrentamento, a luta de classes e a resistência deveriam ser considerados.

A conflitualidade é um conceito importante para o PQA na análise dos modelos de desenvolvimento da agricultura. O movimento de destruição e recriação de relações sociais demonstra a conflitualidade entre diferentes modelos (Fernandes, 2005). Por aceitar a conflitualidade, o escopo de análise desse paradigma não se limita à lógica do capital. O enfretamento a esse modo de produção é condição para a recriação do campesinato. Pesquisas que trazem a perspectiva da luta pela terra, como movimentos sociais/socioterritoriais, assentamentos rurais, ocupações de terras, disputas territoriais, políticas públicas e manifestações, por exemplo, revelam o enfrentamento à lógica imposta. São pesquisas que não se limitam à reprodução econômica e enveredam para a reprodução da existência do campesinato enquanto sujeitos políticos, capazes de promover mudanças e transformações.

Para esse paradigma, a questão agrária é um problema estrutural e inerente ao desenvolvimento desigual e contraditório do capitalismo. A *proletarização* e o *campesinato* são as duas tendências internas (Fernandes, 2005; Felício, 2011). Defende que a luta pela terra e pela reforma agrária possibilitam a (re)criação do campesinato, pois mesmo com o aumento da desigual estrutura agrária, o número de camponeses na luta pela terra no Brasil também cresce simultaneamente (Felício, 2011). A perspectiva de suas pesquisas está na transformação da sociedade, no enfrentamento e na superação do capitalismo, sendo a luta pela terra uma luta contra o capital. Seus pensadores valorizam o protagonismo do campesinato mediante as lutas de resistência e análise dos processos de (re)criação.

Os estudos analisados diante da leitura do PQA transitaram por duas tendências que revelam a perspectiva de desenvolvimento territorial para o campo, a *proletarização* e o *campesinato*, reunindo os seguintes grupos de pesquisa: Geografia Agrária, Centro de Estudos de Geografia do Trabalho (CEGeT) e o Núcleo de Estudos, Pesquisas e Projetos de Reforma Agrária (NERA). Para esses grupos, a questão agrária é intrínseca ao desenvolvimento desigual e contraditório do capitalismo, e a possibilidade de solução da problemática agrária está fincada na perspectiva de superação desse sistema. Seja via proletarização ou campesinato, esses grupos mostram os limites da agricultura capitalista, apostando na conflitualidade e no processo de lutas e enfrentamento como meio de promover o desenvolvimento territorial. A reforma agrária e os movimentos sociais são estratégias para tal intento.

Para o grupo Geografia Agrária (USP), a preocupação está no estudo do campesinato e da questão agrária brasileira. O leque de temáticas investigadas pelo grupo é bastante amplo: luta pela terra e movimentos sociais, relação campo-cidade e/ou rural-urbano, comunidades tradicionais, a questão sobre a agroenergia, com destaque para os biocombustíveis, as práticas da agricultura orgânica/agroecológica, a agricultura familiar/camponesa e trabalhos que discutem a temática teórico-metodológica, sobretudo do marxismo e da política para a teoria do campesinato e sobre a etnoconservação.

A teoria do desenvolvimento desigual, contraditório e combinado do território é elementar, em que a recriação das relações não-capitalistas de produção tem na resistência do campesinato sua concretização. O enfrentamento ao capital e a defesa do projeto de transformação da sociedade é delineado pelos estudiosos. A luta pela terra, a sujeição da renda ao capital, a resistência, a exploração, a subalternidade, a reforma agrária, os movimentos sociais, o anarquismo, a territorialização camponesa e o monopólio agroindustrial são algumas das discussões selecionadas e compartilhadas pelo grupo que expressa a tendência do *campesinato* do PQA.

No CEGeT (Unesp), o grupo propõe realizar uma leitura geográfica através da temática trabalho, que se relaciona a outras, como luta pela terra e pela água, os conflitos que mediam esse espaço de disputa, sindicatos e movimentos sociais (urbanos e rurais), as práticas da agricultura mecanizada e os impactos na organização da produção familiar, o agronegócio e as relações de trabalho: são temáticas que circundam e entram em contato com a temática principal. Outra temática que tem sido trabalhada refere-se ao estudo das comunidades amazônicas e suas relações de trabalho e a análise do discurso jornalístico.

Ao sinalizar para a realização de uma "Geografia do Trabalho", seus membros compartilham estudos sobre as múltiplas formas de expressão do trabalho para ações políticas de caráter emancipatório. O objetivo é adentrar no processo metabólico do capital e apreender seus desdobramentos para o mundo do trabalho. A relação capital x trabalho é o cerne das discussões do grupo, no qual as redefinições do trabalho se constituem como o ponto de partida para as questões atinentes ao gênero, agroecologia, cooperativismo, movimentos sociais, luta pela terra e ao discurso do agronegócio, por exemplo. A superação do capital e o enfrentamento político colocam os pesquisadores desse grupo junto ao PQA, e a tendência do *campesinato* e da proletarização comparecem para o grupo.

No Núcleo de Estudos, Pesquisas e Projetos de Reforma Agrária (Nera-Unesp), a grande temática é a disputa territorial, organizada sob outras, tais como a luta pela terra – ocupações de terras, assentamentos rurais, estrutura fundiária, movimentos socioterritoriais e manifestações do campo, impactos socioterritoriais –, assentamentos, agricultura camponesa, agronegócio e desenvolvimento territorial – e territórios do saber –, educação do campo, ensino de geografia, representação documental da luta pela terra, pensamento geográfico e o debate paradigmático.

Os estudiosos vinculados ao grupo entendem a luta pela terra, a disputa territorial e a conflitualidade como as principais discussões que questionam a ordem vigente para superação da lógica do capital. A conflitualidade é concebida como elemento inerente ao desenvolvimento do campo, em que a (re)produção social camponesa não é vista, apenas, pelo viés produtivo e econômico, mas pela consciência política de luta como instrumento de transformação da realidade. São focalizados estudos que não veem, apenas, a integração ao mercado e a comercialização dos produtos, mas espaços que contestam as relações capitalistas de produção que expropriam, das mais variadas formas, as famílias camponesas. O debate paradigmático e a cartografia crítica também são temas que deixam ver a conflitualidade no tratamento da questão agrária.

A gênese do Paradigma do Capitalismo Agrário (PCA) está nas obras de Henri Mendras e Hugues Lamarche (Felício, 2011). Esse paradigma alcançou ímpeto na década de 1990 com a publicação da tese de doutorado do economista Ricardo Abramovay e publicado no formato de livro no ano de 1992, intitulado *Paradigmas do capitalismo agrário em questão*. Nessa obra, o autor opôs-se à visão marxista e defendeu que os países ricos capitalistas, ao invés da proletarização dos agricultores, estariam integrados no mercado, já que nesses a agricultura familiar apresentou uma participação expressiva.

Para o autor, o problema não reside no capitalismo que expropria os sujeitos de seus territórios, mas no campesinato que, por ser caracterizado como uma sociedade parcial e de mercado incompleto, não se adéqua ao sistema capitalista. "[...] Abramovay inverte o sentido dado pelo paradigma da questão agrária: o problema não está no capitalismo, mas sim no campesinato" (Fernandes, 2005, p.15).

O método do PCA assenta-se nos processos determinantes e dominantes do capital, transformando (metamorfoseando) o sujeito camponês para adequá-lo e inseri-lo no mercado, isto é, transformá-lo em agricultor familiar. As relações que fazem parte do processo de desenvolvimento do capitalismo na agricultura possibilitam compreensões distintas e, por isso, permitem que o camponês seja metamorfoseado e o colocam dentro de paradigmas divergentes (Fernandes, 2005). Como esse paradigma tem a intenção de ocultar o universo camponês, decidiu-se negá-lo, defendendo sua metamorfose em um "outro sujeito", o agricultor familiar (Thomaz Jr., 2006).

Ao contrário do PQA, que entende a questão agrária como um problema estrutural, o PCA entende essa mesma questão como um problema conjuntural. A solução depende de uma mudança na conjuntura socioeconômica, determinada pelo desenvolvimento do capitalismo (Fernandes, 2005). A superação é aceita dentro do próprio sistema, em que as relações devem correr paralelamente com as estruturas nacionais de mercado e no controle do Estado. O capitalismo é entendido como sistema capaz de solucionar os problemas do campo, tendo nas políticas públicas, por exemplo, um dos meios para o desenvolvimento da agricultura, como o Programa Novo

Mundo Rural, Procera, Pronaf e o Pronera. "Basta ao campesinato lutar ao lado do capital tecnificando e se integrando no processo produtivo, promovendo a metamorfose do camponês em agricultor familiar [...]" (Felício, 2011, p.5-6).

Enquanto no PQA as pesquisas se direcionam na luta contra o capital e nas práticas de resistência, no PCA as soluções para promover o desenvolvimento estão nas políticas públicas que visam a integração ao mercado. Como o PQA, o PCA tem duas tendências internas: a *agricultura familiar* e o *agronegócio*. Nesse paradigma não existe lugar para a conflitualidade ou o antagonismo, de maneira que ambas as tendências dão continuidade ao desenvolvimento do modo capitalista de produção. A lógica do PCA não nega a luta pela terra, mas também não dá foco à ação como um instrumento de superação, mas nas políticas públicas de Estado, na pluriatividade e nas novas ruralidades. A agricultura familiar faz parte do sistema capitalista que, ditado por essa lógica, não pode se afastar dessas premissas porque ela é hegemônica e totalizante:

> A lógica do paradigma do capitalismo agrário cria um estado de mal-estar, quando o assunto a ser discutido implica contestar o capitalismo, porque isso lhe atinge o âmago. Esse é o limite de sua ideologia. A desobediência só é permitida dentro dos parâmetros estipulados pelo desenvolvimento do capitalismo. A partir desse ponto é subversão. A "integração plena" carrega mais que um estado de subordinação contestada, contém o sentido da obediência às regras do jogo comandado pelo capital. Nesse paradigma, o camponês só estará bem, se integrado plenamente ao capital. (Fernandes, 2005, p.23-4)

Para os pesquisadores do PCA, a transformação e o desenvolvimento só existem no interior do capitalismo; para os pesquisadores do PQA, a transformação da realidade está na superação do capitalismo, todavia ainda sem perspectivas. A diferença entre essas posturas paradigmáticas está na direcionalidade que as visões de mundo propõem. Para os grupos que perfilham o PQA, além do reconhecimento dos limites do capitalismo, existe uma postura teórica e político-ideológica bem demarcada de superação, fazendo desse problema a centralidade de suas pesquisas. A diferença que distingue é a perspectiva de superação para o PQA e de permanência no capitalismo para o PCA.

Os estudos analisados diante da leitura do PCA apresentaram como tendência predominante a *agricultura familiar*, agrupando: o Núcleo de Estudos Agrários (NEA), Logística, Agricultura e Uso do Território Brasileiro, Geografias da Modernidade: geografia e gênero, família e trabalho, e o Grupo de Estudos Dinâmica Regional e Agropecuária (Gedra). Nesse paradigma, todos fazem a crítica ao capitalismo no sentido da integração à lógica capitalista, em que a mudança – analisada em alguns grupos e trabalhos – deve ser feita dentro do próprio sistema, sendo essa a perspectiva de desenvolvimento para o campo defendida.

O grupo Geografias da Modernidade (USP) interessa-se pela questão da modernidade tecnológica da cana-de-açúcar, com destaque para o gênero, a tecnificação agrícola e a evolução espacial da ocupação. As principais temáticas desenvolvidas dividem-se em três grandes grupos: gênero, migração e modernização tecnológica/trabalho/cana-de-açúcar, sendo esta última a temática unificadora.

A questão da modernização tecnológica do campo constitui-se como temática central, e faz contraponto com o trabalho do circuito inferior no campo – mão de obra volante e queda gradativa de ocupação da força de trabalho. A partir dessa questão, o grupo voltou-se ao estudo e compartilhamento de temáticas como o êxodo rural, a migração, a proletarização e subordinação do pequeno produtor, as relações do Estado no processo de modernização agrícola, as políticas públicas e as relações de gênero.

Nas análises realizadas, os pesquisadores vinculados ao grupo, mesmo vislumbrando a contradição capital/trabalho e criticando veementemente a exploração decorrente do modo de produção capitalista, mantiveram seus olhares fora da perspectiva de superação e transformação da sociedade e, em algumas vezes, sem a perspectiva da conflitualidade.

No NEA, localizado na Unesp-Rio Claro, os temas centraram-se na abordagem teórico-metodológica da Geografia Agrária, no turismo rural e na pluriatividade, nos impactos da modernização da agricultura e no avanço do setor canavieiro, na agricultura familiar e na multifuncionalidade, na questão da migração e na relação campo-cidade/rural-urbano e nas dinâmicas dos pequenos municípios e sua relação com aspectos da ruralidade.

Os trabalhos acadêmicos do grupo tomados para análise selecionaram para estudo a influência das novas ruralidades e permanências na organização do espaço, a forma com que políticas públicas se materializaram no espaço, o processo de transformação das comunidades faxinalenses na simultaneidade entre a modernidade e a tradição, a viabilidade econômica da agricultura urbana e a modernização do campo em conjunto com o Estado e as agroindústrias da cana. A unidade familiar camponesa foi estudada na perspectiva de integração ao mercado via Complexo Agroindustrial (CAI), em que a recriação do campesinato se deu na articulação com cooperativas e agroindústrias. Questões relativas à teoria e método em Geografia também foram tratadas pelo grupo. Em nenhum desses temas, o enfrentamento, a luta de classes e a conflitualidade latente do campo foram debatidos. A perspectiva de superação do capitalismo não compareceu como preocupação, tampouco como questão agrária.

O Gedra (Unesp-Presidente Prudente) priorizou temáticas que tratam a renda agrícola e não agrícola, associativismo e cooperativismo rural, organização e a formação de núcleos urbanos, com destaque para as relações campo/cidade e/ou rural/urbano, a questão do envelhecimento no meio rural, as cadeias produtivas, a interação da agricultura com a indústria, as formas de viabilidade e a adoção de inovações tecnológicas e a questão das políticas públicas.

Os pesquisadores do Gedra selecionaram e compartilharam estudos que direcionaram a atenção para a complexidade e a diversidade existente no campo, entendendo que o conceito de agricultura familiar é o mais adequado para apreender essa realidade. A estratégia de (re)produção social está assentada na integração ao mercado, na diversificação produtiva, novas ruralidades, nas atividades agrícolas e não agrícolas e na pluriatividade, atividades que possibilitam o aumento das opções de renda de inúmeras famílias e sua permanência no campo.

A agricultura familiar é tratada por uma perspectiva econômica, privada do conflito e da contradição que a questão agrária traz. Para o grupo, o Estado é a instituição responsável por prover as condições de distorção engendradas pelo modo capitalista de produção, através da criação de programas, políticas públicas, associações, cooperativas e agroindústrias, entendidas como estratégias que garantem a reprodução social e a integração no mercado da agricultura familiar. As interpretações do grupo não deixam de evidenciar as relações de exploração sofridas pela agricultura familiar, selada pelo Estado e dirigida pelo grande capital; contudo, a alternativa para a sobrevivência respalda-se na integração das famílias ao capitalismo, sistema que possibilita a recriação social e econômica da agricultura familiar.

O grupo Logística, Agricultura e Uso do Território Brasileiro (Unicamp) desenvolveu seus estudos centrados na análise das redes e fluxos e na análise regional. Com relação às redes e fluxos, são analisados os efeitos da modernização e da exportação agrícola no território brasileiro, considerando a região competitiva e a logística para explicar a organização do território. Já no que concerne à análise regional, busca-se a compreensão do uso corporativo do território brasileiro pelas empresas processadoras de suco de laranja, relacionando-se, desse modo, a análise do circuito espacial produtivo. Embora a tendência da agricultura familiar compareça como predominante para a Geografia Agrária, o grupo não se dedicou à investigação desses sujeitos, mas no estudo de como o espaço geográfico é redefinido para o atendimento de grandes corporações, sem direcionar o olhar para a agricultura familiar.

Para esse grupo, o PCA materializou-se no compartilhamento de estudos que envolveram o debate sobre os usos corporativos do território brasileiro. O grupo tem uma unidade paradigmática bastante coesa em torno do referencial de Milton Santos, no qual o território brasileiro é interpretado diante do acelerado processo de intensificação da racionalização produtiva, em que o uso corporativo e empresarial se coloca à frente dos interesses da sociedade local. Embora se admitam os problemas que a lógica capitalista carrega e propaga, os trabalhos não estão focados na discussão da agricultura familiar ou campesina e não trazem a superação e o enfrentamento do sistema como perspectiva central. Tratou-se de desvendar o papel das normas e das técnicas para a regulação e o controle do território, seja via tecnologia da informação, logística de produtos agrícolas (*commodities*) ou sistemas de transporte. O entendimento da agricultura familiar e camponesa não foi alvo dos estudos desenvolvidos pelo grupo

Embora apresente a diferença fundamental de superação e permanência do capitalismo, o PQA e o PCA não são paradigmas excludentes. Eles demonstram a pluralidade paradigmática, marcada pela unidade, diversidade e diferencialidade, mas ambos possuem uma *faixa de contato*, na qual temáticas, questões e tendências se aproximam.

O grupo Agricultura e Urbanização (USP) representa essa proximidade e contato entre os paradigmas. A temática principal está no estudo da relação campo/cidade e agricultura/urbanização. O grupo desenvolve pesquisas específicas sobre estudos agrários ou urbanos, com destaque também para as pesquisas entre geografia, literatura e cinema, atuando como perspectivas complementares da temática principal. O trabalho escravo, a questão de gênero e os agrocombustíveis também fazem parte do temário do grupo, além daquelas associadas às comunidades tradicionais brasileiras, com ênfase para as comunidades quilombolas, caiçaras e indígenas.

Nesse grupo, a análise paradigmática é emblemática, pois transita na *faixa de contato* dos dois paradigmas (PCA e PQA). Dentre os trabalhos analisados, existem aqueles que discutiram as formas de resistência e recriação das relações não capitalistas, exaltando a força do campesinato e a luta pela terra, como trabalhos que se abstiveram desse debate e não questionaram a lógica do capital. Neste último, os trabalhos se dedicaram a descrever o processo de modernização do campo, a relação cidade/campo e a mercantilização e apropriação do espaço.

O debate paradigmático revela como a Geografia Agrária vem sendo impactada pelos diferentes temas e paradigmas, mapeando e analisando o pensamento geográfico. A universidade e os grupos de pesquisa são territórios políticos, de luta, e à Geografia Agrária cabe incorporar essa conflitualidade paradigmática à sua abordagem, independentemente da posição assumida (Germani, 2005):

> Não é mais uma questão de você contar população, ver se é urbana, ver se é rural, ver o que produz, como produz, localização, condições climáticas, usar imagens de satélite, GPS... Mas você tem um conflito explicitado que vai aparecer mesmo que não se queira mostrar... O próprio pesquisador passa a se sentir, obrigatoriamente, parte dessa realidade, ele deve não só interpretar, mas tomar posições que têm a ver com posições de classe desse pesquisador. (Germani, 2005, p.62)

Através do debate paradigmático, observa-se a diversidade e a conflitualidade de perspectivas sobre o desenvolvimento do campo e o próprio pensamento geográfico. Para os estudiosos que compartilham do PCA, a questão agrária e a conflitualidade não são reconhecidas sem a perspectiva de transformação dos padrões estruturais do modo capitalista de produção. O desenvolvimento do campo deve ser feito mediante a integração da organização camponesa ao sistema capitalista. Diferentemente, o PQA orienta seus estudos diante da ideia de (re)criação e apropriação da riqueza produzida pelo campesinato, aproximando-se de questões que buscam a superação do modelo excludente capitalista e tratando a conflitualidade como uma das formas de desenvolvimento do campo.

Considerações finais

O debate paradigmático é uma opção interpretativa que enaltece a força política e ideológica das pesquisas geográficas. Os estudos relativos à questão agrária, longe de estarem isentos de posicionamenos, apresentam várias conflitualidades, fazendo da universidade um espaço complexo e plural, tal como o campo, que abarca territórios (i)materiais permeados por intensos debates sobre os modos de desenvolvimento. Para o PQA, a defesa da reforma agrária, da luta pela terra e dos movimentos sociais são estratégias para o desenvolvimento territorial. Para o PCA, o camponês deve integrar-se às estruturas de mercado, transformando-se em agricultor familiar, processo que o levaria ao desenvolvimento. Campo e câmpus retratam a conflitualidade existente entre modelos de desenvovimento e pesquisas, conjugando paradigmas e territórios.

Referências bibliográficas

ANDRADE, M. C. de. Geografia rural: questões teórico-metodológicas e técnicas. *Boletim de Geografia Teorética*, Rio Claro, v. 25, n. 49/50, p.4-14, 1995.

BERRY, B. Geographical theories of social change. In: *The nature of change in geographical ideas*. Illinois: Northen Illinois University, 1978. p.17-36.

BOMBARDI, L. M. Geografia Agrária e responsabilidade social da ciência. *Terra Livre*, São Paulo, v.12, n.21, p.41-53, 2003.

BOURDIEU, P. *Campo de poder, campo intelectual*. Tucuman: Montressor, 2002.

______. *Homo Academicus*. Buenos Aires: Siglo XXI Editores, 2008.

CAMPOS, J. F. de S. Leituras dos territórios paradigmáticos da Geografia Agrária: análise dos grupos de pesquisa do estado de São Paulo. São Paulo, 2012. 389f. Tese (Doutorado em Geografia) – Faculdade de Ciências e Tecnologia (FCT) da Unesp, Presidente Prudente.

CARLOS, A. F. A. A Geografia brasileira, hoje: algumas reflexões. *Terra Livre*, São Paulo, n.18, p.161-78, 2002.

CIDADE, L. C. F. Visões de mundo, visões da natureza e a formação de paradigmas geográficos. *Terra Livre*, São Paulo, n.17, p.99-118, 2001.

CLOZIER, R. *História da Geografia*. Coleção Saber. 3.ed. Lisboa: Europa-América, 1972.

FELICIO, M. J. Contribuição ao debate paradigmático da Questão Agrária e do Capitalismo Agrário. São Paulo, 2011. 215f. Tese (Doutorado em Geografia) – Faculdade de Ciências e Tecnologia (FCT) da Unesp, Presidente Prudente.

FERNANDES, B. M. Questões teórico-metodológicas da pesquisa geográfica em assentamentos de reforma agrária. *Revista Nera*, Presidente Prudente, n.2, dez. 1998.

______. Questão agrária: conflitualidade e desenvolvimento territorial. In: BUAINAIN, A. M. (Org.). *Luta pela terra, reforma agrária e gestão de conflitos no Brasil*. Campinas: Unicamp, 2005.

______. Sobre a tipologia de territórios. In: SAQUET, M. A.; SPOSITO, E. S. *Territórios e territorialidades:* teorias, processos e conflitos. São Paulo: Expressão Popular, 2009. p.197-215.

FERNANDES, B. M.; WELCH, C. A.; GONÇALVES, E. C. Governança da terra no século XXI – Políticas fundiárias no Brasil. *Framind the debate series*, n.2, Roma, 2012.

FOUCAULT, M. *Microfísica do poder*. Rio de Janeiro: Graal, 1979.

FLECK, L. *Genesis and Development of a Scientific Fact*. Chicago: University of Chicago, 1979.

______. *Gênese e desenvolvimento de um fato científico*. Belo Horizonte: Fabrefactum, 2010.

GALVÃO, M. do C. C. Contribuição ao debate sobre perspectivas teórico-metodológicas para a geografia agrária. *GeoNordeste*, Aracaju, ano 6/7, p.15-21, 1989-90.

GEORGE, P. *Os métodos em Geografia*. São Paulo: Difel, 1972.

GERMANI, G. I. Tradição x tecnologia: as novas territorialidades do espaço brasileiro. [2004]. *Revista Formação*, Presidente Prudente, v.1, n.12, p.45-86, 2005. Entrevista concedida a Eraldo Silva Ramos Filho durante o Encontro Nacional de Geografia Agrária (Enga), em Gramado (RS).

GUSMÃO, R. P. Os estudos de geografia rural no Brasil: revisão e tendências. In: CONGRESSO NACIONAL DE GEÓGRAFOS, 3, 1978, Fortaleza. Sessões Dirigidas. Fortaleza, AGB/UFC, p.57-62, 1978.

KUHN, T. *A estrutura das revoluções científicas*. 9.ed. São Paulo: Perspectiva, 2007.

MAIA, N. F. *A ciência por dentro*. 6.ed. Petrópolis: Vozes, 2000.

OLIVEIRA, A. U. Contribuição para o estudo da Geografia Agrária: crítica ao "Estado Isolado" de Von Thunen. 1978. Tese (Doutorado em Geografia) – Departamento de Geografia da FFLCH, Universidade de São Paulo.

______. Geografia e território: desenvolvimento e contradições na agricultura. *Boletim de Geografia Teorética*, Rio Claro, v.25, n.49-50, p.17-57, 1995.

______. Geografia agrária: perspectivas no início do século XXI. In: OLIVEIRA, A. U. de; MARQUES, M. I. M. (Orgs.). *O campo no século XXI:*

território de vida, de luta e de construção da justiça social. São Paulo: Casa Amarela/Paz e Terra, 2004. p.27-64.

______. A Longa Marcha do campesinato brasileiro: movimentos sociais, conflitos e Reforma Agrária. *Estudos Avançados*, v.15, n.43, São Paulo, set.-dez. 2001.

RAFFESTIN, C. *Por uma geografia do poder*. São Paulo: Ática, 1993.

SAQUET, M. A. Construindo uma proposta de abordagem territorial (i)material. In: *Abordagens e concepções de território*. São Paulo: Expressão Popular, 2007. p.157-200.

SPOSITO, E. S. A propósito dos paradigmas de orientações teórico-metodológicas na Geografia Contemporânea. *Terra Livre*, São Paulo, n.16, p.99-112, 2001.

THOMAZ JÚNIOR, A. (Des)Realização do trabalho no campo e os limites da teoria – repensar crítico sobre a classe trabalhadora no Brasil. In: ENCONTRO DA REDE DE ESTUDOS RURAIS, 1, 2006, Niterói. Anais do Encontro da Rede de Estudos Rurais, Niterói, Universidade Federal Fluminense, 2006, p.1-15.

6
Teoria e política da agenda agrária do Banco Mundial (1990-2014)[1]

João Márcio Mendes Pereira[2]

Este artigo analisa os pressupostos teóricos e os objetivos políticos da agenda agrária do Banco Mundial (BM), no bojo da qual ganhou evidência a chamada reforma agrária assistida pelo mercado (RAAM). Inicialmente, o trabalho esboça o processo de reciclagem e extensão do programa político neoliberal operado pelo BM em meados dos anos 1990, a fim de delimitar os marcos mais amplos nos quais a agenda agrária da instituição se insere. A seguir, discute as razões que o levaram a retomar ações mais firmes no meio rural naquele período. Na sequência, resume em que consiste a agenda atual de políticas agrárias do BM. Depois, analisa os pressupostos teóricos e a racionalidade política de um componente específico dessa agenda, a RAAM, pontuando seu desempenho nos três países latino-americanos que mais se destacaram em sua implementação.

---

1 Este texto é uma versão sintética do trabalho apresentado na X Reunião do GT Desarrollo Rural do Clacso ocorrida na Universidad Autónoma Metropolitiana (UAM-Xochimilco), na Cidade do México, em jun. 2010.

2 Doutor em História pela UFF, professor adjunto da UFRRJ, professor do Programa de Pós-Graduação em História da UFRRJ e professor colaborador do Programa de Pós-Graduação em Desenvolvimento Territorial na América Latina e Caribe do Instituto de Políticas Públicas e Relações Internacionais – IPPRI/Unesp.

Banco Mundial e o programa político neoliberal

Na América Latina, mais do que em qualquer outra região, o fim da Guerra Fria e o início da avalanche neoliberal coincidiram com o processo de abertura política. Em poucos anos a nova plataforma se internalizou, na medida em que grande parte das principais forças políticas latino-americanas, de praticamente todos os matizes ideológicos e partidos, alinhou-se à ideia de que só havia então um único objetivo a perseguir: a construção de uma "economia de mercado vibrante". E tal objetivo, por sua vez, só poderia ser alcançado por um único caminho: a destruição da soberania nacional em matéria de política econômica e o aniquilamento de todo e qualquer "custo" social e trabalhista que onerasse a rentabilidade do capital. Nos principais países da região, novas coalizões de poder comprometidas com o programa político neoliberal passaram a ganhar, em série, eleições presidenciais. No mesmo período, a negociação com os credores internacionais chegou ao fim e as portas do sistema financeiro internacional se abriram novamente, agora pela via da globalização financeira. Não demorou para que a costura de novas alianças e o acesso à grande onda de liquidez internacional viabilizassem as condições políticas para a geração de planos de estabilização monetária de novo tipo (Batista Jr., 1996), estreitamente ligados ao processo de reestruturação econômica neoliberal. Novas coalizões de poder surgiram do manejo da crise da dívida externa e das políticas de liberalização econômica, mudando o peso relativo de classes e frações na correlação de forças na sociedade e no Estado (Vilas, 2012; Stolowicz, 2012). Por outro lado, os planos de integração econômica subordinada da região à economia norte-americana caminhavam a passos acelerados, a começar pelo Tratado Norte-Americano de Livre Comércio (Nafta), iniciado em janeiro de 1994. Tudo parecia corroborar o discurso da estandartização do mundo e do "fim da história".

Em linhas gerais, até então, os programas de "ajustamento estrutural" – impulsionados pelo BM a partir de 1980 e, depois da moratória mexicana, em parceria com o Fundo Monetário Internacional

(FMI), como mecanismo de enquadramento dos países periféricos – haviam tido como objetivos centrais o controle inflacionário e a retomada do crescimento econômico mediante planos de estabilização monetária baseados na contração do consumo interno, ajuste fiscal drástico, arrocho salarial, abertura comercial, desregulação financeira e desregulamentação da atividade econômica, aos quais se somaram, a partir de 1989, a privatização em massa de empresas públicas e introdução ou ampliação de mecanismos de "recuperação de custos" (*cost-recovery*) na prestação de serviços públicos antes gratuitos ou largamente subsidiados. O tanto que havia sido "ajustado" variava de país para país, mas a agenda era basicamente a mesma em todos os casos.

Contudo, o impacto político provocado pela insurreição zapatista em janeiro de 1994 e, sobretudo, a crise financeira no final do mesmo ano arranharam a confiança do *establishment* capitalista. Até aquele momento, o México havia sido a economia estrela das instituições gêmeas de Bretton Woods e da banca privada internacional. Ao mesmo tempo, em vários países, os efeitos socialmente regressivos das políticas em curso começaram a se avolumar e tensões políticas e sociais ganharam mais visibilidade. Alguns governos da região passaram a sofrer uma queda rápida e acentuada de popularidade e as críticas ao neoliberalismo ganharam mais projeção. Por outro lado, os países que haviam adotado as receitas dominantes padeciam de baixo crescimento, quando não estagnação ou franca recessão, enquanto os que trilhavam rotas capitalistas alternativas, como os países do Sudeste da Ásia, ostentavam taxas elevadas de crescimento industrial e estabilidade dos indicadores macroeconômicos – até a crise financeira no final de 1997 e 1998 varrer também o "milagre asiático" (Wade; Veneroso, 1998). De todo modo, entre 1995 e 1997, alguns atores de ponta da ordem internacional passaram seriamente a reavaliar não o mérito, mas a implementação da agenda neoliberal.

Parte da rede de poder infraestrutural externo dos Estados Unidos (Pereira, 2010), o BM, em consonância com outros organismos e *think tanks* internacionais, passou a advogar a realização de um segundo estágio de "reformas estruturais", a fim de consolidar os cânones macroeconômicos impostos no estágio anterior, manter a orientação econômica ao exterior, corrigir eventuais desvios de rota e aprofundar o processo em curso, estendendo-o, inclusive, para novas áreas estratégicas.

Para legitimar esse processo de efetiva reciclagem e extensão do programa neoliberal, o Banco adotou o discurso da mudança, passando a defender uma agenda de reformas que fosse "além" do Consenso de Washington (Burki e Perry, 1998). Quatro consignas foram estabelecidas e repetidas como a ponta da "nova" agenda de desenvolvimento: a "complementariedade entre Estado e mercado", o abandono da ideia de Estado "mínimo" em favor de um Estado "eficaz", a centralidade das "instituições" e o "combate à pobreza". (BM, 1997a.) Elaborada entre os anos de 1995 a 1998, tal reciclagem estabeleceu como prioridade a implementação de três ações estratégicas para a América Latina e o Caribe.[3]

A primeira era a "reforma do Estado", entendida, em linhas gerais, como a combinação de onze medidas: a) blindagem (*insulation*) das agências estatais responsáveis pela condução da política econômica contra "pressões particularistas" decorrentes da atuação parlamentar, da luta popular ou mesmo de demandas de frações dominadas das classes dominantes (por exemplo, certos setores industriais ou ligados ao mercado interno); b) ofensiva contra direitos dos trabalhadores do setor público; c) redução e reforma gerencial de todo funcionalismo público, por meio da adoção de novas tecnologias e formas de controle e concorrência do processo de trabalho já utilizadas no setor privado; d) implementação acelerada da descentralização administrativa (na prática, muito mais uma desconcentração seletiva de funções do Executivo federal); e) expansão de todo tipo de arranjos "público-privados" na definição e na gestão de políticas públicas, e não propriamente no financiamento, outorgando maior poder a grupos empresariais e fundações privadas no manejo direto da administração pública; f) extensão da aplicação

3 Basta consultar, por exemplo, Banco Mundial (1996a, 1997a); Burki e Perry (1997 e 1998); e Burki e Edwards (1996).

do princípio da "recuperação de custos", isto é, da cobrança de taxas aos "consumidores" pela prestação de serviços públicos essenciais; g) reorganização do sistema escolar e do poder judiciário, mediante descentralização administrativa, adoção de padrões de remuneração por produtividade e de formas de concorrência para captação de recursos públicos e privados; h) conclusão do ciclo de privatizações de empresas e bancos públicos; i) reestruturação da seguridade social, aumentando o tempo de contribuição para a aposentadoria e achatando o valor recebido; j) aperfeiçoamento do instrumental jurídico voltado à segurança dos direitos de propriedade; l) criação de marcos institucionais que garantissem a segurança e a alta rentabilidade dos fluxos de capital financeiro, especialmente os de curto e curtíssimo prazos.

A segunda ação estratégica era o "combate à pobreza". Contra a noção de direitos universais de cidadania, as propostas do Banco consistiam na criação de programas e projetos de alívio paliativo e focalizado da pobreza, preferencialmente onde as tensões sociais pudessem alimentar a oposição política ou de algum modo fugir do controle político e repressivo do Estado. Para tal, o BM passou a estimular o redesenho da política social na direção de um novo tipo de filantropia, baseada na mobilização e articulação de empresas, organizações não governamentais (ONGs), esferas subnacionais de governo e associações locais ou comunitárias. Termos como sociedade civil, participação, voluntariado, capital social, descentralização e empoderamento foram criados ou reformulados e difundidos pelo discurso dominante para legitimar a neoliberalização das políticas sociais. O imediatismo e a urgência do "combate à pobreza" deram o tom da nova questão social, entendida como administração eficiente de recursos escassos. Recomendou-se explicitamente a realização de um trabalho ideológico intenso para "dar aos pobres condições para que se tornem advogados mais efetivos de seus próprios interesses" (BM, 1997a, p.63). ONGs e associações voluntárias cumpririam um papel fundamental nessa direção, com o propósito de legitimar a redução da democracia na política econômica pelo aumento da participação em âmbitos pontuais seguramente controlados (Gill, 2008).

A terceira ação estratégica consistia em fazer avançar a liberalização dos mercados de trabalho, terra e crédito – até então considerados pouco ou nada atingidos pela "primeira geração" de reformas –, por meio de mudanças na legislação vigente.

Para esse segundo estágio, não apenas o conteúdo, mas a forma de execução das reformas assumiu importância central, uma vez que, na avaliação do banco, salvo no caso das ações para o "aliviamento da pobreza", a natureza da matéria em disputa tornava o processo necessariamente mais lento e complexo, com resultados perceptíveis apenas a médio e longo prazos e sujeito a retrocessos. Prevendo resistência de segmentos organizados (sobretudo da burocracia pública e do magistério) com relativo poder de vocalização, o banco sugeria diversas medidas específicas para dividi-los e cooptá-los (Burki; Perry, 1998). Porém, a principal diretriz consistia na construção prévia de um apoio político interno mais amplo às reformas. Para isso, além de criarem espaços para o "diálogo" e a "concertação" de interesses, os operadores locais deveriam dosar de maneira adequada a velocidade e o sequenciamento tático de execução das reformas, a fim de ajustá-las às "especificidades nacionais". A Tabela 6.1 resume os termos da avaliação conduzida naquele período por setores de ponta da neoliberalização:

Tabela 6.1– Os estágios da liberalização econômica, segundo a visão neoliberal

Pontos	1º estágio	2º estágio
Prioridades	Reduzir a inflação e reativar o crescimento econômico	Manter o controle inflacionário, acelerar o crescimento, consolidar a abertura econômica, aumentar a competitividade internacional, estimular a poupança interna e aliviar a pobreza.
Estratégia	Mudar regras macroeconômicas, reduzir o tamanho e o âmbito de ação do Estado, desmantelar o protecionismo e os instrumentos tradicionais de intervenção na economia.	Realizar uma reestruturação institucional que promova uma agenda microeconômica, condição para elevar a competitividade do setor privado.

Pontos	1º estágio	2º estágio
Ações específicas	Cortes orçamentários drásticos, reforma fiscal, liberalização de preços (incluindo taxas de juros e de câmbio), liberalização comercial e financeira, desregulamentação do setor privado, privatizações e criação de fundos sociais de emergência, preferencialmente fora dos ministérios sociais.	Instituição de um processo orçamentário definido e obrigatório; reorganização da estrutura de governo, redução do funcionalismo público e descentralização administrativa; independência do Banco Central; revisão de toda a legislação trabalhista, a fim de desonerar os empregadores; manutenção do ajuste fiscal e aumento da arrecadação, sobretudo por meio da reforma da previdência; reforma educacional; finalização do ciclo de privatizações, realizando aquelas politicamente mais complexas; reforma do Judiciário; constituição de arranjos público-privados para o fornecimento de bens públicos; fixação de novos marcos legais e de supervisão da atividade econômica; redefinição do pacto federativo.
Modo de implementação	Relativamente simples, rápido e drástico, mediante maior insulamento da cúpula do Executivo em relação ao sistema político-partidário e o desmonte de agências públicas, em muitos casos não substituídas por outros órgãos.	Mais lento e complexo, devido à ampliação da pauta e à gestão compartilhada. A introdução de mecanismos de concertação política agrega um número maior de atores e tende a introduzir mais tensões na negociação e na execução das políticas públicas.
Principais atores	Presidência da República, Ministério da Fazenda, Banco Central, instituições financeiras multilaterais, grupos financeiros privados e investidores de carteira exterior.	Presidência da República, Congresso Nacional, burocracia pública, Judiciário, sindicatos, partidos políticos, mídia, governos estaduais e municipais, setor privado.
Natureza dos custos políticos	Diluídos amplamente entre a população.	Concentrados em grupos específicos, tendencialmente com maior capacidade de resistência e vocalização política.
Impacto público das reformas	Imediato.	De médio e longo prazos.
Visibilidade dos resultados	Alta visibilidade pública.	Baixa visibilidade pública.

Fonte: Naím (1996), posteriormente reproduzido em Banco Mundial (1997a).

Para amarrar ainda mais os governos da região à execução desse receituário, o BM (1997a), além de chancelar as políticas do FMI e as decisões da Organização Mundial do Comércio (OMC), propôs a realização de acordos internacionais pró-liberalização. Em um período de ascensão da crítica ao neoliberalismo, esse tipo de instrumento serviria para elevar os custos políticos a ser enfrentados por governos que decidissem – ou fossem levados a – trilhar rotas soberanas e alternativas de desenvolvimento. Assim, sob a bandeira da "boa governança", o direito público internacional deveria legalizar formas mais "brandas" e "voluntárias" de imperialismo. Robert Cooper, diplomata britânico e conselheiro político do então primeiro-ministro Tony Blair, chamaria esse tipo de relação, poucos anos depois, de "um novo tipo de imperialismo, aceitável para um mundo de direitos humanos e valores cosmopolitas" (Cooper, 2002, p.5). Segundo ele, tal imperialismo era operado por um consórcio internacional composto por instituições financeiras como o FMI e o BM. E arrematava:

> Essas instituições fornecem ajuda aos Estados que desejam encontrar seu caminho de volta à economia global e ao círculo virtuoso de investimento e prosperidade. Em troca, elas fazem exigências [...]. A teologia da ajuda hoje cada vez mais enfatiza a governança. Se os Estados querem ser beneficiados, eles têm de se abrir para a interferência de organizações internacionais e Estados estrangeiros. (Cooper, 2002, p.5)

Todo esse repertório apontava para o que Gill (2008) denominou de "novo constitucionalismo": a promoção, em favor do capital, de reformas políticas e legais que redefinem a relação entre o político e o econômico por meio de uma série de mecanismos jurídicos vinculantes desenhados para ter *status* quase permanente, a fim de enquadrar e definir as regras dentro das quais a política "ordinária", convencional, pode se dar. Em um mundo cada vez mais marcado pelo aumento da desigualdade econômica dentro e entre os países (Portes; Hoffman, 2003; Vilas, 2012), seu objetivo é blindar os ganhos de poder do capital e isolar e despolitizar as forças que desafiam esses ganhos. Nesse sentido, o novo constitucionalismo retoma o papel "produtivo" da lei e da forma legal liberal na constituição da sociedade capitalista, evocando o império da lei para construir um domínio protegido contra a realização de qualquer modalidade de controle democrático e de confisco social, por meio do Estado, em nome do interesse público.

Não por acaso, a Nova Economia Institucional (NEI) passou a informar as prescrições políticas do banco para o segundo estágio de liberalização econômica. Trata-se de uma corrente originada da análise organizacional, que abriu caminho como variante da teoria neoclássica desde os anos 1960 e ganhou enorme alento com a entrega do prêmio Nobel a Ronald Coase, em 1991, e a Douglass North, dois anos depois. O Banco Mundial (1991 e 1992a) adotou o conceito funcionalista de "instituição" cunhado por North no início dos anos 1990.[4]

Convém retomar os conceitos principais da NEI.[5] O mais importante é o de "instituições", entendidas como as regras do jogo formais e informais criadas pelo homem que dão forma à interação social, definem e limitam o conjunto de escolhas dos individuais, reduzindo as incertezas e estruturando incentivos ao prover estabilidade às relações (North, 1993, p.13-4). Em seguida vem o conceito de "escolha racional". Centrado no individualismo metodológico e na premissa de que todos os indivíduos têm capacidade igual para formar instituições, parte do pressuposto de que a empresa capitalista, entendida mais como estrutura de gestão do que de produção, constitui o modelo de organização racional e eficiência não apenas para o conjunto da sociedade, como também para o próprio Estado. Outro conceito fundamental é o de "direito de propriedade". A partir da naturalização da forma capitalista liberal, preconizam-se a

4 O próprio North, aliás, foi um dos consultores externos pagos pelo BM para a redação de 1997 do Relatório sobre o Desenvolvimento Mundial, publicação anual mais importante do banco – e também a mais cara do gênero.

5 Para análises críticas sobre a NEI, cf. Álvarez (2004), Vilas (2002), Medeiros (2001) e Carroll (2010).

segurança legal dos direitos de propriedade e a garantia plena de seu usufruto. Outro conceito importante é o de "custos de transação", entendidos como custos associados a transferência, captura e proteção dos direitos de propriedade. Ligado ao anterior está o conceito de "informação incompleta", associada ao custo de obtenção das informações necessárias para os atores orientarem suas ações e à assimetria com que são apropriadas pelos que participam da troca. Por fim, o conceito de "captores de renda", que designa os indivíduos e grupos de interesse orientados para a apropriação de rendas originadas da intervenção do Estado no mercado.

Costurando todo o acervo conceitual está a ideia de que as regras do jogo – as instituições, segundo North – vigentes em um dado ambiente determinam as condições para o exercício da escolha racional, a definição dos direitos de propriedade, os custos de transação, o acesso e a qualidade da informação e a apropriação distorcida de renda provocada pela ação do Estado. Os ambientes podem ser mais ou menos "eficientes", conforme sua funcionalidade à "economia de mercado" (diminuição dos custos de transação, livre concorrência, segurança dos contratos e da propriedade privada etc.). Conclui-se, então, que a definição e o manejo das regras do jogo e do arranjo institucional são fatores decisivos para a eficiência econômica. Ora, essa abordagem reduz o institucional a uma dimensão meramente técnica e instrumental. Além disso, por esse mesmo caminho, toma-se o político como mera engenharia institucional, o que permite ao discurso neoliberal internalizá-lo como elemento importante para a promoção da "economia de mercado". Desse modo, o institucional é instrumentalizado e subordinado à liberalização econômica, construída a partir de relações de poder aceitas como algo dado, naturalizado.

Como mostrou Medeiros (2001, p.81-4), o neoinstitucionalismo ao estilo Douglass North parte do reconhecimento de que o mundo real não se aproxima da concorrência perfeita, razão pela qual se introduz uma sociologia institucional assentada sobre um modelo idealizado e funcional de instituição que, no limite, recria as condições favoráveis à livre concorrência. O modelo anglo-saxão de "economia de mercado" é descrito como o mais próximo desse modelo, o que evidenciaria a importância desse tipo de instituições para o desenvolvimento do capitalismo. O "não desenvolvimento", por contraste, decorreria da existência de instituições que inibem as relações mercantis e a acumulação, vista como um processo essencialmente privado, que se desenvolve a menos que seja tolhido por forças hostis. A reprodução dessas forças hostis obedece à racionalidade política de grupos não competitivos encastelados no Estado.

Ao longo dos anos 1990, o neoinstitucionalismo foi incorporado pelo programa político neoliberal, fornecendo-lhe meios poderosos de reciclagem e extensão, em um período especialmente delicado, marcado pela sucessão de crises financeiras mais ou menos violentas nos principais "mercados emergentes" (México, Sudeste Asiático, Brasil, Rússia), pelo desgaste político dos governos "reformadores" e pelo aumento das tensões sociais em alguns países da periferia (Stolowicz, 2012; Álvarez, 2004, p.46-9). De que maneira isso ocorreu?

Em primeiro lugar, ao justificar, com argumentos mais brandos e sofisticados, a separação e subordinação da política à economia. Uma vez que a diferença entre instituições eficientes e ineficientes consiste em sua funcionalidade à "economia de mercado", à racionalidade política cabe um papel subsidiário diante da racionalidade econômica. Nesse esquema teórico, a "economia de mercado" precede a política, de modo que o jogo político fica restrito, logicamente, à busca incessante pela diminuição de custos de transação. Além disso, nessa lógica, os resultados das políticas de ajustamento sempre poderão ser creditados, quando for da conveniência de seus promotores, à má execução e à falta de convicção de seus operadores locais. Um argumento que remete ao discurso religioso, para o qual, diante da infalibilidade do dogma, o problema só pode estar na fé insuficiente dos praticantes.

Em segundo lugar, por alimentar o discurso político do fim dos antagonismos estruturais e da harmonia de interesses. Classes, aparelhos privados da sociedade civil, grupos de interesse, movimentos sociais, todos são vistos como instituições que "interagem" para a obtenção de determinados fins e flutuam mais ou menos no mesmo nível de poder. O próprio Estado é tomado como mais uma instituição entre tantas outras, o que simplesmente esvazia a dominação como questão (Álvarez, 2004, p.47-8). Esse discurso deu nova munição para o trabalho de persuasão e organização social necessário à sustentabilidade política da neoliberalização. E quando, ocasionalmente, se reconhece que existem assimetrias, o esvaziamento dos conflitos estruturais *a priori* já preparou o terreno para a evocação ao "empoderamento dos pobres". Como virtualmente não existem relações de dominação, qualquer um pode se "empoderar" sem sofrer a obstrução de outrem. O poder deixa de ser visto como uma relação social entranhada em uma determinada estrutura social. As iniciativas orientadas por esse referencial vão desde projetos de "desenvolvimento local" no meio rural até a criação de conselhos público-privados para a "gestão" de cidades. Em todos os casos, o discurso é sempre o mesmo: não há ganhadores e perdedores, somente ganhadores.

Em terceiro lugar, como salientou Álvarez (2004, p.48), por alimentar a neoliberalização do Estado municiando os "reformadores" com um discurso politicamente muito mais palatável. Assim, por exemplo, em vez de o controle sobre o gasto público aparecer como um requerimento contábil calculado pela relação custo-benefício, pode-se tratá-lo como mais um meio de redução dos custos de transação, independentemente da natureza das instituições. Afinal, não importa se públicas ou privadas, o que importa é que as "funções" e as "regras do jogo" sejam cumpridas cabalmente. Além disso, como todos os atores flutuam mais ou menos no mesmo patamar – uma vez que todos os indivíduos têm, abstratamente, capacidade igual para formar instituições –, a NEI estimula a política de que todos devem dar sua cota. Além de nivelar atores estruturalmente desiguais, esse discurso dilui a responsabilidade do Estado, visto como mais um ator. Ainda, a NEI empresta argumentos para justificar o ataque aos sindicatos de trabalhadores do setor público, mediante a ideia de captura de renda por interesses corporativos.

Em quarto lugar, a NEI favoreceu a legitimação de um novo ciclo de negócios – em particular, envolvendo a exploração de recursos naturais e energéticos – que alarga o espaço social da valorização do capital, com argumentos que superam o economicismo dos enfoques hipermercadistas, a partir da ideia de engenharia institucional e de entorno institucional eficiente (Álvarez, 2004, p.48).

A retomada da agenda agrária pelo BM

Um dos itens das reformas de "segunda geração" era a liberalização dos mercados de terra. De fato, ao longo dos anos 1990, o BM retomou e atualizou sua agenda agrária, posta de lado durante os anos 1980 em função da prioridade dada aos programas de ajustamento macroeconômico e à renegociação da dívida externa dos países latino-americanos. Com esse novo movimento, o BM pretendia adequá-la à neoliberalização em curso.

Nesse âmbito, a instituição se concentrou em dois eixos complementares (BM, 2002, 2002a e 1997). Por um lado, viabilizar a mercantilização total do acesso à terra rural por meio de mudanças institucionais e legais, a fim de elevar a produtividade da terra, favorecer o livre fluxo de força de trabalho no campo, atrair capital privado para a economia rural e potencializar a integração subordinada de parcelas específicas do campesinato pobre aos processos produtivos comandados por empresas agroindustriais. Por outro lado, promover a implantação de um conjunto de programas voltados ao aliviamento da pobreza rural, especialmente em países ou regiões onde as tensões no campo pudessem alimentar as vozes da oposição política à agenda dominante.

A partir da segunda metade dos anos 1990, os empréstimos do BM em matéria agrária aumentaram sensivelmente (Suárez, 2005). Junto com isso, o BM passou a realizar outros três movimentos, sobretudo depois do ano 2000. Primeiro, publicou um conjunto de documentos que estabelecem uma base teórica supostamente universal para a formulação de políticas agrárias (BM, 2004 e 2003; De Ferranti et al., 2005). Segundo, articulou o apoio político e financeiro de agências bilaterais e outros organismos internacionais à sua agenda rural (BM, 2004a). Terceiro, promoveu em diversos países seminários e oficinas para grupos selecionados de pesquisadores, lideranças sindicais, quadros de governo e diretores de ONGs com o objetivo de pautar a definição e a gestão da política agrária.

O que levou o BM a assumir uma posição de liderança, ante as demais organizações internacionais, na elaboração e difusão de uma agenda de políticas agrárias ao longo da década de 1990? E por que o BM passou a enfatizar a necessidade de desconcentração da propriedade da terra, em um contexto em que o tema "reforma agrária" parecia coisa do passado? Como mostram diversos documentos, o BM procurou responder a um cenário específico de oportunidades e necessidades.

Em primeiro lugar, a oportunidade aberta pelo fim da Guerra Fria de tratar de maneira supostamente "desideologizada" os problemas associados à concentração fundiária (Deininger; Binswanger, 1999, p.248). Segundo essa formulação, diferentemente dos anos 1960 ou 1970, quando a disputa pela realização de reformas agrárias estava associada a algum ideal "revolucionário", a derrocada do bloco soviético teria inaugurado uma nova fase, na qual essas questões poderiam ser tratadas de modo "pragmático" e "inovador" tanto por agências multilaterais como por governos nacionais. Ou seja, o impacto ideológico da derrocada dos regimes socialistas teria desarticulado a ligação entre a bandeira da reforma agrária e referências abrangentes e incômodas, de tal maneira que uma "nova era de políticas de reforma agrária" estaria se iniciando (De Janvry; Sadoulet, 2001, p.21-2). Caberia ao BM, então, aproveitar essa oportunidade, tratando de maneira "técnica" as tensões sociais no meio rural provocadas ou agravadas pela liberalização econômica.

O próprio processo de liberalização parecia criar novas oportunidades para uma ação mais proeminente do BM no meio rural. De acordo com seus economistas, a combinação de estabilidade macroeconômica, abertura comercial, desregulamentação das economias domésticas e, de maneira geral, o desmonte de políticas nacional-desenvolvimentistas (protecionismo, crédito subsidiado, isenções fiscais etc.) estariam eliminando o uso da propriedade da terra como reserva de valor. Nesse novo ambiente econômico – "aberto" e "orientado para fora" –, seria possível romper com a experiência passada e implementar uma reforma agrária que não distorcesse preços nem criasse regulações que impedissem a livre transação mercantil de terras. Enfim, uma reforma agrária "menos prejudicial ao funcionamento dos mercados" (Deininger; Binswanger, 1999, p.267).

Em segundo lugar, havia a necessidade de estimular a criação de mecanismos capazes de prevenir ou dirimir rapidamente conflitos agrários, cuja escalada carrega um potencial disruptivo que, na avaliação dos economistas do BM, precisa ser neutralizado (Binswanger; Deininger, 1995, p.48). Em um relatório setorial sobre o tema, o BM (2003, p.157-64) deu atenção especial à construção de mecanismos voltados para evitar ou reduzir o impacto das disputas sobre a posse e a propriedade da terra rural, mostrando não apenas que muitos dos embates políticos mais importantes vividos por diversas sociedades tiveram raízes em lutas por terra (por exemplo, Guatemala, Colômbia, El Salvador), como também que a resolução de conflitos agrários foi fundamental para viabilizar os acordos de paz que puseram fim a longas guerras civis (por exemplo, Moçambique, Etiópia, Camboja, Nicarágua). O relatório recomendou que os Estados evitassem o acúmulo de conflitos de "baixa intensidade", pois isso não apenas poderia comprometer a acumulação de capital pelo sucessivo desinvestimento provocado pela "sensação de insegurança", como também a escalada potencial de tensões poderia levar à quebra de legitimidade de governos e Estados.

Em terceiro lugar, o BM, por sua própria inserção política, intelectual e financeira, foi compelido a estabelecer os termos legítimos de como lidar com a pobreza rural nos países periféricos, agravada pela implementação dos programas de ajustamento estrutural postos em prática desde o início dos anos 1980 (Saprin, 2002). Nos anos 1990, um conjunto de organismos internacionais passou a enfatizar o "combate à pobreza" como questão social central, inclusive mudando do enfoque centrado da transferência de renda para outro, baseado na geração de renda e na mudança de posição na esfera produtiva (De Janvry; Sadoulet, 2002, p.3). O BM (1990 e 2001) acompanhou e influiu decisivamente nesse movimento, passando a reconhecer a necessidade de criação de mecanismos de acesso à terra como forma de reduzir a "vulnerabilidade" dos "pobres rurais" e aumentar suas "oportunidades". Assim, a distribuição de "ativos" (terra, por exemplo) – e a consequente inserção mercantil dos indivíduos – passou a ser defendida como um instrumento de "alivamento da pobreza" mais barato, eficiente e adequado a políticas pró-mercado.

Em quarto lugar, o BM também foi compelido por seus membros mais poderosos a atuar na linha de frente da transição das sociedades do antigo bloco soviético ao capitalismo neoliberal. Como revelam diversos documentos (BM, 1996 e 1997), a descoletivização e a desestatização da matriz de propriedade da terra ocuparam lugar central na estratégia empregada pelo banco para aqueles países ao longo dos anos 1990, inclusive figurando como condicionalidades em empréstimos de "ajustamento estrutural" concedidos em conjunto com o FMI.

Por fim, a instituição foi compelida a melhorar a "performance" dos projetos ligados ao desenvolvimento rural, depois do fracasso – reconhecido pelo próprio BM (1992 e 1997) – da grande maioria das iniciativas feitas nessa área entre os anos 1970 e 1980, normalmente em oposição a propostas de reforma agrária. De certo modo, tal fracasso desorientou o cerne da formulação do BM para o setor rural, razão pela qual ele vinha executando desde meados dos anos 1980 apenas ações pontuais, desarticuladas de qualquer enfoque mais abrangente, como havia nos anos 1970 (Binswanger, 1995). A construção de um enfoque mais abrangente seria efetuada com base no neoinstitucionalismo, configurando uma abordagem centrada na promoção do "livre mercado" de terras.

A agenda agrária do BM

Subordinada à promoção da agenda mais ampla de reformas de "segunda geração", a política agrária do BM orientou-se para os seguintes objetivos: a) como prioridade máxima, estimular relações de arrendamento de terras; b) potencializar as relações de compra e venda de terras; c) acelerar e aprofundar a privatização de direitos de propriedade em fazendas coletivas ou estatais; d) acelerar e aprofundar a privatização de terras públicas e comunais. Segundo o BM (2004, 2003, 2002 e 1997), as quatro ações dinamizariam de tal maneira os mercados fundiários que o livre fluxo de transações (arrendamento e compra/venda de terras) permitiria a substituição rápida de produtores "menos eficientes" por "mais eficientes", favorecendo uma distribuição mais equilibrada da propriedade da terra. Isso, por sua vez, contribuiria para atrair capital privado para a economia rural, possibilitando a emergência ou o fortalecimento de mercados financeiros rurais.

Para viabilizar os objetivos de sua agenda agrária, o BM deslanchou duas grandes iniciativas: por um lado, a promoção de novos arranjos institucionais de gestão fundiária ou administração de terras; por outro, a implementação de um modelo de acesso à terra alternativo à reforma agrária.

A primeira iniciativa buscou traduzir a agenda mais ampla de "reforma do Estado" para o âmbito da gestão fundiária. Aclamada como "novo paradigma" (Melmed-Sanjak; Lavadenz, 2002), a administração de terras consiste na municipalização dos instrumentos de política agrária e na criação de toda sorte de mecanismos de gestão "público-privados" locais. Na prática, isso exige mudanças simultâneas nos âmbitos político-administrativo, jurídico e tributário (BM, 2004 e 2003).

No plano político-administrativo, o BM advoga a montagem de uma "estrutura institucional" capaz de: a) garantir a segurança dos direitos de propriedade e uso da terra, a fim de preservar e estimular o fluxo de capital privado – inclusive estrangeiro – para a economia rural; b) formalizar os mercados fundiários, por meio, sobretudo, de programas de titulação privada; c) unificar informações relativas à distribuição e à situação legal dos estabelecimentos rurais; d) prover, de maneira rápida, informações necessárias às transações no mercado fundiário (preços, qualidade da terra, oferta e demanda etc.); e) baixar "custos de transação", a partir da informatização e da simplificação burocrática do registro e do cadastro de terras; f) dirimir ou controlar rapidamente tensões no campo, por meio de instâncias e órgãos locais, impedindo que o acúmulo de conflitos de "baixa intensidade" se amplie e possa provocar efeitos politicamente disruptivos. Em tal estrutura, as funções de formulação, decisão e coordenação ficariam sob estrito controle federal, mas sua execução seria descentralizada e articulada em arranjos "público-privados" entre agências estatais, associações voluntárias, ONGs e "setor privado" em geral (Deininger; Feder, 2002; BM, 2003).

No âmbito jurídico, o BM preconiza a revisão imediata da legislação agrária vigente, sobretudo naqueles países que experimentaram processos de reforma agrária, uma vez que tal quadro legal, ao impedir ou dificultar o arrendamento e a compra/venda de terras, seria um obstáculo ao "livre funcionamento" do mercado fundiário. O chamado "setor reformado" seria o primeiro território cujas terras deveriam ser transacionadas em mercados formais de arrendamento e compra/venda.

No âmbito tributário, o BM (2003, p.22) defende a municipalização da tributação sobre a terra rural, com o objetivo de financiar a montagem de um aparato local de administração de terras, aumentar as finanças locais – e, com isso, contribuir para o movimento mais amplo de descentralização do Estado – e aumentar a produtividade agrícola. Por outro lado, embora insista que propostas de tributação progressiva têm pouca ou nenhuma viabilidade política (Deininger; Feder, 2002, p.34), faz questão de ressaltar que elas podem configurar uma espécie de "expropriação indireta", o que, em sua visão, não seria recomendável (BM, 2005, p.104).

As mudanças nos três âmbitos acima mencionados conformariam um novo aparato institucional capaz, segundo o BM, de expandir e acelerar as relações de arrendamento e compra/venda de terras rurais.

A reforma agrária assistida pelo mercado (RAAM) como destaque

A segunda grande iniciativa posta em prática pelo BM foi a RAAM, elaborada com o objetivo de substituir a reforma agrária redistributiva, baseada no instrumento da desapropriação de propriedades rurais que não cumprem sua função social, por relações de compra e venda de terras. Posto em prática sob diferentes formatos, teve início em 1994 na Colômbia e, em três anos, já operava na África do Sul, no Brasil e na Guatemala. Uma década depois de sua estreia, países tão distintos como Honduras, México, Maláui, El Salvador e Filipinas já conheciam experiências de algum modo a ela associadas. Em poucos anos, uma onda de políticas de acesso à terra de novo tipo havia se estabelecido internacionalmente.

Para legitimá-la, o BM realizou uma dupla operação. De um lado, criticou radicalmente o que ele mesmo denominou de reforma agrária "conduzida pelo Estado" (*state-led land reform*), baseada no instrumento da desapropriação. De outro, trabalhou para que a RAAM fosse aceita política e conceitualmente como uma nova modalidade de reforma agrária redistributiva, depurada de todos os supostos "defeitos" das experiências do passado e coerente com os imperativos do livre mercado. Com esse duplo movimento, o BM ao mesmo tempo continuou a reconhecer a necessidade da reforma agrária para desconcentrar a propriedade da terra em sociedades altamente desiguais, mas passou a negar a atualidade da ação desapropriacionista e redistributiva do Estado. Dessa maneira, a RAAM foi entronizada como o modelo de ação fundiária mais adequado aos países periféricos marcados por altos índices de concentração da propriedade da terra, pobreza rural e tensões sociais no campo, em parte agudizados pelas próprias políticas neoliberais patrocinadas pelo BM.

O pressuposto da RAAM é a falência histórica do que os economistas do Banco denominaram de reforma agrária "conduzida pelo Estado", modelo "desapropriacionista" ou, simplesmente, modelo "tradicional" de reforma agrária. Ou seja, a RAAM foi criada para substituir algo que teria deixado de ser viável na atual fase do capitalismo. A RAAM é, portanto, uma construção inteiramente baseada na crítica e na desqualificação de outro tipo de ação fundiária, considerada inviável e anacrônica no capitalismo contemporâneo. Segundo os economistas do BM, a principal diferença entre ambos reside em sua natureza: enquanto o modelo "tradicional" é visto como "coercitivo" e "discricionário", posto que baseado na desapropriação, o modelo de mercado é exaltado como "voluntário" e "negociado" (Burki; Perry, 1997, p.95).

Em essência, a RAAM nada mais é do que uma mera relação de compra e venda de terras entre agentes privados financiada pelo Estado, que fornece um subsídio variável para investimentos em infraestrutura socioprodutiva e contratação de serviços privados de assistência técnica. Quanto menor for o preço pago pela terra (empréstimo), maior será a quantia a fundo perdido disponível para investimento, e vice-versa. Os vendedores são pagos previamente em dinheiro a preço de mercado, enquanto os compradores assumem integralmente (ou em sua maior parte) os custos da aquisição da terra e os custos de transação. Os compradores podem pleitear o acesso ao financiamento individualmente e/ou via associações comunitárias, dependendo do formato dos programas.

De acordo com os economistas do BM, a RAAM seria superior à chamada reforma agrária "conduzida pelo Estado" porque: a) custa menos, uma vez que a terra é adquirida por barganha mercantil entre compradores e vendedores voluntários, sobre a qual não cabem disputas judiciais; b) viabiliza o acesso à terra por meio de uma operação de mercado entre agentes privados, pela qual o agente financeiro é ressarcido pelo empréstimo concedido; c) tem caráter voluntário, descentralizado e "dirigido pela demanda", o que favorece a participação e a autonomia dos beneficiários, estimula ações criativas para a superação de dificuldades e responde melhor às necessidades locais; d) é viável politicamente, pois transações mercantis voluntárias não penalizam os proprietários de terra; e) estimula a cooperação, na medida em que a aquisição de terras ocorre através de associações comunitárias; f) incentiva o desenvolvimento produtivo dos camponeses, porque pressupõe o planejamento das atividades antes da aquisição da terra, fornece recursos a fundo perdido para tal fim e estimula o associativismo; g) estimula a criação e/ou dinamização dos mercados de terra, requisito básico para a melhoria da eficiência econômica; h) contribui para a formalização dos direitos de propriedade, na medida em que, por um lado, só transaciona imóveis legalmente titulados e, por outro, dá origem a novos segmentos de proprietários; i) estimula o desenvolvimento dos mercados financeiros rurais, na medida em que os novos proprietários, com títulos seguros, passam a transacionar nos mercados de terra e a demandar crédito; j) oferece opções de saída para os agricultores menos eficientes, permitindo que outros (mais eficientes) possam ter acesso à terra; l) permite a realização simultânea de atividades agrícolas e não agrícolas, uma vez que são os próprios agricultores que decidem que tipo de investimento e atividade querem desenvolver; m) é descentralizado e pouco burocrático, o que lhe acelera o trâmite administrativo e reduz as condições para a corrupção praticada pela burocracia pública; o) é coerente com a liberalização das economias nacionais, que pressupõe a "fluidez" das relações mercantis em todos os setores; p) vincula-se às reformas de "segunda geração", direcionadas a consolidar as políticas de ajustamento por meio de mudanças institucionais.

Para os economistas do banco, a implementação da RAAM pressupõe o aumento da oferta mercantil de terras, o que, por sua vez, dependeria de uma série de precondições e ações complementares. Seis delas são consideradas indispensáveis: a) a constituição de um "campo de jogo nivelado" (*level playing field*), isto é, a eliminação de subsídios, isenções fiscais e tarifas de proteção que privilegiam o segmento de grandes proprietários, os quais, junto com a inflação, contribuem para elevar o preço da terra acima de sua rentabilidade agrícola; b) o fim das restrições legais que impedem o "livre funcionamento" dos mercados de compra/venda e arrendamento; c) algum tipo de tributação (não necessariamente progressiva) sobre a terra, a fim de desestimular sua subutilização e a especulação fundiária; d) a clareza legal dos direitos de propriedade e uso da terra, sobretudo por meio de sua formalização e individualização (titulação privada); e) a criação ou a melhoria dos sistemas de informação de mercado, a fim de orientar os agentes econômicos sobre preços e características dos imóveis; f) a redução dos custos de transação, por meio de medidas de simplificação administrativa e jurídica. Seguindo-se todos esses passos, estaria aberta a oportunidade histórica para implementar uma reforma agrária "amistosa com o mercado".

Articulado à realização das reformas de "segunda geração", esse conjunto de ações criaria um novo ambiente econômico – "aberto" e "orientado para fora" –, no qual diminuiriam as "distorções" que elevam o preço da terra acima da rentabilidade agrícola e restringem sua oferta mercantil.

A versão original da RAAM foi elaborada ainda na primeira metade dos anos 1990 para ser aplicada imediatamente na África do Sul pós-*apartheid* (Aiyar et al., 1995 e 1995a; Christiansen; Van den Brink, 1994). Para o BM, era preciso naquele momento (1994-1995) enfrentar a "crise" do setor agropecuário nacional, entendida como a combinação de uma dupla pressão: de um lado, o endividamento de parte dos grandes produtores rurais e pecuaristas; de outro, o aumento potencial da luta por terra, reprimida durante décadas (Van Zyl et al., 1995).

Caberia à RAAM atuar na administração da crise de endividamento de um segmento específico do setor agropecuário capitalista e, ao mesmo tempo, responder à pressão social. A condição para implementá-la consistiria no encurtamento da distância entre o preço da terra e sua rentabilidade agrícola, em função da redução da inflação e da retirada de subsídios e tarifas protecionistas concedidos à grande agricultura (Van Schalkwyk; Van Zyl, 1995, p.204).

Para os economistas do BM, a realização da RAAM só seria possível se o governo sul-africano administrasse a crise de endividamento do patronato rural de maneira seletiva, evitando operações de "socorro geral" que beneficiassem, indiscriminadamente, a todos os devedores. Segundo Binswanger e Van Zyl (1995), o esquema seria basicamente o seguinte: a) o segmento "consolidado" permaneceria incólume a mudanças ou a qualquer medida de assistência financeira, uma vez que já estaria "ajustado" à dinâmica da liberalização econômica; b) o segmento considerado "viável" sob as novas condições macroeconômicas, porém altamente endividado, poderia receber assistência financeira, desde que promovesse sua própria reestruturação produtiva; uma parte dos ativos fundiários sob seu controle seria ofertada no mercado e o setor bancário ficaria responsável tanto pela decisão sobre quais produtores receberiam assistência financeira como pela revisão das dívidas desse segmento; c) o segmento considerado "inviável" sob as novas condições deixaria o setor agropecuário mediante "bônus de saída" (por exemplo, empréstimos subsidiados para abertura de novos negócios) e ofertaria as terras sob sua propriedade; d) o setor bancário poderia auxiliar no aumento da oferta de terras, à medida que executasse as dívidas dos segmentos "inviáveis" e participasse do saneamento financeiro dos segmentos "viáveis" sob reestruturação; f) o Estado poderia incrementar a oferta de terras vendendo propriedades públicas; g) pelo lado da demanda, conceder-se-iam empréstimos e créditos para a compra de terra a trabalhadores rurais pobres; inicialmente, o crédito para a compra da terra e os recursos a fundo perdido para o desenvolvimento produtivo viriam do governo; com o avanço do processo, o setor privado seria estimulado a também financiar transações patrimoniais.

Estimava-se que a RAAM provocaria impactos estruturais: por influência do BM, a meta fixada pelo governo era redistribuir 30% das terras agrícolas entre 1994 e 1999, o que equivale a quase 30 milhões de hectares (Deininger, 2001, p.93). Associada a outras ações, como a liberalização das relações de arrendamento (Van Zyl, 1995), a RAAM daria origem a uma "nova agricultura", condizente com a abertura radical da economia doméstica. Ao converter o mercado como principal mecanismo de alocação de terras (Van Schalkwyk; Van Zyl, 1995, p.205), a RAAM poderia ajudar a administrar a crise de endividamento de uma parte do setor agropecuário, aliviar as tensões sociais geradas ou agravadas pela liberalização comercial e favorecer a criação de milhares de empregos no meio rural (Binswanger; Van Zyl, 1995, p.254).

É fato que entre 1994 e 1996-1997 o Congresso Nacional Africano abandonou seu programa nacionalista e reformista em prol da agenda neoliberal (Lahiff, 2007). Porém, essa versão da RAAM jamais se materializou na África do Sul nem em qualquer outro país. Sem dúvida, há uma distância entre as propostas do BM e o que os governos podem executar, condicionada pela estrutura socioeconômica e pela correlação de forças. Mas, nesse caso específico, deve-se notar o caráter altamente idealizado da proposta do BM, baseada em pelo menos dois pressupostos equivocados: a crença de que os agentes sociais orientam suas ações por razões "puramente econômicas" e a crença de que, no capitalismo, a especulação fundiária é conjuntural, produto de "distorções políticas" e "falhas de mercado", e não estrutural. Assim, acreditou-se que haveria um aumento substancial da oferta mercantil de terras como resposta imediata à convergência entre queda relativa da inflação, abertura comercial e redução de subsídios e isenções fiscais a grandes proprietários "ineficientes". Não se levou devidamente em conta o que a propriedade da terra rural significa em termos de ganhos financeiros e vantagens econômicas de todo tipo, nem seu peso na configuração das relações de poder entre classes e grupos sociais, sobretudo em sociedades altamente desiguais.

Ao longo da segunda metade dos anos 1990, a versão original foi dando lugar a outra, circunscrita ao tema restrito do aliviamento da pobreza e das políticas agrárias, no bojo das quais a RAAM seria apenas mais uma opção, e não a ação principal. Nessa segunda versão (Burki; Perry, 1997; BM, 2002 e 2003), desaparece o tema da "administração da crise de endividamento do setor comercial", sinalizando que os programas e projetos de RAAM deveriam funcionar sem qualquer consideração sobre o desempenho dos grandes e médios capitalistas estabelecidos no setor agropecuário. Consequentemente, a RAAM deixou de figurar como instrumento central de uma estratégia de mudança da agricultura nacional, razão pela qual desapareceu a expectativa sobre os possíveis impactos estruturais que sua execução poderia provocar. Por outro lado, ganhou ênfase a associação direta da RAAM com o tema do aliviamento focalizado da pobreza rural. Com esse deslocamento, o discurso pró-RAAM deixou de almejar uma ampla cobertura social, restringindo-se a segmentos específicos do mundo do trabalho rural.

Contudo, entre ambas as versões existem em comum pelo menos cinco elementos: a) a centralidade da liberalização dos mercados de compra/venda e arrendamento como forma de distribuição de terras dos produtores menos eficientes para os mais eficientes; b) a crítica sistemática à reforma agrária "desapropriacionista", considerada inviável, indesejável e anacrônica; c) a equivalência da RAAM à reforma agrária redistributiva, como se fossem sinônimas; d) a ênfase na necessidade de avanço e aprofundamento das reformas estruturais de "segunda geração"; e) a centralidade absoluta do conceito de compradores e vendedores voluntários/interessados (*willing sellers/willing buyers*), que dá à RAAM a característica ineludível de mera transação patrimonial.

A forma de implementação dos programas orientados pelo modelo do BM variou segundo as especificidades nacionais (base institucional-legal, correlação de forças, momento político etc.). Seguindo a proposição de Borras Jr. (2003), pode-se comparar as experiências colombiana, brasileira e guatemalteca pelo grau de correspondência às diretrizes centrais do modelo.

No grau máximo de correspondência, os governos dos três países, cada qual a seu modo: a) adotaram políticas de natureza voluntária e mercantil, método descentralizado de execução e privatização da prestação de serviços; b) legitimaram a adoção dos programas orientados pela RAAM a partir da crítica sistemática ao "modelo desapropriacionista"; c) adotaram, em algum momento, tetos de renda como critério para acesso ao financiamento, com o objetivo de focalizar os programas nos segmentos considerados extremamente pobres da população rural; d) estimularam o associativismo como critério de acesso aos programas; e) subordinaram a política agrária ao receituário das reformas estruturais, ajustando-a aos imperativos do ajuste fiscal, da descentralização e da privatização, e rebaixaram seu *status*, inserindo-a no rol de políticas paliativas de alívio da pobreza rural; f) no bojo da reforma neoliberal do Estado, internalizaram a RAAM por meio da promulgação de leis (Colômbia) e da criação de instrumentos permanentes de política pública (Brasil e Guatemala), modificando a configuração do aparato estatal responsável pelo tratamento dos problemas agrários.

Em um grau médio de correspondência, identifica-se que: a) o arrendamento das terras adquiridas pela RAAM foi legalmente proibido na Colômbia, mas não nos demais países, embora apenas na Guatemala tais relações tenham sido de fato estimuladas pelo governo central, ainda que tardiamente; b) no Brasil, pôde-se acessar o financiamento individualmente e/ou por associações, dependendo do programa; na Guatemala, ambas as formas foram aceitas; na Colômbia, apenas por intermédio de associações; c) somente Brasil e Guatemala adotaram arranjos flexíveis de empréstimos e doações, com percentuais variáveis conforme a operação de compra e o programa; na Colômbia, 70% do preço da terra eram subsidiados, mas nenhuma subvenção foi autorizada para investimentos produtivos.

Por fim, alguns componentes da RAAM sequer chegaram a se materializar. Em todos os três países não foram adotadas a tributação progressiva nem a titulação sistemática. Tampouco foi criado um aparato descentralizado de informações de mercado e registro de terras. Ou seja, a implementação dos mecanismos de apoio considerados necessários para o aumento da oferta de terras, a segurança institucional dos direitos de propriedade e, consequentemente, a clareza legal dos bens a ser transacionados no mercado ficaram, basicamente, no nível das "recomendações". Por fim, também em nenhum país a RAAM foi inserida em uma estratégia "ampla e efetiva" de redução da pobreza rural.

Quanto à implementação efetiva da RAAM na Colômbia, no Brasil e na Guatemala, os resultados evidenciam que as promessas de seus proponentes não se cumpriram. Com base em pesquisas diversas,[6] pode-se afirmar que o desempenho dos programas associados à

6 Sobre a Colômbia, cf. Mondragón (2003), Suhner (2005), Borras (2003) e Höllinger (1999); sobre a Guatemala, cf. Garoz e Gauster (2003) e Garoz et al. (2005); sobre o Brasil, cf. Buainain et al. (1999 e 2003), Victor e Sauer (2003) e Pereira (2010a).

RAAM contradiz suas supostas vantagens e as expectativas inicialmente atribuídas a ela por seus proponentes e operadores locais, uma vez que: a) os preços pagos pela terra não foram tão baratos como havia se pensado, apesar do pagamento à vista, e a má qualidade das terras adquiridas em parcela significativa dos casos só vem a ressaltar esse fato, de modo que é correto afirmar que os programas premiaram proprietários que, por meio deles, venderam imóveis abandonados, falidos e mal localizados; b) em nenhum dos três países foi ofertada no mercado uma quantidade substancial de terras por parte de grandes proprietários endividados, apesar de períodos de queda relativa do preço da terra, de maneira que o perfil predominante dos vendedores parece ser de médios e até pequenos produtores arruinados pela abertura comercial e pelas políticas neoliberais; c) há evidências de que a execução dos programas provocou o aumento do preço da terra em muitas localidades, ainda que tal efeito não tenha sido homogêneo nem constante no tempo; d) majoritariamente, os projetos produtivos são dominados pela agricultura de subsistência, e não por uma agricultura comercial de alta rentabilidade; e) nos casos considerados positivos pelo BM, houve a reprodução da dependência à monocultura e ao modelo tecnológico tradicional, inviável economicamente para os agricultores pobres e ecologicamente insustentável; f) a quantia concedida a fundo perdido se revelou insuficiente para alavancar a produção agrícola, razão pela qual os agricultores permanecem dependentes de uma política pública substantiva de crédito rural; g) os mercados formais de crédito privado permaneceram inacessíveis aos que ingressaram nos programas orientados para RAAM; h) ocorreu enorme déficit de participação social em diversos – em alguns casos, em todos – componentes e fases dos programas implementados; i) os mutuários tiveram poder desigual na negociação com os proprietários de terra, fato que, por si só, demonstra que a formulação da RAAM não leva em conta as relações realmente existentes de exploração econômica, dominação política e prestígio social inscritas no monopólio da propriedade da terra em países altamente desiguais; j) ficou evidenciado que são os agentes do Estado que efetivamente protagonizam todo o processo de compra e venda de terras, e não "compradores e vendedores voluntários e racionais", como pressupõe a RAAM; l) não ocorreu nas associações comunitárias nenhum processo de "autosseleção" dos mutuários, pois, de diferentes maneiras, houve influência ou tutela de forças externas, como agentes governamentais, proprietários, políticos locais, ONGs etc.; m) na prática, a elaboração de projetos produtivos viáveis não se deu antes da aquisição da terra, como estabelece a RAAM, de modo que não serviu como precondição para as transações imobiliárias; n) quando existiu, a assistência técnica foi precária e irregular, dificultando sobremaneira o desempenho produtivo das famílias financiadas; o) não houve transparência na execução dos programas nem prestação de contas de seus resultados à sociedade, o que realça ainda mais a total falta de controle social e participação efetiva dos trabalhadores sem terra; p) houve inúmeras denúncias de corrupção e favorecimento ilegal a grandes e médios proprietários; q) em nenhum caso foram oferecidas condições para os camponeses construírem e gerirem suas próprias agroindústrias; r) tais programas operaram de maneira seletiva e pontual, frequentemente para aliviar tensões sociais no campo ou atender aos interesses dos proprietários ou de políticos locais, sem qualquer articulação com estratégias de desenvolvimento rural e de redução da pobreza; s) em nenhum país o "setor privado" se dispôs a financiar a compra de terras, ou qualquer outro componente dos programas, de tal maneira que todo o ônus recaiu sobre o Estado; t) em maior ou menor grau, era significativo o contingente de trabalhadores endividados.

Além disso, como já foi mencionado, não foram implementadas as ações de apoio à RAAM necessárias, segundo os economistas do BM, ao incremento da oferta mercantil de terras e à diminuição dos "custos de transação", como a tributação sobre a propriedade rural, a titulação privada e a modernização dos sistemas de registro e cadastro de terras.

Igualmente, em lugar algum ocorreu o tão reclamado "campo de jogo nivelado", como creem os economistas neoclássicos. Em vez da eliminação dos "privilégios" concedidos pelo Estado a grandes proprietários de terra e produtores rurais que "distorceriam" os mercados, houve mudanças mais ou menos significativas na articulação entre Estado, frações do empresariado rural e capital financeiro, impulsionadas em parte pelas oportunidades abertas pelas políticas de liberalização econômica, em parte pelas estratégias de negócio das grandes corporações agroindustriais. Nessas novas condições, o monopólio de classe sobre a terra rural nem de longe foi questionado – ao contrário.

Considerações finais

A agenda agrária do BM é indissociável de sua macropolítica, razão pela qual segue a mesma lógica neoliberal que a orienta. A política agrária do BM para a América Latina posta em prática desde o início dos anos 1990 não pretendeu nem pretende enfrentar as causas dos processos de pauperização, dominação e exploração que afligem a maior parte dos camponeses e os demais segmentos do mundo do trabalho rural, pois essa mesma política é subordinada a uma estratégia de reestruturação e reorientação do setor agropecuário que reforça o modelo agrário e agrícola dominante, baseado na concentração e cada vez mais na estrangeirização da propriedade da terra e comandado por grandes empresas multinacionais agroindustriais. Além de ser prejudicial à saúde humana e ecologicamente insustentável, esse modelo desemprega trabalhadores, precariza o contrato de trabalho, reforça a monopolização privada da terra e tem custos econômicos diretos e indiretos elevados para os cofres públicos.

Referências bibliográficas

ÁLVAREZ, J. E. *Construcción del modelo neoliberal en Colombia (1970-2004)*. Bogotá: Ediciones Aurora, 2004.

AIYAR, S. et al. Market-assisted land reform: a new solution to old problems. *AGR Dissemination Notes*, n.4, Agriculture and Natural Resources Department, World Bank, 1995.

______. Market-assisted land reform: helping solve a debt crisis. *AGR Dissemination Notes*, n.5, Agriculture and Natural Resources Department, World Bank, 1995.

BANCO MUNDIAL. *Relatório sobre o desenvolvimento mundial.* Washington, DC, 2005.

______. *Colombia:* land policy in transition. Report n.27942-CO, jan.2004.

______. *Implementing Reaching the Rural Poor.* A progress report on rural strategy implementation for the Word Bank Board of Executive Directors. Washington, DC, maio 2004.

______. *Land policies for growth and poverty reduction.* Washington, DC, 2003.

______. *Implementation completion report (CPL – 41470).* Report n.25973, 2003.

______. *Llegando a los pobres de las zonas rurales:* Estrategia de desarrollo rural para América Latina y el Caribe. Washington, DC, jul. 2002.

______. *Relatório sobre o desenvolvimento mundial.* Washington, DC, 2002.

______. *Relatório sobre o desenvolvimento mundial 2000-2001.* Washington, DC, 2001.

______. *Rural development:* from vision to action – a sector strategy. Washington, DC, 1997.

______. *Relatório sobre o desenvolvimento mundial.* Washington, DC, 1997.

______. *Relatório sobre o desenvolvimento mundial.* Washington, DC, 1996.

______. *¿Qué significa para el Banco Mundial la reforma del Estado?* Washington, DC, 1996.

______. *Effective implementation:* key to development impact – report of the World Bank's portfolio management task force. Washington, DC, 1992.

______. *Governance and development.* Washington, DC: Oxford University Press, 1992.

______. *Informe sobre el desarollo mundial.* Washington, DC, 1991.

______. *Informe sobre el desarrollo mundial.* Washington, DC, 1990.

BATISTA JR., P. N. O Plano Real à luz da experiência mexicana e argentina. *Estudos Avançados*, v.10, n.28, set.-dez. 1996, p.127-97.

BINSWANGER, H. Rural development and poverty reduction. In: VAN ZYL, J.; KIRSTEN, J.; BINSWANGER, H. (Orgs.). *Policies, markets and mechanisms for agricultural land reform in South Africa.* Oxford: Oxford University Press, 1996. p.88-94.

______; DEININGER, K. South African land policy: the legacy of history and current options. In: VAN ZYL, J.; KIRSTEN, J.; BINSWANGER,

H. (Orgs.). *Policies, markets and mechanisms for agricultural land reform in South Africa.* Oxford: Oxford University Press, 1996.

______; VAN ZYL, J. Market assisted rural land reform: how will is work? In: VAN ZYL, J.; KIRSTEN, J.; BINSWANGER, H. (Orgs.). *Policies, markets and mechanisms for agricultural land reform in South Africa.* Oxford: Oxford University Press, 1996.

BORRAS JR., S. M. Questioning market-led agrarian reform: experiences from Brazil, Colombia and South Africa. *Journal of Agrarian Change,* v.3, jul. 2003, p.367-94.

BUAINAIN, A. M. et al. *Estudo de avaliação de impactos do programa Cédula da Terra.* Brasília: Unicamp/Nead/MDA, nov. 2003. Relatório final.

______. *Relatório preliminar de avaliação do Projeto Cédula da Terra.* Brasília, Unicamp/Nead/MEPF, jun. 1999.

BURKI, S. J.; PERRY, G. *Más allá del Consenso de Washington:* la hora de la reforma institucional. Washington, DC: World Bank, 1998.

______. *The long march:* a reform agenda for Latin America and the Caribbean in the next decade. Washington, DC: World Bank, 1997.

______; EDWARDS, Sebastián. *Dismantling the populist state:* the unfinished revolution in Latin America and the Caribbean. Washington, DC: World Bank, 1996.

CARROLL, T. *Delusions of development:* the World Bank and the post--Washington Consensus in Southeast Asia. Londres/Nova York: Palgrave, 2010.

CHRISTIANSEN, R.; VAN DEN BRINK, R. *South african agriculture:* structure, performance and options for the future. Washington, DC: World Bank, Southern Africa Department, fev. 1994.

COOPER, R. The new liberal imperialism. *The Guardian,* 7 abr. 2002.

DE FERRANTI, D. et al. *Beyond the city:* the rural contribution to development. Washington, DC: World Bank, 2005.

DEININGER, K. *Política y administración de tierras:* lecciones recogidas y nuevos desafíos para la agenda de desarrollo del Banco Mundial. Washington, DC: World Bank, 2001.

______. Fazendo a reforma agrária negociada funcionar: experiência inicial da Colômbia, Brasil e África do Sul. In: LEITE, P. S. (Org.). *Reforma agrária e desenvolvimento sustentável.* Brasília, MDA/NEAD, 2000. p.213-37.

______; BINSWANGER, H. The evolution of the World Bank's land policy: principles, experience and future challenges. *The World Bank Research Observer,* v.14 (2), ago. 1999, p.247-75.

______; FEDER, G. *Instituciones y política de tierras:* mesajes fundamentales del Informe de la Investigación sobre política. Texto apresentado no Taller regional sobre asuntos de tierras en Latinoamérica y el Caribe, Pachuca, Hidalgo, maio 2002.

DE JANVRY, A.; SADOULET, E. *Land reforms in Latin America:* ten lessons toward a contemporary agenda, 2002. Disponível em: <www.wordbank.org>.

______. *Access to land and land policy reforms.* Texto preparado para o projeto de pesquisa Distribuição de Terra, Reforma Agrária e Crescimento Econômico do Institute for Development Economics Research (Wider/ONU), 2001.

GAROZ, B. et al. *Balance de la aplicación de la política agraria del Banco Mundial en Guatemala (1996-2005).* Guatemala: CONGCOOP, out. 2005.

______; GAUSTER, S. Fontierras: el modelo de mercado y el acceso a la tierra en Guatemala – balance y perspectivas. In: BARROS, F. et al. (Orgs.). *Os impactos negativos da política de reforma agrária de mercado do Banco Mundial.* Brasília: Rede Brasil/MST/Via Campesina/FIAN/Environmental Defense/CPT, 2003. p.205-40.

GILL, S. *Power and resistance in the new world order.* 2.ed. Londres: Palgrave, 2008.

HÖLLINGER, F. Del mercado de tierras al mercado de reforma agraria. In: MACHADO, A.; SUÁREZ, R. (Orgs.). *El mercado de tierras en Colombia.* Bogotá: TM Editores, 1999. p.137-95.

LAHIFF, E. "Willing buyer, willing seller": South Africa's failed experiment in market-led agrarian reform. *Third World Quarterly*, v.28, n.8, Special Issue, 2007, p.1577-98.

MEDEIROS, C. A. de. Rivalidade estatal, instituições e desenvolvimento econômico. In: FIORI, J. L.; MEDEIROS, C. (Orgs.). *Polarização mundial e crescimento.* Petrópolis: Vozes, 2001. p.77-102.

MELMED-SANJAK, J.; LAVADENZ, I. *La administración de tierras:* un nuevo paradigma para un antigo problema. Texto apresentado no Taller regional sobre asuntos de tierras en Latinoamérica y el Caribe. Pachuca, Hidalgo, maio 2002.

MONDRAGÓN, H. Colombia: o mercado de tierras o reforma agraria. In: BARROS, F. et al. (Orgs.). *Os impactos negativos da política de reforma agrária de mercado do Banco Mundial.* Brasília: Rede Brasil/MST/Via Campesina/FIAN/Environmental Defense/CPT, 2003. p.137-68.

NORTH, D. *Instituciones, cambio institucional y desempeño económico.* México, DF: Fondo de Cultura Económica, 1993.

PEREIRA, J. M. M. *O Banco Mundial como ator político, intelectual e financeiro (1944-2008)*. Rio de Janeiro: Civilização Brasileira, 2010.

______. *A política de reforma agrária de mercado do Banco Mundial:* fundamentos, objetivos, contradições e perspectivas. São Paulo: Hucitec, 2010.

PORTES, A.; HOFFMAN, K. La estructura de clases en América Latina: composición y cambios durante la era neoliberal. *Desarrollo Económico*, v.43, n.171, out.-dez.2003, p.355-87.

SAPRIN. *Las políticas de ajuste estructural en las raices de la crisis económica y la pobreza:* una evaluación participativa multinacional del ajuste estructural. Washington, DC, abr. 2002.

STOLOWICZ, B. *A contracorriente de la hegemonía conservadora*. Bogotá: Espacio Crítico, 2012.

SUÁREZ, S. M. *Política de tierras y desarrollo rural del BIRD*. FIAN Internacional, jan. 2005.

SUHNER, S. Colombian countryside between privileges of *Latifundistas*, modernizing authoritarianism and peasant repression. In: GUIMIRE, K. B. (Org.). *Civil society and the market question:* dynamics of rural development and popular mobilization. Nova York: Palgrave Macmillan/ UNRISD, 2005. p.68-99.

VAN SCHALKWYK, H.; VAN ZYL, J. The land market. In: VAN ZYL, J.; KIRSTEN, J.; BINSWANGER, H. (Orgs.). *Policies, markets and mechanisms for agricultural land reform in South Africa*. Oxford: Oxford University Press, 1996.

VAN ZYL, J. A new vision for agriculture and management of the transition. In: VAN ZYL, J.; KIRSTEN, J.; BINSWANGER, H. (Orgs.). *Policies, markets and mechanisms for agricultural land reform in South Africa*. Oxford: Oxford University Press, 1996.

______ et al. Introduction. In: VAN ZYL, J.; KIRSTEN, J.; BINSWANGER, H. (Orgs.). *Policies, markets and mechanisms for agricultural land reform in South Africa*. Oxford: Oxford University Press, 1996.

VICTOR, A. D.; SAUER, S. (Coords.). *Estudo sobre a política do Banco Mundial para o setor agrário brasileiro com base no caso do Projeto Cédula da Terra*. Brasília: CPT/MST/Rede Brasil/FIAN-Brasil, out. 2002.

VILAS, C. M. *Después del neoliberalismo:* estado y procesos políticos en América Latina. Remedios de Escalada: UNLa, 2012.

______. La piedra en el zapato: Estado, instituciones públicas y mercado. In: ARAGÓN, L. C. (Coord.). *La realidad económica actual y las corrientes teóricas de su interpretación*. México, DF: Instituto de Investigaciones Económicas, Universidad Nacional Autónoma de México, 2002. p.13-39.

WADE, R.; VENEROSO, F. The Asian crisis: the high debt model versus the Wall Street-Treasury-IMF complex. *New Left Review*, 228, mar.-abr. 1998, p.3-23.

7
Estados Unidos e América Latina: fim da Doutrina Monroe?

Luis Fernando Ayerbe[1]

Introdução

Considerando o período da Guerra Fria, em especial os dois mandatos de Ronald Reagan, comparativamente às administrações dos partidos Republicano e Democrata que se sucederam até os dias atuais, podemos considerar três momentos diferenciados nas relações entre os Estados Unidos e a América Latina:

1) A valoração da região, sobretudo da América Central e do Caribe, como palco da disputa com a União Soviética, que tem como referência uma ordem bipolar em que o objetivo é a derrota de inimigos sistêmicos que associam o questionamento do poder estadunidense como parte de uma estratégia de revolução social (Ayerbe, 2012).
2) A partir dos anos 1980, assistimos ao refluxo da luta armada e ao início de processos de liberalização política e econômica percebidos no *establishment* estadunidense como um

1 Professor do Programa de Pós-Graduação em Desenvolvimento Territorial na América Latina e Caribe do Instituto de Políticas Públicas e Relações Internacionais – IPPRI/Unesp e Coordenador do Instituto de Estudos Econômicos e Internacionais (IEEI/Unesp).

promissor caminho de convergência com o modo de vida vigente ao norte do hemisfério. Coerentemente com essa perspectiva, considera-se que, em comparação a outras regiões, a América Latina apresenta baixo nível de insegurança, com desdobramentos em uma crescente diminuição da atenção após o Onze de Setembro de 2001 e a chamada "guerra global contra o terrorismo", iniciada pela administração de George W. Bush.

3) Paralelamente, a emergência de governos oriundos de forças políticas críticas das reformas neoliberais, em especial na América do Sul, contribui para configurar uma terceira lógica: a perda de relevância passa a ser mútua. No lado estadunidense, ao mesmo tempo em que a administração Obama anuncia o fim da Doutrina Monroe, setores próximos ao seu governo consideram que já passou o tempo de se discutir uma política de alcance regional. No lado latino-americano, acentua-se uma tendência de crescente autonomia, com a construção de mecanismos de interlocução intrarregionais, destacadamente a Comunidade de Estados da América Latina e o Caribe (Celac).

Nas próximas seções abordaremos esse processo, combinando a análise das mudanças na América Latina com seu impacto nas políticas dos Estados Unidos.

América Latina: o "fim da história" que não aconteceu

Em 1989, parecia que o mundo transitava pelos trilhos de uma utopia evolucionista do século XIX, conduzido por quem estrearia em breve o título de única superpotência: Estados Unidos. Coube a um ideólogo do *establishment* cunhar a famosa frase: trata-se do "fim da história", em que a derrota da União Soviética estaria encerrando as disputas sistêmicas até então enfrentadas pelo chamado "capitalismo democrático e liberal". Em termos de impacto, depois do Leste Europeu, em que a transformação atingiu existencialmente o que era conhecido como socialismo real, foi na América Latina que a prédica de "ausência de alternativas" adquiriu *status* dominante nas políticas de Estado (Ayerbe, 2003).

Os evolucionistas receiam pontos fora da curva, mas isso parece não se aplicar aos Estados Unidos, cujos presidentes se orgulham em enaltecer o excepcionalismo do país. Assim acreditaram também governantes eleitos das nascentes democracias latino-americanas, que foram aderindo paulatinamente à aplicação de políticas que, desde o final do século XVIII, se creditavam como responsáveis pela excepcional trajetória do vizinho do Norte. O nome do receituário era autoexplicativo: Consenso de Washington.

Nas recomendações sobre como liberalizar a economia, dois exemplos regionais eram importantes: o Chile de Pinochet e a Bolívia de Paz Estenssoro pós-1985, precursores da desregulamentação do mercado interno, privatização de empresas públicas e abertura externa. Para impulsionar o processo, o presidente George H. W. Bush lançou o Plano Brady, ao qual aderiram as três maiores economias da região, com graves dificuldades para cumprir com os compromissos de suas dívidas e qualificar-se para renegociá-las e aceder novamente ao crédito internacional. México foi o primeiro, seguido pela Argentina e finalmente o Brasil. Para os teóricos liberais, a América Latina adotava a utopia evolucionista que sempre "teimou" em evitar, insistindo em "populismos" distributivistas que, finalmente, pareciam tornar-se pesadelo do passado.

A dificuldade dessa leitura é que transmite a ideia de que entre 1950 e 1970 a região foi governada predominantemente por forças políticas nacionalistas ou socialistas. Seriam elas as responsáveis pela bomba-relógio de pobreza, subdesenvolvimento, déficit público, endividamento externo e inflação que explode concomitantemente à transição democrática, contaminando a percepção dos anos 1980 com o rótulo de década perdida da economia. No entanto, o que prevaleceu de fato nos trinta anos prévios foi a imposição de regimes militares que buscaram legitimar-se pelo discurso do combate ao comunismo e ao "populismo" (Ayerbe, 2012). De quem era então a responsabilidade pelos descaminhos que o novo "consenso" prometia consertar?

A ideologia acabou solapando a perspectiva histórica, compondo a narrativa hegemônica do fim de século. O momento de auge coincidiu com as administrações de Bill Clinton (1993-2001), que passa a apregoar uma política externa de promoção da democracia e do livre mercado, anunciando uma nova divisão do mundo – ainda vigente – em quatro categorias de países: o "núcleo democrático", correspondente aos Estados do capitalismo avançado, combinação "virtuosa" de liberdade política e econômica, ponto de chegada da civilização; os "Estados em transição", em processo de adesão à ordem comandada pelo núcleo; os "Estados fora da lei", patrocinadores da desestabilização e do terrorismo; e os "Estados falidos", em que a ausência de governabilidade os torna santuários de atores ilícitos (Albright, 2000).

Como parte do estímulo à ampliação dos "Estados em transição", Clinton institui nas Américas uma diplomacia de cúpulas presidenciais. Na primeira, realizada em dezembro de 1994 em Miami, o mandatário estadunidense delimita os contornos políticos e econômicos da iniciativa: Cuba está excluída sob o argumento de que seu governo não é democrático, e será criada uma Área de Livre Comércio das Américas (Alca), com aprovação unânime que se mantém na segunda cúpula em Santiago do Chile, em abril de 1998. Na Cúpula de Quebec de abril de 2001, já na gestão George W. Bush, houve uma voz dissonante, o presidente venezuelano Hugo Chávez, que durante os dias do encontro questionou em entrevistas à imprensa a exclusão de Cuba, e na assinatura da declaração final fez constar objeções à cláusula democrática aprovada na reunião e aos prazos estabelecidos para a Alca.

O que naquele momento se apresentava como ruído isolado que não compromete o conjunto da obra transforma-se em pouco tempo em discurso insistente de um crescente número de países, principalmente na América do Sul.

No caso já mencionado da Venezuela, o governo de Hugo Chávez, eleito em 1998, exercendo o poder em sucessivas reeleições até seu falecimento em março de 2013, institui um processo de mudanças que combina políticas sociais redistributivas no plano interno e um protagonismo regional de oposição à arquitetura hemisférica proposta pelos Estados Unidos, que se materializa na criação da Aliança Bolivariana para as Américas (Alba) em 2004. No Brasil, os governos comandados pelo partido dos Trabalhadores, com dois mandatos de Luiz Inácio Lula da Silva no período 2003-2010, e de Dilma Rousseff a partir de 2011, dão forte impulso à agenda interna de combate à pobreza e no âmbito externo à promoção de mecanismos regionais de articulação. O país atua decisivamente na criação da União Sul-Americana de Nações (Unasul) em 2008 e da Celac em 2010, iniciativas que estabelecem equidistância com relação aos Estados Unidos. Na Argentina, as presidências de Néstor Kirchner, que assume em 2003, e Cristina Kirchner, eleita em 2007 e reeleita em 2011, promovem a estabilização do país após a crise de 2001, que interrompeu o governo de Fernando De La Rua, iniciando um período de recuperação econômica, diminuição da pobreza e de aproximação ao entorno latino-americano, revendo o alinhamento automático com os Estados Unidos que prevaleceu nos anos 1990.

O novo cenário político da América do Sul se expressa na Cúpula das Américas de Mar del Plata em novembro de 2005, quando Argentina, Brasil e Venezuela lideram o bloqueio à proposta dos Estados Unidos de inclusão da Alca nas discussões, o que na prática paralisou, desde aquele momento, a iniciativa lançada por Clinton.

Um mês após a Cúpula, Evo Morales, do Movimento ao Socialismo e liderança dos camponeses indígenas plantadores de coca, torna-se presidente da Bolívia, sendo reeleito em 2009 e 2014. No Equador, Rafael Correa derrota em 2006 o candidato conservador Álvaro Noboa e em 2013 elege-se para um novo mandato, interrompendo a trajetória de sucessivas crises que tornaram inconclusas as presidências anteriores de Abdalá Bucaram, Jamil Mahuad e Lucio Gutiérrez. Durante as administrações de Morales e Correa, novas constituições institucionalizam formas de sociabilidade originárias do mundo andino pré-hispânico, e tanto Bolívia como Equador se tornam membros da Alba.

Nas Cúpulas das Américas de Puerto España em abril de 2009 e Cartagena de Índias em abril de 2012, já sem a Alca no horizonte, a exclusão de Cuba, segundo componente que destacamos das convocatórias presidenciais iniciadas por Clinton, torna-se tema extraoficial inevitável imposto a Barack Obama. O presidente colombiano Juan Manuel Santos, anfitrião da última reunião, solicitou que esse fosse o derradeiro encontro sem a participação da ilha, o que acaba se materializando na convocatória para a Cúpula de abril de 2015 na cidade de Panamá, em que a chancelaria panamenha anuncia oficialmente o convite à participação cubana.

Ao contrário do objetivo permanente dos sucessivos governos estadunidenses desde 1959 de afastar Cuba de seu entorno regional, configura-se a tendência oposta: são os Estados Unidos que terminam isolados. Essa situação torna-se um fator decisivo na avaliação da Casa Branca sobre a necessidade de mudança de postura, que se materializa no surpreendente anúncio de 17 de dezembro de 2014, quando Barack Obama e Raúl Castro declaram a normalização das relações diplomáticas, histórico acordo resultado de negociações secretas iniciadas em junho de 2013 no Canadá e sob os auspícios do Vaticano.

Como mencionamos anteriormente, os evolucionismos receiam o imponderável. Para os saudosos dos consensos dos anos 1990, o que vem acontecendo na região há mais de uma década seria um acidente de percurso na contramão da história. Novamente, a ideologia busca solapar a realidade. O porquê do retorno ao topo da agenda das políticas sociais distributivas e da construção de autonomia decisória nas relações exteriores resiste a perspectivas obtusas do estilo "recaída populista tipicamente latino-americana".

Após breves anos de euforia, os dogmas sobre a virtuosa desregulamentação dos mercados se chocaram com uma realidade internacional altamente desafiadora: o "efeito tequila" a partir de dezembro de 1994, em que a desvalorização abrupta do peso mexicano leva Clinton a liberar um empréstimo de 50 bilhões de dólares para conter a sangria de reservas do país; a crise financeira asiática deflagrada no verão de 1997, atingindo Tailândia, Malásia, Indonésia,

Filipinas e Coreia do Sul, com consequências ampliadas na Rússia, que declara moratória em agosto de 1998; o "efeito samba" pela desvalorização da moeda brasileira em janeiro de 1999, com impacto direto na Argentina, fortemente dependente das exportações ao Brasil, precipitando a crise que em janeiro de 2002 leva ao abandono do regime de câmbio fixo vigente desde 1991. Esse encadeamento de episódios, além de tornar explícita a vulnerabilidade das economias latino-americanas, comprometeu sua capacidade de crescimento, transformando os anos 1990 em uma nova década perdida, com a consequente impopularidade dos governos comprometidos com as reformas de mercado, que terminam incorporando o estigma do ajuste perpétuo, sem a contrapartida da prosperidade anunciada.

O decênio posterior, marcado pela ascensão à presidência em vários países de lideranças de esquerda – ainda que de origens e posições diversas –, passa a ser reconhecido como década ganha da América Latina. Sob a chancela do crescimento, da diminuição da pobreza, da redução da desigualdade e da projeção no cenário internacional, a região se revela menos vulnerável que os Estados Unidos e a Europa aos impactos da crise financeira deflagrada em 2008, considerada a mais grave desde 1929.

Conforme abordaremos nas próximas seções, a trajetória apresentada anteriormente tem impactos na percepção dos Estados Unidos sobre seus interesses na região e as políticas correspondentes. Nossa análise tomará como base documentos oficiais do Departamento de Estado, especificamente o Orçamento para Operações no Exterior, fazendo um contraste entre as administrações de George W. Bush e Barack Obama.

Estados Unidos: interesses e ameaças no Hemisfério Ocidental

O Orçamento do Departamento de Estado para Operações no Exterior nos parece uma fonte importante para dimensionar as continuidades e mudanças na política estadunidense. A solicitação

Quadro 7.1 – Orçamento para Operações no Exterior para Argentina, Brasil, Colômbia e Venezuela (2005-2015)

	Programas	2005	2006	2007	2008	2009	2010	2011	2012	2013	2014*	2015**
Argentina	FMF (1)	–	–	40	–	–	–	–	–	–	–	
	IMET (2)	1,119	1,082	1,205	904	915	900	297	350	495	350	350
	INCLE (3)	–	–	–	198	305	300	300	–	–	–	
	NADR (4)	175	550	400	871	450	300	300	240	270	240	240
Brasil	ACI (5)	8,928	5,940	4,000	–	–	–	–	–	–	–	
	CSH/GHP (6)	8,710	3,605	3,200	4,200	4,800	6,300	6,290	1,300	881	500	500
	DA (7)	3,479	2,899	8,000	9,983	15,000	16,789	15,000	12,800	11,462	12,500	2,000
	IMET	–	–	28	174	252	610	631	638	572	625	625
	INCLE	–	–	–	992	1,000	1,000	1,000	3,000	2,000	–	–
	NADR	200	1,115	742	–	400	400	400	300	270	240	240
Colômbia	ACI	462,767	464,781	465,000	–	–	–	–	–	–	–	–
	ESF (8)	–	–	–	194,412	196,500	201,790	184,426	172,000	165,883	141,500	132,876
	FMF	99,200	89,100	85,500	52,570	53,000	55,000	47,904	40,000	28,862	28,500	25,000
	IMET	–	1,673	1,646	1,421	1,400	1,694	1,695	1,656	1,485	1,517	1,450
	INCLE	–	–	–	289,005	275,128	243,900	204,000	160,600	152,322	149,000	117,000
	NADR	5,118	5,476	4,086	3,288	3,150	4,750	4,750	4,750	5,050	4,300	4,300
	PL 480 Title II (9)	3,419	–	4,858	10,630	11,046	–	10,443	5,282	6,152	–	

	Programas	2005	2006	2007	2008	2009	2010	2011	2012	2013	2014*	2015**
Venezuela	ACI	2,976	2,229	1,000	–	–	–	–	–	–	–	–
	DA	–	–	–	6,519	–	–	–	–	–	–	–
	ESF	2,432	–	1,625	2,976	5,000	6,000	5,000	6,000	5,786	4,298	5,000
	IMET	–	–	–	47	–	–	–	–	–	–	–
	INCLE	–	–	–	–	500	–	–	–	–	–	–
	TI (10)	–	3,681	–	–	–	–	–	–	–	–	–

Elaborado a partir dos orçamentos do Departamento de Estado (U.S.D.S., 2006-14), valores em milhões de dólares. *Estimado **Solicitado. (1) Foreign Military Financing. (2) International Military Education and Training. (3) International Narcotics Control and Law Enforcement. (4) Nonproliferation, Anti-terrorism, Demining and Related Programs. (5) Andean Counterdrug Initiative. (6) Child Survival and Health, que a partir de 2008 passa a denominar-se Global Health and Child Survive e, a partir de 2011, Global Health Programs). (7) Development Assistance. (8) Economic Support Funds. (9) Agricultural Trade Development and assistance Act of 1954. (10) Transition Initiatives.

de gastos é submetida à aprovação do Congresso, exigindo uma argumentação detalhada sobre a justificativa dos programas e dos recursos. Dada a quantidade e diversidade de países que compõem a região, iremos nos deter em quatro casos: Argentina, Brasil, Colômbia e Venezuela. O objetivo é comparar o tratamento dado a governos associados à emergência de uma nova esquerda na América do Sul, exemplificada nas presidências de Néstor/Cristina Kirchner, Luiz Inácio Lula da Silva/Dilma Rousseff e Hugo Chávez/Nicolás Maduro, com relação a Álvaro Uribe/Juán Manuel Santos, situados no campo conservador. No Quadro 7.1 detalhamos os recursos solicitados por país e por programa:

Na Argentina, os dados do Quadro 7.1 revelam uma caracterização do país como de baixo risco. Até 2000, valorava-se a cooperação com os Estados Unidos no campo militar, como aliado da Otan, atuando em operações de paz, e no âmbito da segurança regional, colaborando no combate ao terrorismo e ao tráfico de drogas na tríplice fronteira com Paraguai e Brasil; e como sócio comercial, a partir de uma política econômica de abertura externa que aumentou substancialmente as importações de origem estadunidense. A crise de 2001 gerará preocupações com a continuidade dessa trajetória, mas isso não se reflete em mudanças de percepção de risco. Sob os governos de Néstor e Cristina Kirchner, a Argentina continuará sendo considerada uma aliada nas prioridades da segurança estadunidenses. Na sequência ilustrada pelo quadro, vemos uma continuidade até 2014 dos programas Imet, Incle e NADR, destinados ao combate ao terrorismo, controle de exportações e segurança fronteiriça, cuja principal justificativa é a necessidade de treinar funcionários da aduana e da guarda costeira do país nesses temas, tendo em vista que o país faz parte de rede de transporte de drogas para a Costa Leste dos Estados Unidos. (U.S.D.S., 2006, 2007, 2008, 2009, 2010, 2011, 2012.) No orçamento para 2014, o programa Incle é eliminado, sob o argumento de que a Argentina, embora continue alinhada com os Estados Unidos nas metas de segurança nacional e internacional em temas de Operações de Paz e combate ao terrorismo, no âmbito bilateral tem implementado políticas que comprometem a cooperação na segurança associada ao combate ao narcotráfico e fortalecimento da lei (U.S.D.S., 2013). O principal motivo é a solicitação do Ministério de Segurança argentino, em junho de 2011, de suspensão das atividades da DEA (Drug Enforcement Agency) até uma nova avaliação sobre os programas de cooperação com os Estados Unidos. Essa visão permanece no orçamento para 2015, em que, embora a

> Argentina promova a estabilidade e não proliferação regionais, dê suporte aos interesses econômicos dos Estados Unidos [...] (e se) alinhe com as metas se segurança nacional e internacionais dos Estados Unidos [...] implementou políticas desde 2011 que impuseram restrições substanciais na segurança, no combate ao narcotráfico e cooperação policial entre os Estados Unidos e os governos argentinos. (U.S.D.S., 2014, p.629)

A Colômbia, país com uma longa trajetória de continuidade institucional, mesmo convivendo com a ação de cartéis de drogas, grupos paramilitares e organizações guerrilheiras, é o principal receptor de assistência dos Estados Unidos, situação que se consolida a partir da eleição de Álvaro Uribe, considerado um aliado na "guerra global contra o terrorismo".

Como mostra o Quadro 7.1, até 2007, a Iniciativa Andina Antidrogas (ACI) concentra os principais recursos, destinados principalmente à erradicação de cultivos de coca, interdição de drogas, promoção de formas de desenvolvimento alternativo, equipamento e treinamento das forças de segurança, governança local e assistência aos grupos economicamente mais vulneráveis. Os recursos na área militar (FMF) objetivam fortalecer a capacidade de ação contra a guerrilha, como parte do combate ao terrorismo, e ampliar a presença do Estado no território nacional. Por outro lado, são destinados fundos para programas NADR na área de iniciativas antissequestro e contrabando fronteiriço de armas pequenas. A partir de 2008 é implementado o programa Incle, e aumentam os recursos para o Fundo de Suporte Econômico (ESF), ambos concentrando seu foco no combate ao tráfico de drogas e apoio ao desenvolvimento em áreas de conflito (U.S.D.S. 2006, 2007, 2008, 2009). No orçamento para 2011 é apresentada a Iniciativa Estratégica para o Desenvolvimento da Colômbia (CSDI), parceria entre os dois governos, destinada a expandir a presença do Estado colombiano em zonas de instabilidade e conflito (U.S.D.S., 2010, p.670). Na apresentação das justificativas de recursos para o orçamento de 2013, destaca-se o que se considera um êxito do CSDI em

> restabelecer o controle e a legitimidade do Estado em áreas estrategicamente importantes que anteriormente eram dominadas por grupos armados ilegais, através de uma abordagem gradual, que combina segurança, combate ao narcotráfico e iniciativas de desenvolvimento econômico e social. (U.S.D.S., 2012, p.757)

No orçamento para 2014, reforça-se a valoração desse progresso, classificando o apoio ao país como fator de impulso na transição já iniciada para uma fase pós-conflito. (U.S.D.S., 2013.) Na justificativa do orçamento para 2015, o enaltecimento da cooperação entre os dois países tem como foco o processo em curso de negociação entre o governo da Colômbia e as Farc (U.S.D.S., 2014, p.637).

Na direção contrária da Colômbia, a partir da eleição de Hugo Chávez, a Venezuela passa por um processo de afastamento dos Estados Unidos, colocado de manifesto no golpe de Estado de abril de 2002, liderado por setores do empresariado e das Forças Armadas e reconhecido imediatamente pela administração Bush, mas rapidamente revertido pela forte resistência interna e o isolamento internacional, especialmente no âmbito dos países vizinhos e da OEA, permitindo que o presidente retome seu cargo. Fortalecido por uma conjuntura econômica propícia em função dos altos preços do petróleo, e sob o amparo da conquista de um terceiro mandato com 62,9% dos votos em dezembro de 2006, Chávez projeta o protagonismo regional do país, especialmente através da Alba. Após ser reeleito para um quarto período em outubro de 2012, o presidente não consegue assumir, falecendo em março de 2013 vítima de câncer. No entanto, a vitória em 14 de abril de Nicolás Maduro contra o candidato opositor Henrique Capriles garante a continuidade da experiência chavista.

Comparando o orçamento do Departamento de Estado para Venezuela e Colômbia, percebe-se uma destinação de recursos muito menor, distribuídos em um número decrescente de iniciativas. Essa tendência declinante se consolida desde a ascensão de George W. Bush, com o paulatino abandono de programas que envolvem cooperação com as autoridades, priorizando o financiamento de setores da sociedade civil com o objetivo de fortalecer sua capacidade operativa na oposição ao governo de Hugo Chávez. A afirmação do poder chavista coincide com a redução da cooperação militar e o combate ao tráfico de drogas (Imet, ACI). Por outro lado, promove-se a atuação da Usaid (Agência para o Desenvolvimento Internacional, vinculada ao Departamento de Estado) com eixo na sociedade civil (DA, ESF, TI), investindo em lideranças emergentes sob o argumento de fortalecer sua capacidade de demandar do governo democracia e transparência, promoção do império da lei e respeito aos direitos humanos (U.S.D.S., 2006, 2007, 2009).

Nas solicitações para 2010, ameniza-se o discurso confrontativo, embora se mantenha o mesmo eixo: "Os Estados Unidos vão apoiar os esforços diplomáticos para promover os direitos humanos e proteger o espaço democrático, incentivando uma liderança mais pluralista e democrática" (U.S.D.S., 2010, p.659). Deixa de questionar-se a natureza do regime político venezuelano e colocam-se como objetivos preservar e fortalecer as instituições democráticas, afirmando que os programas estadunidenses "estarão abertos a todos, independentemente das perspectivas políticas" (U.S.D.S., 2010, p.761). Essas diretrizes se mantêm no orçamento para 2014. Nas solicitações para 2015, embora não haja alteração em termos de programas para o país, reforça-se na justificativa a crítica ao sistema político, em que o poder "tem se concentrado em um único partido com um executivo cada vez mais autoritário". Como resposta, a assistência terá como foco "defender e fortalecer práticas democráticas, instituições e valores que sustentam os direitos humanos, a liberdade de informação e engajamento cívico venezuelano" (U.S.D.S., 2014, p.708).

A postura estadunidense para o Brasil tem componentes diferenciados com relação à Venezuela. Valoriza-se sua atuação cooperativa na segurança regional, fator destacado também por sua posição geográfica, especialmente nos limites fronteiriços com Paraguai e Argentina e os países andinos. Seu peso econômico e sua relativa estabilidade nos últimos anos, em que a liberalização iniciada por Fernando Henrique Cardoso não sofreu solução de continuidade com Luiz Inácio Lula da Silva, tornam o país um aliado na promoção da economia de mercado. Ao mesmo tempo, é objeto de atenção em áreas de risco vinculadas à pobreza, à saúde, à criminalidade e ao meio ambiente.

Os programas do Departamento de Estado contemplam essa diversidade, atuando em quatro áreas: 1) militar, nos temas de controle civil das Forças Armadas, participação em operações de paz, combate ao terrorismo e o narcotráfico (Imet); 2) assistência ao desenvolvimento (DA), principalmente para a proteção do meio ambiente na Floresta Amazônica e o combate à pobreza das populações rurais, estimulando a criação de microempreendimentos; 3) combate a doenças infecciosas, destacando-se a aids (CSH); 4) crime organizado, com aportes da ACI, Incle e NADR para melhorar o desempenho investigativo da polícia federal, a eficácia das estruturas legais locais e o controle das fronteiras, especialmente com a Colômbia (U.S.D.S., 2006, 2007, 2008, 2009, 2010, 2011). No orçamento para 2013 há um direcionamento específico no programa Incle associado à cooperação em segurança, tendo em vista que o país será sede da copa do mundo de futebol de 2014 e das olimpíadas de 2016 (U.S.D.S., 2012).

Diferentemente da Argentina, em que se reduzem programas em função de desacordos entre os dois governos, os orçamentos para 2014 e 2015 destacam o Brasil como parceiro na cooperação internacional envolvendo terceiros países, a partir dos convênios assinados entre a Usaid e a ABC (Agência Brasileira de Cooperação) em março de 2011, durante a visita de Barack Obama. A parceria amplia a cooperação na África e na América Latina e Caribe, com o objetivo de "priorizar os desafios transnacionais de interesse mútuo, incluindo a segurança alimentar e tecnologias inovadoras em saúde, meio ambiente, agricultura, segurança cidadã e desenvolvimento econômico" (U.S.D.S., 2014, p.632).

Fim da Doutrina Monroe?

A partir de 2006, o Departamento de Estado passa a associar os programas para as diferentes regiões do mundo a objetivos estratégicos, abordagem mantida por Barack Obama até 2013. São definidos cinco objetivos: Paz e Segurança, Governando Justa e Democraticamente, Investindo nas Pessoas, Crescimento Econômico e Assistência Humanitária, associados a respectivas solicitações orçamentárias.

Como mostra o Quadro 7.2, com a exceção da Venezuela, a maior parte dos recursos vai para Paz e Segurança. No objetivo Governando Justa e Democraticamente, a parte destinada à sociedade civil, colocada entre parênteses, aponta as diferenças de enfoque com relação a Colômbia e Venezuela. No primeiro caso, além de insignificante, a dotação começa com Obama. Na Venezuela, a parcela destinada à sociedade civil é a mais significativa no conjunto do orçamento, na linha do que apontamos na seção anterior. A Argentina e o Brasil não se incluem nesse objetivo, indicando a ausência de percepções de risco político interno.

Nas percepções de risco regional e prioridade orçamentária, também percebemos continuidades entre Bush e Obama em termos de recursos destinados e um foco na segurança vinculada à proliferação do crime organizado. Como mostra o Quadro 7.3, o total investido entre 2006 e 2015 é inferior ao que recebe individualmente Israel. O aumento orçamentário em 2009 e 2010 corresponde fundamentalmente à Iniciativa Mérida (IM), programa conjunto com o governo mexicano, extensivo à América Central, nos moldes do Plano Colômbia iniciado na administração Clinton, provendo treinamento, inteligência e equipamento às Forças Armadas e policiais

Quadro 7.2 – Objetivos estratégicos e recursos orçamentários para Argentina, Brasil, Colômbia e Venezuela (2006-2013)

	Paz e Segurança	Governando Justa e Democraticamente (Sociedade Civil)	Investindo nas Pessoas	Crescimento Econômico	Assistência Humanitária
Hemisfério Ocidental					
2006	833,632	166,398 (27,166)	362,996	207,341	25,242
2007	770,181	142,507 (23,805)	384,041	229,392	13,742
2008	964,840	304,600 (49,970)	434,981	239,551	119,571
2009	1,069,817	290,408 (45,869)	491,464	266,466	43,087
2010	1,370,072	600,636 (13,173)	593,320	706,429	361,332
2011	645,902	310,121 (8,354)	480,088	381,476	38,612
2012	575,729	427,260 (5,864)	456,062	342,381	10,032
2013	512,718	406,721 (8,311)	384,256	346,195	1,880
Argentina					
2006	1,632				
2007	1,605				
2008	1,973				
2009	1,670				
2010	1,500				
2011	897				
2012	1,350				
2013	814				
Brasil					
2006	7,055		3,605	2,899	
2007	4,770		3,095	7,898	
2008	1,166		4,200	9,983	

	Paz e Segurança	Governando Justa e Democraticamente (Sociedade Civil)	Investindo nas Pessoas	Crescimento Econômico	Assistência Humanitária
2009	1,652		4,800	15,000	
2010	2,010		7,633	15,456	
2011	2,031		6,290	15,000	
2012	3,940		1,300	12,000	
2013	2,895		1,300	2,000	
Colômbia					
2006	492,590	24,250	30,690	8,500	7,973
2007	479,966	30,507	31,050	4,200	4,858
2008	439,625	60,871	36,000	4,200	10,630
2009	436,128	47,550 (500)	41,500	4,000	11,046
2010	402,992	50,300 (500)	45,000	8,842	9,058
2011	356,535	43,250 (1,070)	32,000	11,000	10,443
2012	293,639	35,100 (4,200)	36,376	17,900	–
2013	262,063	33,929 (973)	23,833	12,000	–
Venezuela					
2006	2,229	3,681 (3,681)			
2007	871	1,754 (1,625)			
2008	500	9,495 (4,495)			
2009		5,000 (3,650)			
2010		6,000 (4,550)			
2011		5,000 (3,650)			
2012		5,000 (3,650)			
2013		3,000 (2,500)			

Fonte: U.S.D.S. 2008 e 2013. Em milhões de dólares.

no combate ao tráfico de drogas, lavagem de dinheiro, crimes transnacionais e controle fronteiriço. Para 2011, separa-se a parte da IM correspondente a América Central, destinada à Iniciativa de Segurança Regional Centro-Americana (Carsi), e cria-se um novo programa de cooperação, a Iniciativa de Segurança para a Bacia do Caribe (CBSI), anunciado por Obama durante a Cúpula das Américas em Puerto España. Entre 2009 e 2015, Colômbia, México e as iniciativas Carsi e CBSI recebem em média quase 50% do orçamento para o hemisfério.

A convergência de prioridades entre as administrações de Bush e Obama responde a um cenário regional em que, conforme mostramos, não se visualizam ameaças equiparáveis às da Guerra Fria em termos de atores cujo antagonismo ideológico, capacidade militar e influência política configurem um risco sistêmico. Os desafios percebidos refletem os impactos da debilidade de alguns Estados para impor a lei em seus territórios. O dimensionamento dos recursos do Departamento de Estado comparativamente a outras regiões, ilustrado no Quadro 7.3 com o caso de Israel, assim como as prioridades estabelecidas, correspondem à percepção de que as convergências tornaram-se predominantes, em uma região que não apresenta desafios que justifiquem maiores investimentos em termos de programas de assistência.

Essa visão torna-se explícita em 2013, a partir de declarações de funcionários que de alguma forma antecipam a lógica dos acordos com Cuba. Em maio, durante conferência de imprensa analisando os resultados da viagem presidencial ao México e Costa Rica, a subsecretária do Departamento de Estado para o Hemisfério Ocidental, Roberta Jacobson, define os lineamentos da política para a região:

> Nossa abordagem é ser pragmáticos. A razão pela qual não somos ideológicos, para ser honestos, é porque as antigas divisões e categorias ideológicas parecem-nos francamente sem sentido neste momento. Elas não nos guiam porque não são mais úteis. E assim vemos que avançamos mais com líderes que são igualmente

Quadro 7.3 – Orçamento do Departamento de Estado. 2006-2015

	2006*	2007*	2008*	2009*	2010*	2011*	2012*	2013*	2014**	2015***
Hemisfério Ocidental	1,595,609	1,552,973	2,087,543	2,161,242	2,525,929	1,856,199	1,823,526	1,684,470	1,475,640	1,326,684
Colômbia	564,003	561,090	551,326	540,224	512,135	453,218	384,288	359,754	324,817	280,626
México	66,965	65,382	405,854	432,779	582,597	178,145	329,680	265,064	206,590	136,910
Carsi				105,870	82,912	101,508	135,000	145,619	161,500	130,000
CBSI					39,107	77,367	64,000	60,696	63,500	56,500
Israel	2,495,326	2,460,240	2,380,560	2,550,000	2,775,000	2,994,00	3,075,000	2,943,234	3,100,000	3,100,000

Fonte: U.S.D.S., 2007 a 2014. * Recursos destinados ** Recursos previstos *** Recursos solicitados. Em milhões de dólares.

> pragmáticos e com os quais podemos conversar sobre como fazer as coisas que são de nosso interesse mútuo. (Zuniga; Jacobson, 2013)

Em novembro, discursando na OEA, o secretário de Estado John Kerry anuncia que "a era da Doutrina Monroe terminou", apontando para uma nova realidade em que já não se "precisa de força para ter força". Nas relações com Cuba, ressalta um "novo começo" proposto por Obama: "temos de ser criativos, temos de ser mais cuidadosos, e temos de continuar atualizando nossas políticas. Neste momento, nossos governos estão encontrando alguma cooperação em interesses comuns" (Kerry, 2013).

Apresentada em 1823, em um contexto de preocupação com as intenções da Espanha de reverter, com o apoio da Santa Aliança, o processo de independência latino-americano, a Doutrina Monroe estabeleceu limites à intervenção de potências europeias no continente. Embora nunca tenha sido formalmente abandonada até o discurso de Kerry, sua invocação explícita vai até 1904, quando é formulado por Theodore Roosevelt seu quinto corolário (Ayerbe, 2012). No entanto, terminou sendo associada com o papel de guardião hemisférico que os Estados Unidos se atribuem, justificando o intervencionismo ao longo da história a partir de três argumentos principais: 1) a existência de ambições expansionistas na região por parte de potências extracontinentais; 2) a defesa do chamado "modo de vida americano", que se pretende expressão do maior grau de avanço conhecido pela civilização; 3) a fragilidade das nações latino-americanas para defender seus próprios interesses sem a ajuda do grande vizinho do Norte.

Diferentemente da Guerra Fria, em que a construção de alinhamentos com a lógica de confronto Leste-Oeste pautou-se frequentemente por ações impositivas típicas do monroísmo, nos anos recentes, a promoção dos interesses estadunidenses tem como referência a estruturação de uma arquitetura de negociações bilaterais e multilaterais buscando conduzir à convergência hemisférica.

No entanto, como vimos, existem outras modalidades de atuação. No caso da Venezuela, a partir da crítica a práticas e concepções autoritárias atribuídas ao governo chavista, justifica-se o apoio para aqueles setores, grupos e organizações que o Departamento de Estado identifica como atores-chave no avanço da democracia. Ou seja, em países considerados não alinhados com seus valores e interesses, os Estados Unidos continuam assumindo como atribuição interferir em seus sistemas políticos, agindo de forma paralela e independente de governos legitimados constitucionalmente. Dessa forma, o pragmatismo não ideológico anunciado por Jacobson mostra-se seletivo, colocando um ponto de interrogação sobre o efetivo abandono da Doutrina Monroe declarado por Kerry.

De nossa perspectiva, as declarações dos dois funcionários do Departamento de Estado explicitam que há, de fato, uma nova configuração das relações Estados Unidos-América Latina, resultado de dois movimentos que abordamos nas seções anteriores: 1) menor preocupação estadunidense com as ameaças aos seus interesses econômicos e de segurança, levando a uma política que vai subordinando agendas de alcance hemisférico, como era o caso da Alca, a iniciativas focalizadas para situações de maior risco; 2) mais do que resultado de uma tranquila avaliação por parte das esferas decisórias da política externa dos Estados Unidos, essa abordagem está fortemente condicionada pela evolução da conjuntura latino-americana, em que a construção de autonomia avança paralelamente à criação de mecanismos de interlocução como a Alba, a Unasul e a Celac.

A concepção de América Latina como espaço comum da política externa perde força nos Estados Unidos, ao mesmo tempo em que ganha *status* na região. Como afirmamos na introdução, a perda de relevância tornou-se mútua.

Referências bibliográficas

ALBRIGHT, M. *Strengthening Civil Society and the Rule of Law*. Public Information Series. United States Department of State. Bureau of Public Affairs. Washington, DC, jan. 2000. Disponível em: www.state.gov/www/focus_index.html.

AYERBE, L. *Los Estados Unidos y la América Latina*. La Habana: Fondo Editorial Casa de las Américas, 2012.

______. *O Ocidente e o "Resto"*: A América Latina e o Caribe na cultura do Império Buenos Aires: Clacso, 2003.

KERRY, J. *Remarks on U.S. Policy in the Western Hemisphere*. Disponível em: http://www.state.gov/secretary/remarks/2013/11/217680.htm. Acesso em: 18 nov. 2013.

U.S.D.S. (U.S. Department of State). *FY 2008 Congressional Budget Justification for Foreign Operations*. 2007. Disponível em: http://www.state.gov/documents/organization/84462.pdf. Acesso em: 10 abr. 2013.

______. *FY 2009 Congressional Budget Justification for Foreign Operations*. 2008 Disponível em: http://www.state.gov/documents/organization/80701.pdf. Acesso em: 10 abr. 2013.

______. *FY 2010 Congressional Budget Justification for Foreign Operations*. 2009 Disponível em: http://www.state.gov/documents/organization/124072.pdf. Acesso em: 10 abr. 2013.

______. *FY 2011 Congressional Budget Justification – Foreign Operations Annex: Regional Perspectives*. 2010. Disponível em: http://www.state.gov/documents/organization/137937.pdf. Acesso em: 10 abr. 2013.

______. *FY 2012 Congressional Budget Justification – Foreign Operations Annex: Regional Perspectives*. 2011. Disponível em: http://www.state.gov/documents/organization/158268.pdf. Acesso em: 10 abr. 2013.

______. *FY 2013 Congressional Budget Justification – Foreign Operations Annex: Regional Perspectives*. 2012. Disponível em: http://www.state.gov/documents/organization/185015.pdf. Acesso em: 10 abr. 2013.

______. *FY 2014 Congressional Budget Justification – Foreign Operations Annex: Regional Perspectives*. 2013. Disponível em: http://www.state.gov/documents/organization/208291.pdf. Acesso em: 17 maio 2013.

______. *FY 2015 Congressional Budget Justification – Foreign Operations Annex: Regional Perspectives*. 2014. Disponível em: http://www.state.gov/documents/organization/224070.pdf. Acesso em: 18 abr. 2014.

ZUNIGA, R.; JACOBSON, R. *Review of President Obama's Travel to Mexico and Costa Rica*. Washington, DC, 15 maio 2013. Disponível em: http://fpc.state.gov/209463.htm.

8
Territorialidades em tensão: a reprodução social no assentamento Reunidas, Promissão-SP

Mirian Claudia Lourenção Simonetti[1]
Bruno Lacerra de Souza[2]
Thaylizze Goes Nunes Pereira[3]

Introdução

Para aqueles que pesquisam a questão agrária no Brasil, a temática relativa à reforma agrária merece destaque, pois é um tema dotado de força política, vitalidade e atualidade, na medida em que expõe as relações de poder determinadas pelas formas de apropriação da terra, que se configuram como um das facetas do padrão de desenvolvimento gerador das desigualdades sociais, que caracterizaram a formação da sociedade brasileira. O tema "reforma agrária"

---

1 Professora dos cursos de graduação e pós-graduação em Ciências Sociais da Universidade Estadual Paulista, câmpus de Marília e São Paulo. Doutora em Geografia Humana pela Universidade de São Paulo. Coordena o Centro de Pesquisa e Estudos Agrários e Ambientais (CPEA) da Unesp/Marília – SP. Docente do Programa de Pós-Graduação em Desenvolvimento Territorial na América e Caribe –IPPRI/Unesp. Bolsista Produtividade 2 CNPq. E-mail: mirian@marilia.unesp.br

2 Mestre em "Desenvolvimento Territorial na América Latina e Caribe" pelo IPPRI/Unesp. Doutorando em Sociologia pela Ufscar. Bolsista de extensão Exp-B – CNPq. E-mail: bruno_lacerra@hotmail.com

3 Mestre em "Desenvolvimento Territorial na América Latina e Caribe" pelo IPPRI/Unesp. Doutoranda pelo Programa de Pós-Graduação em Ciências Sociais da Unesp/Marília – SP. Bolsista de extensão Exp-B – CNPq. Email: thaylizze@hotmail.com

conquistou espaço na opinião pública brasileira e foi inserido na agenda das grandes questões nacionais, principalmente devido à ação dos movimentos de luta pela terra nos últimos cinquenta anos, sobretudo do Movimento dos Trabalhadores Rurais Sem Terra (MST), que atua desde o início da década de 1980 (Fernandes, 2000).

No entanto, apesar de ser um assunto conhecido, as opiniões sobre a reforma agrária estão longe de compor um consenso. Contra ela pesam argumentos que apontam a reforma agrária como um anacronismo diante da eficiência do agronegócio, da urbanização e industrialização, crescentes no mundo moderno nos tempos da globalização. Há também os que defendem ser a reforma agrária uma importante política pública de democratização da estrutura fundiária, de distribuição de renda e de combate à pobreza no Brasil. Para isso, ressalta-se, sobretudo, a vocação da agricultura camponesa, que é o modelo agrícola adotado nos assentamentos, de produzir alimentos, inclusive mediante uma ética diferenciada, como são os casos da produção orgânica e da agroecologia.

O que há de comum entre opositores e apoiadores da reforma agrária é que eles podem fundamentar os argumentos em dados objetivos. A experiência histórica dos assentamentos, alguns deles resultantes de projetos implementados há quarenta anos, tornou possível analisar a reforma agrária, avaliando seu potencial como política pública viável de distribuição de renda e promoção de desenvolvimento rural sustentado, sobretudo quando se procura alternativas para a superação de problemas sociais locais ou regionais brasileiros. Em se tratando de dados atuais, tanto defensores como críticos da utilização da reforma agrária como política pública no Brasil podem buscar respaldo para seus argumentos no terreno das experiências concretas. Segundo os dados do Incra,[4] são 9.288 assentamentos, que abrigam 969.583 famílias e ocupam uma área de 88.270.046,03 hectares.

4 Para mais informações, acesse: <http://painel.incra.gov.br/sistemas/index.php>. Acesso em: 1 set. 2015.

Inegavelmente, a população assentada perfaz um contingente significativo de experiências econômicas, sociais e organizacionais. Somente isso já constitui uma vasta e promissora seara para estudos acadêmicos de vários tipos e áreas, que alimentam polêmicas há mais de quatro décadas. Sendo assim, em nossa pesquisa, temos destacado a importância dos estudos sobre juventude e geração com o intuito de compreender os processos de reprodução social nos assentamentos de reforma agrária como territórios camponeses (Fernandes, 2011).

A pesquisa objetiva compreender o processo da reprodução social nos assentamentos de reforma agrária no Brasil, com destaque para a análise do assentamento Reunidas, localizado no município de Promissão-SP, que completou 28 anos em novembro de 2015. A expressão "reprodução social" é empregada como conceito que designa os processos pelos quais as gerações mais velhas conseguem fazer que as gerações mais novas compartilhem suas visões de mundo e projetos de vida. Nesse sentido, quando se refere aos assentamentos de reforma agrária, o conceito de reprodução social sintetiza as diferentes formas com que a primeira geração de assentados, já envelhecida ou em compasso de envelhecimento, gradativamente vai deixando de ser protagonista no trabalho e na gestão da terra.

Para Bourdieu (1974), o conceito de reprodução social compreende "o processo social pelo qual as culturas são reproduzidas através de gerações". O autor utiliza esse conceito para avaliar a maneira como as instituições sociais são usadas para transmitir ideias culturais que servem de base e dão respaldo à posição privilegiada das classes dominantes ou governantes. Assim, a reprodução social não consiste apenas na repetição da cultura atualmente existente, mas também na manutenção da própria estrutura social e do sistema de estatutos e papéis sociais existentes em um dado momento. Portanto, os agentes de socialização, ao promoverem a aprendizagem da cultura de uma sociedade e a integração do indivíduo na sociedade e em grupos sociais específicos, promovem simultaneamente a reprodução da estrutura social existente em um dado momento (Bourdieu, 1974).

No caso dos assentamentos, isso se torna um problema na medida em que as gerações originais devem ser sucedidas pelas novas, tendo em vista que os lotes que compõem os assentamentos de reforma agrária só podem ser legalmente transferidos mediante sucessão hereditária – a herança (Simonetti, 2014). Quando se observa que os assentamentos, em sua maioria, foram conquistas decorrentes das lutas dos movimentos socioterritoriais (Fernandes, 2005), o problema da reprodução social se torna ainda mais acentuado.

Com relação às "territorialidades em tensão", apoiamo-nos em alguns autores que, no âmbito das ciências humanas, orientaram suas análises no sentido de compreender os grupos humanos e sua apropriação do espaço, dentre eles Lefebvre, (1991), Raffestin (1993), Santos (1996) e Porto-Gonçalves (2006). Esses autores evidenciaram a dimensão material da existência humana (os meios materiais de existência) e a dimensão simbólica (o significado que confere ao lugar um sentido de pertencimento e de identidade) do território. Não cabe neste texto ampliar essa discussão, e sim resgatar as referências sobre as quais nos baseamos para a discussão das territorialidades em tensão que aparecem aqui.

Ao analisar as relações entre território e poder, Raffestin (1993) mostra as diferenças entre espaço (realidade material preexistente) e território (produto de uma ação social). Para o autor, ao apropriar-se de um espaço, concreta ou abstratamente, ou seja, pela representação, o sujeito territorializa o espaço. O espaço seria a "prisão original", enquanto o território seria "a prisão que os homens constroem para si". Nesse processo de apropriação e controle, a territorialização se inscreve sempre em um campo de poder, não apenas no sentido de apropriação física, material (através das fronteiras jurídico-políticas), mas também imaterial, ou seja, simbólica.

Milton Santos (1996) reafirma essa concepção ao reforçar a dimensão do território e sua identidade. Para ele,

> o território não é apenas o conjunto dos sistemas naturais e de coisas superpostas. O território tem de ser entendido como território usado, não território em si. O território usado é o chão mais a

> identidade em si. A identidade é o sentimento de pertencer àquilo que nos pertence. O território é o fundamento do trabalho, o lugar da residência, das trocas materiais e espirituais e do exercício da vida. (Santos, 1996, p.210)

Daí se depreende que o território vai além de uma substância que contém recursos naturais e população (demografia) e, assim, estariam dados os elementos para constituir o Estado. O Território é uma categoria complexa, que pressupõe espaço geográfico que é apropriado, e esse processo de apropriação – territorialização – enseja identidades – territorialidades – que estão inscritas em processos, sendo portanto dinâmicas e mutáveis, materializando em cada momento uma determinada ordem, uma determinada configuração territorial. Estamos diante de uma tríade relacional território-territorialidade-territorialização.

A sociedade se territorializa, sendo o território a condição de existência material. Já os homens e mulheres só se apropriam daquilo que faz sentido, só se apropriam daquilo a que atribuem significação e, assim, toda apropriação material é ao mesmo tempo simbólica (Porto-Gonçalves, 2006). Para nós, as territorialidades em tensão se referem aos conflitos entre classes, grupos e etnias e também no interior desses segmentos. Nesse caso, referem-se aos conflitos geracionais nos assentamentos de reforma agrária.

Vinte e oito anos do assentamento Reunidas: dilemas e desafios

O assentamento pesquisado é fruto de um movimento iniciado em 1983, que, depois de muitos conflitos e embates, resultou na desapropriação da fazenda, em 1986, pelo governo estadual. Em 1987, ocorreu o assentamento de 44 famílias que inicialmente acamparam na região. Nesse mesmo ano, acamparam mais trezentas famílias oriundas da região de Campinas – organizadas pelo MST – e simultaneamente se iniciou a seleção mediada pelo

Incra, por representantes das prefeituras e pelos sindicatos de trabalhadores da região. Assim, é possível verificar a diversidade e a complexidade existente nesse assentamento. Cada grupo possui características próprias, pois ao lado daqueles que participaram da luta pela terra, através da organização política (acampamentos, confrontos com os proprietários e com o Estado), estão aqueles que, ao serem cadastrados pelas prefeituras e sindicatos, também tiveram acesso à terra. Por fim, cabe destacar que o referido assentamento é um dos primeiros realizados no país, tendo por referência o I Plano Nacional de Desenvolvimento e Reforma Agrária (PNRA) (Simonetti, 2011).

Nas pesquisas realizadas, constatamos que é impossível pensar e tipificar os assentados da primeira geração como um conjunto, pois cada grupo de famílias, ou mesmo cada família, tem uma história de vida diferente. Tomando por referência apenas o local de nascimento desses trabalhadores, é possível chegar a um mapa de múltiplas flechas que indicam sua trajetória de migração. Observa-se, pelos dados colhidos em nossas pesquisas, que eles são originários de dezesseis estados da federação, sendo que, dos 634 titulares selecionados pelo Incra, 62% moravam na região Sudeste. Esses eram, em sua maior parte, trabalhadores da região, assalariados permanentes ou temporários, dos quais 84% trabalhavam com atividades agrícolas havia mais de vinte anos. São trabalhadores provenientes de Promissão, Castilho, Penápolis, Getulina, Lins, Barbosa, Birigui, José Bonifácio, Ubarama etc. Caracterizam-se por extrema diferenciação quanto à ocupação anterior: são ex-posseiros, ex-trabalhadores temporários do campo, ex-arrendatários, ex-pequenos proprietários, expulsos, quer pelo movimento do capital, quer pelo Estado para a construção de barragens. A experiência dessas famílias com a terra se refere às culturas do café, cana, laranja, arroz, feijão, milho, algodão e também com o trato dos animais. Há ainda os trabalhadores de origem urbana, oriundos das grandes cidades, filhos e netos de trabalhadores rurais ou de camponeses (Simonetti, 2011)

A busca da terra para plantar, colher, viver, morar, foi a aspiração desses migrantes que, expulsos, percorreram o país do sul até

Rondônia e de lá até o Paraguai. Alguns passaram pelas áreas de produção e colheita do café em São Paulo, no Paraná, outros pela cana-de-açúcar em São Paulo, pelas empresas de reflorestamento do Mato Grosso e Minas Gerais. Outros tentaram obter terras de colonização no norte do país e chegaram à região com uma única esperança – conseguir um pedaço de terra para viver (Simonetti, 1999).

Entre as famílias assentadas, encontramos as que entraram na luta pela terra, ou organizadas pela Igreja progressista via comunidades eclesiais de base, ou via Movimento dos Trabalhadores Rurais Sem Terra (MST), e até os que nunca lutaram por terra, chegando ao assentamento através de inscrição em prefeituras e sindicatos. Diversos são os caminhos que conduziram homens e mulheres à luta pela terra. Por trás dessas diferenciações, a aspiração por terra para moradia e meio de subsistência, liberdade e autonomia foi o elemento unificador.

Para os assentados da primeira geração, cujo passado, remoto ou recente, foi marcado pela vida e trabalho na terra, ela representou um projeto de vida. Nesses casos, a entrada no movimento de luta não foi apenas movida pelo ideal de busca da terra prometida, mas sim pelo grande trauma representado pela desorganização de suas vidas e de seus pais devido à expropriação, à expulsão do campo e à proletarização nas cidades. É assim que essas famílias chegaram às terras de Promissão, portando uma longa trajetória de lutas e sonhos. Passar à condição de assentados foi um longo processo, que comportou de sonhos a frustrações. A construção da vida na terra foi um processo de reconstrução de suas territorialidades. É um processo em curso, um vir-a-ser em realização. Trazendo consigo um passado de lutas e na memória o ideário camponês, muitas famílias assentadas reconstruíram suas vidas nessas terras (Simonetti, 2011).

Nesses termos, destacamos os múltiplos momentos e enfoques de análise que vendo sendo realizados nesses 28 anos no assentamento: a expropriação/desterritorialização, a luta pela terra, a chegada à nova terra e a reconstrução do território camponês e de suas relações e suas identidades/territorialidades. Esses momentos se multiplicaram em dias de plantar, dias de colher, de consumir ou de vender, de comemorar ou de recomeçar. As pesquisas estiveram sempre preocupadas em compreender as diferenciações com relação à construção do modo de vida e às relações sociais – desde as de vizinhança, as com a comunidade inclusiva, bem como os conflitos com o Estado e as relações com o capital.

Assim, pensar a história do assentamento revela um exercício imprescindível para os estudos sobre a reprodução social, visto que muitos *titulares dos lotes já se aposentaram*. É nesse momento em particular que centramos nossas indagações, nas estratégias da reprodução social, com foco na vida familiar e em como se dará o futuro da condução do lote, levando em consideração que o trabalho nessas terras se caracteriza como trabalho familiar, quando os titulares dos lotes já não têm mais condições para trabalhar com a terra, como vem se dando a transição da condução dos lotes para os filhos ou netos.

A centralidade da família nos assentamentos de reforma agrária

O eixo central da análise consiste em entendermos a família assentada, pois ela é uma categoria de análise fundamental: concebemos que é a partir da família que essas pessoas também se constituem como cultura e identidades/territorialidades. Procuramos captar o universo cultural e simbólico em que elas estruturam suas práticas e se reproduzem. Para nós, a construção do assentamento é parte do projeto de vida familiar e, nesse contexto, o sítio e a casa simbolizam o centro do projeto, o local de reunião da família e o ambiente em que a família se constitui enquanto valor.

Com relação aos estudos sobre a família camponesa, foi Chayanov (1974) quem inicialmente apontou para a necessidade de se construir uma teoria específica de análise da economia camponesa. A unidade de produção familiar foi o cerne de sua análise, onde se levou em conta o tamanho da família e a relação entre os que trabalham e os que não trabalham, visando determinar a intensidade da força de trabalho na unidade de produção para verificar a relação entre o consumo familiar e a exploração da força de trabalho.

O autor considera os grupos etários que compõem a família e suas fases biológicas de desenvolvimento, pois ao longo do tempo ocorrem diferenciações na relação da força de trabalho/necessidades de consumo, conforme a dinâmica de crescimento e alterações na unidade camponesa. Ou seja, analisa como um conjunto de produtores e de consumidores uma unidade de força de trabalho e de consumo centrada em um casal e seus filhos, aos quais se agregariam outros membros. A razão consumidores/produtores se altera ao longo do ciclo de desenvolvimento desse grupo doméstico, cujo esforço está centrado em assegurar o equilíbrio entre as unidades de produção e de consumo.

Tavares dos Santos (1978), ao analisar o trabalho dos colonos no sul do Brasil, destaca a importância da força de trabalho da família no processo de trabalho na unidade camponesa:

> [...] a força de trabalho é utilizada segundo seu valor de uso, pois é como atividade orientada de transformação de objetos que a capacidade de trabalho de cada membro possui significado para a família. Não se realiza a separação do trabalho da pessoa do trabalhador nem a consequente conversão da força de trabalho em mercadoria. Cada pessoa da família camponesa desempenha um trabalho útil e concreto, segundo o momento e a necessidade. Desse modo, estrutura-se no interior da família uma divisão técnica do trabalho, articulada pelo processo de cooperação, resultando em uma jornada de trabalho combinada de vários membros da família. Nesse sentido, a família camponesa transforma-se em um trabalhador coletivo. (Tavares dos Santos, 1978, p.33-4)

A partir da pesquisa de Chayanov (1974), entende-se um conjunto de fenômenos, entre eles o da organização e estrutura das famílias camponesas, segundo uma lógica que tem em vista a reprodução da família para si, articulada com sua inserção na sociedade capitalista em uma perspectiva econômica. Em que pese sua contribuição para o entendimento das estratégias de sobrevivência das famílias, esse autor não ultrapassa os limites da unidade doméstica, de forma a abarcar as relações entre as famílias, analisando-a como uma unidade econômica isolada, cuja produção é o retorno da atividade indivisível da família. Porém, fica clara a importância dos membros da família com relação à unidade produtiva.

No Brasil, inúmeros trabalhos sobre o campesinato foram influenciados pela perspectiva de Chayanov (1974). Essas pesquisas se caracterizam pela análise do grupo doméstico como unidade de produção e consumo, como um *pool* de forças de trabalho. Outros estudos sobre campesinato abordam seus valores e a ética camponesa, com destaque para a casa, o trabalho, a família. Dentre eles, destacamos os trabalhos de K. Woortmann (1990), E. Woortmann (1995) e E. Woortman e K. Woortman (1997), que evidenciam a casa como núcleo simbólico da família. A esfera das percepções simbólicas da casa, as relações hierárquicas associadas aos ambientes internos e externos, as diferenciações de gênero e a associação entre a casa e a família são aspectos transversais nesses estudos.

Para Woortmann (1990), a moral camponesa é constituída por um conjunto de valores, "Terra, Trabalho e Família", sendo que a terra é percebida pelos camponeses como um patrimônio de onde se retira o fruto do trabalho, que garante o sustento da família e das próximas gerações. O trabalho, por sua vez, se constitui na integração da força (de trabalho) familiar, elemento que garante a alimentação de todos os integrantes da família, que é entendida, além de uma unidade de produção, também como núcleo que dá base para uma organicidade social camponesa, elemento estruturante e socializador de seus integrantes.

A juventude e a reprodução social nos assentamentos

Diante da importância da família no universo camponês e do envelhecimento dos titulares dos lotes, indagamos sobre como vem se dando o processo de sucessão nos assentamentos de reforma agrária. Porém, cabe destacar que os estudos que utilizam a categoria geração são ainda raros em pesquisas de assentamentos, pois as problemáticas geracionais nesses espaços começaram a se delinear nos últimos anos. Isso se deve ao fato de que os assentamentos de reforma agrária começaram a ser constituídos em meados da década de 1980. Assim, as preocupações com a sucessão e convivência geracional em contextos de projetos de assentamentos surgem nos últimos anos, onde se problematiza a questão da continuidade desses projetos. Diante disso, o que se encontra ao se buscar pesquisas de geração e sucessão em assentamentos são estudos voltados à juventude e raros trabalhos sobre idosos. Geralmente, os estudos de jovens ficam muito presos à categoria *ficar* e *sair* como uma categoria concreta ou um movimento definitivo dos jovens (Arbarotti, 2014).

A discussão acerca da sucessão geracional da família camponesa é prioritária para a continuidade dos movimentos sociais camponeses e de assentados, para a continuidade da reforma agrária e para a democratização da terra, pois não se trata apenas de sucessão da posse das propriedades agrícolas, mas trata-se também da reposição de lideranças e de dirigentes em todas as instâncias dos movimentos sociais e da reposição da força de trabalho em assentamentos com grande tempo de ocupação, nos quais os assentados então passando por um processo de envelhecimento. Ao nos aprofundarmos nos temas de estudos relativos à reprodução social nos assentamentos de reforma agrária, deparamo-nos com a discussão sobre a juventude e percebemos que ela é considerada questão-chave para o desenvolvimento do campo, por ser considerada o "sujeito" proeminente para que a reprodução social se efetive – consequentemente, ela é o objeto central de nosso recorte. A reprodução social não consiste apenas na repetição da cultura que existe hoje, mas também na manutenção da própria estrutura social e do sistema de estatutos e papéis sociais existentes em um dado momento. Portanto, os agentes de socialização, ao promoverem a aprendizagem da cultura de uma sociedade e a integração do indivíduo na sociedade e em grupos sociais específicos, promovem simultaneamente a reprodução da estrutura social existente em determinado momento.

Quando se observa que os assentamentos, em sua maioria, foram conquistas políticas decorrentes de movimentos sociais, o problema da reprodução social se torna ainda mais acentuado; pois, como para Simonetti (2011), a sucessão geracional nos lotes de reforma agrária é um problema, na medida em que as gerações originais devem ser sucedidas pelas novas, tendo em vista que os lotes que compõem os assentamentos só podem ser legalmente transferidos mediante sucessão hereditária, a herança. Essa demanda ocorre em um contexto em que os jovens criam diferentes estratégias para migrar para as cidades, e é nesse ponto que nos perguntamos: como é possível manter trabalhando no campo – e portanto dar consecução aos projetos e lotes dos assentamentos – jovens que, cada vez mais, possuem formação educacional e experiências profissionais urbanas?

Concordamos com Castro (2007), para quem a discussão sobre a questão da juventude torna-se a principal questão política para os movimentos sociais e para a reforma agrária, na medida em que esses sujeitos reivindicam direitos sociais e estão se constituindo como movimento, ganhando representatividade e força política.

Para Castro et al. (2009), existe um claro interesse da produção científica na área do "conhecimento humano" voltado para a manutenção e o desenvolvimento de uma juventude urbana (criação de políticas públicas, programas sociais, acesso à escola etc.), deixando de lado sujeitos que pertencem a outras estruturas e diferentes sistemas de estatutos e papéis sociais, em um país em que 26%[5] da população total, ou seja, aproximadamente 46 milhões de brasileiros, ainda moram no campo. Dessa população de 46 milhões, cerca de um terço é constituída por jovens, que se encontram no corte etário (15-35 anos) adotado pelos organismos internacionais como a Organização Mundial da Saúde (OMS) e a Organização das Nações Unidas para a Educação, a Ciência e a Cultura (Unesco). Esse tipo de recorte busca

5 Dados obtidos do censo de 2010 a partir do *site* do IBGE: <http://saladeimprensa.ibge.gov.br/noticias?view=noticia&id=1&busca=1&idnoticia=1766>.

homogeneizar o conceito de juventude a partir de limites mínimos e máximos de idade, respaldando-se em uma compreensão de que a juventude é um momento de transição da adolescência para o mundo adulto, porém essa compreensão tem sido amplamente questionada e discutida. Para Levi e Schmitt (1996), por exemplo, esse tipo de classificação só pode ser considerado em uma perspectiva histórica de longa duração e, portanto, é transitório.

Embora seja considerado um tema marginal, desde o final do século XX e do início do século XXI presenciamos um aumento no debate sobre a juventude em um contexto nacional e internacional, principalmente no debate das ciências sociais.[6] As principais temáticas reforçam as compreensões machistas e as relações de poder da hierarquia social ao conceber a juventude, conforme mencionado anteriormente, como um período de transição entre a adolescência e a vida adulta. Essa compreensão se baseia em formulações que estipulam padrões comportamentais para os jovens e buscam demonstrar como esses padrões são transitórios. Essas compreensões de recorte etário aparecem principalmente em pesquisas da década de 1960 e servem como facilitadoras para análises estatísticas relacionadas sobretudo à entrada no mercado de trabalho, ao atendimento de saúde e a formação educacional.

Segundo Thévenot (1979), o uso de termos como *jovem* e *velho* é arbitrário, pois parte de uma definição de juventude construída *a priori* e pretende elencar somente os sujeitos ativos e inativos em relação ao mundo do trabalho. M. Margulis e M. Urresti (1996) apontam que a categoria também aparece ligada a adjetivos de *vanguarda, transformadora, questionadora,* o que sugere que a juventude é considerada um sujeito com potencial transformador, mas que por outro lado também está associada a adjetivos, segundo Foracchi (1972), como *em formação, inexperiente, sensível.*

Embora apareçam recortes etários, geracionais e comportamentais – baseados em contextos históricos –, o ponto de partida de

6 Ver Thévenot (1979); Bourdieu (1989); Margulis e Urresti (1996); Levi e Schmitt (1996); Peralva e Sposito (1997); Foracchi (1972); e Novaes (1996).

todas essas perspectivas é, segundo Bourdieu (1989), uma categoria pré-construída e genérica, buscando a consolidação de um objeto e conceito que possa ser um paradigma. Essas perspectivas reforçam a concepção de juventude como momento de transição e incapaz de produzir sua própria cultura, o que, segundo Amit-Talai e Wulff (1995), limita o conceito como objeto de análise. Castro et al. (2009) sustentam que a juventude é pouco levada a sério e tratada como *adultos em potencial*, fator que possui implicações desde a dificuldade de se conseguir o primeiro emprego e deslegitimar sua participação em espaços de decisão.

Para Bourdieu (1989), as fronteiras entre a juventude e a velhice são objetos de disputa em todas as sociedades, e o que marca sua definição são as relações de dominação e de hierarquia que estruturam as posições sociais. Assim, a categoria juventude é somente uma palavra, se for desprovida das relações sociais pelas quais ganha significado. Para o autor, classificar é ordenar e impor limites, portanto existem relações sociais de poder e de dominação por trás da construção de um conceito.

Esses questionamentos sugerem a necessidade de buscar novas formas de dessubstancializar essa categoria, desconstruindo-a e demonstrando sua representação social, levando em conta as diferentes visões sobre os jovens (como demarcam suas posições sociais, seu posicionamento na família) e somando-se as dimensões históricas e estruturais. Para Honwana e Boek (2005), as juventudes comungam de um mesmo processo histórico e cultural e uma identidade relativa ao lugar que ocupam na sociedade, mas vivenciam a juventude de formas distintas, pois variáveis de *gênero, etnicidade, religião, classe, responsabilidade e expectativas* condicionam a definição de quem é considerado ou considera-se jovem.

Weisheimer (2005) realizou um levantamento da produção bibliográfica sobre o tema da juventude rural no Brasil e concluiu que as questões da "migração" e da "invisibilidade" são as mais presentes nos estudos. O autor apontou também que as abordagens caminham no sentido de ações (políticas públicas/ações dos movimentos sociais) que "impeçam" a juventude de completar seu "destino", a migração do campo para a cidade e evitar o consequente fim do meio rural e da agricultura familiar.

Para Wanderley (2007), a categoria Juventude Rural não acompanha há muito tempo o debate acadêmico, não é uma categoria alvo de discussão e nunca foi um tema privilegiado nem mesmo dentro do campo de debate sobre questão agrária. Segundo a autora, a categoria deve ser pensada então em um duplo enquadramento, como *jovens* e *rurais*. De um lado essa juventude enfrenta os preconceitos do imaginário urbano acerca do mundo rural, associados ao *atraso*, ao *arcaico*, ao *caipira preguiçoso*, e, do outro lado, na relação com os pais, os jovens enfrentam o preconceito por serem muito *urbanos*. Essas relações revelam uma condição de subalternidade desses jovens que são percebidos como inferiores, seja em suas relações na cidade, seja em suas relações familiares e nas relações com a comunidade formada pelos outros lotes. Como reforço dessa condição, ainda é marcante o contexto nacional das condições econômicas e sociais para os pequenos agricultores.

Ao realizar um balanço acerca da temática da migração da juventude rural no Brasil, Brumer (2007) identificou duas variáveis, conforme o Quadro 8.1, ou seja, os atrativos da cidade e do novo ambiente e os aspectos negativos do lugar de origem.

Quadro 8.1. Fatores que mantêm e afastam o jovem do campo

Fatores que atraem os jovens para a área urbana, na opinião dos responsáveis das atuais propriedades	Fatores que mantêm os jovens na área rural, na opinião dos responsáveis das atuais propriedades
• Salário constante	• Apego e amor a terra
• Trabalho menos penoso	• Custo de vida mais barato
• Mais tempo livre (férias, fim de semana livre)	• Ser dono de seu próprio negócio
• Possibilidade de estudo	• Melhor qualidade de vida
• Liberdade de escolha de opções de trabalho	• Garantia de trabalho
• Ilusão	• Tradição
• Possibilidades maiores de aposentadoria	• Dificuldade de arrumar emprego

Fatores que atraem os jovens para a área urbana, na opinião dos responsáveis das atuais propriedades	Fatores que mantêm os jovens na área rural, na opinião dos responsáveis das atuais propriedades
• Mais lazer	• Vocação
• Vida social mais intensa	• Mais próximo à família
• Melhor *Status*	• Melhor remuneração

Fonte dos dados: Pesquisa "Dinâmica populacional e a sucessão na agricultura familiar do Vale do Taquari" – Univates/ Fetag/MDA (2007)

Os estudos desse autor sobre dinâmica populacional e a sucessão na agricultura familiar em Santa Catarina mostram os motivos que atraem/mantêm os jovens no campo ou na cidade. Percebe-se que aspectos vinculados a fatores subjetivos, tais como a segurança, a tradição e a noção de pertencimento ao território, despertam nos indivíduos o desejo de permanecer nos lotes de seus pais, já os aspectos ligados à materialidade da vida indicam a preferência nos jovens de buscar a saída do assentamento.

Para Lacerra e Simonetti (2014), compreender como a juventude constrói e ressignifica suas representações sobre o rural e o urbano tem sido a grande tarefa das atuais pesquisas, que lidam ao mesmo tempo com a desvalorização do campo (lugar atrasado, desinteressante) e, em outros processos, com a valorização do campo (local seguro, local da luta pela terra e não mais somente local de trabalho). Uma pequena parcela das pesquisas trata da participação política desses jovens, sendo que as únicas referências estão ligadas aos jovens de assentamentos rurais. Nesse sentido, não existem estudos sobre quilombolas, indígenas, fundos de pastos e outros coletivos de juventude.

Para Andrade (1998), a especificidade dos assentados consiste no saber social diferenciado e elaborado a partir da vivência política da luta pela terra, e isso implica a formação de jovens militantes nas organizações campesinas. Ser militante destaca-se também como uma forma de acesso a determinados bens culturais (viagens, cursos, palestras, encontros, leitura, filmes etc.), o que promove uma diferenciação entre o jovem militante e os demais jovens assentados e acampados (Scopinho, 2013). Mesmo com o engajamento político de grande parte dos jovens no processo de reforma agrária, os pesquisadores identificaram uma baixa inserção nas atividades agrícolas e nas instâncias políticas (coordenações e associações).

Para Castro (2007), esses jovens mudaram de atuação em relação ao período do acampamento, ficando restritos aos afazeres domésticos; antes eram atores participativos e agora pouco se envolvem com os desafios que os lotes proporcionam. Isso demonstra, segundo Castro et al. (2009), uma distância entre os processos dos movimentos sociais, dos atores governamentais e organizações não governamentais (ONGs) da realidade vivida nos assentamentos. A pesquisa citada anteriormente também elencou as principais construções sociais sobre a categoria jovem rural presente nos trabalhos acadêmicos desde 1985. As autoras demonstram a emergência da expressão da Juventude Rural como ator político presente no cenário nacional, seja nos movimentos sindicais, como na Confederação Nacional dos Trabalhadores na Agricultura (Contag) e na Federação dos Trabalhadores na Agricultura Familiar (Fetraf), nos movimentos sociais que são parte da Via Campesina, MST, Movimento dos Pequenos Agricultores (MPA), Movimento de Mulheres Camponesas (MMC), Movimento dos Atingidos por Barragens (MAB) e também na Pastoral da Juventude Rural (PJR), movimento consolidado desde 1983.

Os estudos sobre juventude rural se somam aos estudos de geração, no que concerne à análise da reprodução social. Cabe salientar que aqui consideramos gerações tal como os autores que afirmam que geração não se refere às diferenças de idades, mas sim aos indivíduos que compartilham experiências sociais e históricas comuns e, por isso, suas trajetórias estão marcadas por eventos passados e por projetos futuros que às vezes se assemelham e, em outras ocasiões, se distanciam (Mannheim, 1964).

Territorialidades em tensão: os movimentos de idas e vindas

Realizamos a pesquisa empírica na agrovila Campinas, pertencente ao assentamento Reunidas. Sua escolha se deve por se tratar da única das dez agrovilas cujos protagonistas obtiveram acesso à terra através das lutas via acampamento do MST. Parte significativa dos assentados, 50% da primeira geração, entrou em seus lotes com a idade entre 30 a 50 anos. Sendo assim, passados 28 anos, muitos se encontram atualmente na faixa etária entre 58 a 78 anos, o que justifica os estudos relativos à sucessão e a reprodução social. Além disso, entre os entrevistados verificou-se que 18% têm cinco filhos; 14% deles têm quatro filhos; 27% têm três filhos; 18% têm dois filhos; e 18% têm um filho. Entre as famílias assentadas da primeira geração, há muitos casos em que as famílias conseguiram lotes ao mesmo tempo. Sendo assim, há vários casos em que os pais e filhos possuem seus lotes.

As entrevistas realizadas em pesquisa de campo no assentamento Reunidas em 2012 revelam diferentes situações com relação à reprodução social no assentamento. Em aproximadamente 50% dos lotes onde realizamos as entrevistas, constatamos que um dos filhos vai assumir o lote e o trabalho dos pais. Entre esses sujeitos da segunda geração que permanecem no lote é possível verificar o forte sentimento de identidade com o lugar. As entrevistas revelam que o assentamento é visto como local de vida dentro de uma construção social em contínua reformulação no que diz respeito a modos de vestir, símbolos, espaços coletivos, equipamentos coletivos e valorização de bens de consumo que marcam fortemente o cotidiano vivido dentro de uma pluralidade de códigos e referências simbólicas.

Há que se pontuar que essa identificação com o lugar, em alguns casos, surge depois de experiências sociais de vulnerabilidade fora do assentamento, sobretudo devido às vivências negativas em trabalhos desgastantes nas cidades. A ida para trabalhos nas cidades, geralmente, não é acompanhada de um devido planejamento e, por falta de qualificação, eles vão desempenhar trabalhos pesados.

No caso dos jovens do assentamento Reunidas, alguns relataram que foram trabalhar no frigorífico da cidade e que esse trabalho era muito desgastante. Assim, sem as referências sociais que o assentamento garante, os sujeitos vivenciam um estranhamento com relação à cidade. É nesse sentido que a volta ao lote representa voltar ao lugar de vida, isto é, "[...] o lugar onde se vive (particularidades do modo de vida e referência identitária) e o lugar de onde se vê e se vive o mundo (a cidadania do homem rural e sua inserção na sociedade nacional)" (Wanderley, 2007, p.21). É o "porto seguro" onde se tem a segurança da moradia e dos alimentos plantados, é o local onde o "ser" em sua maior intimidade e profundidade pode descansar, a despeito das pelejas que o cotidiano apresenta, é a verdadeira sensação de estar em casa. Ou seja, seu ideário de vida está em sintonia com aquele da primeira geração.

As trajetórias – *idas* e *vindas* – desses sujeitos permitem que eles acumulem diferentes experiências sociais e repertório definidores de novas estratégias para vencer o desafio de permanência no lote, diante das frágeis políticas de acesso ao crédito, os limites dos programas de compra de alimentos realizados pelo governo federal por meio da Conab e as precárias assistências técnicas oferecidas aos assentados, que não proporcionam sofisticação e inovação. Esses são os maiores desafios que os sujeitos da segunda geração identificaram quando questionados sobre as dificuldades da permanência. Segundo eles, esses fatores interferem diretamente na possibilidade de conseguir uma boa renda somente com o trabalho no lote e, por isso, as estratégias de permanência em sua grande maioria compreendem a busca de alternativas de geração de renda fora do trabalho agrícola, por meio do assalariamento (na cidade e/ou no assentamento), e em outras atividades, como o arrendamento de parte do lote e investimento em atividades de comercialização.

As experiências vividas e as trajetórias apontaram, em nossas pesquisas, no sentido de uma reformulação das identidades/territorialidades desses sujeitos, uma vez que a ligação com o assentamento se ressignifica quando comparada aos valores, objetivos e à ética que norteava os projetos da primeira geração. Nesses termos, a segunda geração não vê a terra apenas como um modo de vida vinculado ao *éthos* camponês, mas um local que proporciona segurança e retorno financeiro à medida que se consegue dinheiro para investimento. Diferente da primeira geração, o dinheiro aparece de forma muito marcante nos depoimentos dos sujeitos da segunda geração, pois é visto como o mediador para viabilizar o acesso aos bens de consumo muito valorizados e buscados. Nesse sentido, é possível identificar que há uma mudança significativa no que se tinha como os valores morais do *éthos* camponês tradicional, com uma ligação sentimental com a terra e do sujeito da reforma agrária, antes ligado à transformação social por meio da luta política pela terra, para uma nova forma de permanência da segunda geração, que reformula sua identidade para algo não fechado e definido em um jogo de referências performaticamente construídas (Hall, 2011). É possível verificar a coexistência e transição de valores entre as duas gerações, o que implica territorialidades em tensão, que pode remeter a desequilíbrios, adaptações e reequilíbrios entre os integrantes da família.

A partir das informações qualitativas da pesquisa, selecionamos cinco casos para exemplificarmos essa dualidade entre ficar/sair e os motivos que levaram a essa movimentação.

No primeiro caso selecionado, a entrevistada, sra. J., de 39 anos, que morava em outro lote no mesmo assentamento com a mãe, assumiu o lote quando seu tio J. voltou para a cidade para tratar questões de saúde. Ela mora com seu marido, F., de 38 anos; sua filha G., de 18 anos, que ainda mora no lote e trabalha como monitora de alunos em uma escola de Promissão e ajuda eventualmente nas atividades do lote; e H. e K., ambos estudantes do ensino fundamental. A renda do lote é de aproximadamente 36 mil reais ao ano. A entrevistada menciona que gosta de trabalhar no lote, que tem prazer em plantar e em ver os frutos que a luta pela terra rendeu a sua família.

Quando questionada sobre a reprodução social – "Você acha que essa nova geração consegue continuar 'tocando' o assentamento?" –, a entrevistada nos respondeu:

> Alguns até que não, mais a maior parte eu acho que sim, acho que as famílias conseguiram ensinar bem os afazeres na terra e eles gostam de ver o trabalho, "as coisa plantada e o lucro que dá". Outros não. Não deu muito certo, acho que eles não têm vocação para isso, não acho que tem muito a ver com pais, acho que realmente não deu certo, eles não têm vocação. Mais esses são bem poucos.

À seguinte pergunta: "Você que vive no assentamento desde os processos de luta pela terra e da demarcação dos lotes, acha que os jovens e seus projetos de vida ainda são os mesmos? O que mudou com o passar do tempo?", obtivemos a resposta:

> Eu acho que eles pensam melhor hoje. Tem mais oportunidades de trabalho e de fazer uma faculdade. Por exemplo, lá na agrovila da minha mãe tem muitos que fizeram faculdade e agora estão voltando com suas famílias. Outros têm condição de sair mais gostam, preferem ficar aqui, então eu acho que é muito balanceado. O projeto de vida mudou, melhorou, tem mais oportunidade.

No segundo caso selecionado, o entrevistado J. C., morador do assentamento desde 1987 e participante do processo de ocupação, tem quatro filhos, sendo que dois são menores de idade e moram com ele no lote junto com a esposa. Os outros dois moram na cidade. J. C. é filho de outro assentado, entrou na luta pela terra junto com o pai na década de 1980, trabalha no lote com os filhos e a esposa. Possuem uma horta e tiram seu sustento da produção, vendendo seus produtos na feira. Os filhos estão se formando no ensino técnico em agricultura e trabalham no lote com produtos sem utilização de agrotóxicos, utilizando o método da compostagem que aprendem no curso. A família gosta muito de produzir desse modo, porém todos se queixam de que o retorno financeiro não é do modo que eles gostariam. A esposa também enfatizou durante a entrevista que gostaria muito de mudar-se para a cidade.

Em um terceiro caso observado, a assentada N., de 55 anos, que não conseguiu terminar o ensino fundamental e se divorciou do marido quando já morava no lote, relata que ele foi embora e que ela ficou sozinha no lote com os filhos. Há algum tempo ela já vinha sofrendo com problemas de saúde que se agravaram em decorrência de um AVC. Após essa complicação em seu quadro de saúde, ela foi morar com a irmã em outro lote que pertencia a sua família e foi dividido em dois (informalmente, já que o Incra não permite esse procedimento), ficando meio lote para C., filha de 34 anos, e sua respectiva família – L., genro de 24 anos; J., neto de 9 anos –, e a outra metade para C., filho de 27 anos, e sua respectiva família – C., nora de 24 anos; R., neta de 2 anos. Eles relatam a dificuldade para adquirir financiamento, já que o mesmo tem de ser feito por N., que é adoentada. Outro problema apontado por eles é sobre o fato de que a Conab só fornece uma cota por lote. Com apenas esses relatos, já nos fica clara a dificuldade de acesso das políticas públicas para os jovens e/ou para a segunda geração que querem continuar no assentamento.

Sendo assim, como não conseguem produzir no lote, procuram outras formas de trabalho. O marido de C., L., trabalha para A., filho de outro assentado em outro lote no mesmo assentamento; e C. é pedreiro na cidade. Eles também alegam que sua renda vem de outros trabalhos que não do lote, porque sem financiamento/sem empréstimo não há como produzir.

No quarto caso selecionado, o entrevistado J. C., que acampou nas terras de Promissão em 1987, se casou com G. quando já estava assentado. Têm duas filhas: J., de 16 anos, e G., de 13 anos. Vivem da renda do lote e trabalham com plasticultura. Para ele, a realidade dos jovens é diferente da do tempo dele. Em suas palavras, "o projeto de vida dos jovens é outro, a história é outra". Para ele, uma maneira de os jovens permaneceram seria "industrializando o campo, investindo em tecnologia e beneficiando os produtos do campo, deveria ter mais lazer também, esportes variados, academia". Também cita que os jovens deveriam ter mais acesso aos estudos técnicos. O entrevistado acredita que a "reforma agrária é uma dádiva de Deus", mas que "cada tempo tem suas exigências". Para ele, a reforma agrária "não tem futuro porque o jovem não quer ficar, quer ir embora, pois não há projetos para eles". É importante ressaltarmos que o entrevistado foi vereador na câmara municipal de Promissão e da direção estadual do MST. Ao entrevistarmos sua filha mais velha, J., de 16 anos, verificamos que está terminando o ensino médio, que não gosta do trabalho na roça e seu desejo é ir morar em Sorocaba e estudar na faculdade de Medicina. Em seu depoimento, salienta que

> minha vontade mesmo é fazer faculdade de Medicina e depois ir morar com meu avô em Sorocaba. "Porto Feliz" também é assentamento, dez minutos da cidade, eu falei assim pro meu pai que eu preferiria morar mais perto dos meus parentes, ter companhia é mais fácil pra sair pra algum lugar, quando vou para lá a gente vai ver filme, vai pro shopping.

No quinto caso selecionado, entrevistamos mãe e filha, A. e K. A mãe, A., acampou junto com os pais e irmãos. São seis irmãos e cinco obtiveram lotes. O lote dos pais, que são idosos e já estão aposentados, foi passado para a irmã caçula. A. é casada, tem três filhos. A primeira é K., de 24 anos, que estudou direito e é casada com o filho de outro assentado do mesmo lote. Ele estudou técnico em mecânica. Estão morando em Campinas. A outra filha, Ke., tem 19 anos, é monitora escolar, trabalha em Promissão e está cursando faculdade de Pedagogia. O outro filho é D., de 18 anos. "Ele adora trabalhar aqui, quer mexer com o gado pro resto da vida... acho que ele vai ficar. Ele é meio atrasado na escola, tá no sexto ano." Quando questionada se D. tem atividade no lote, destacou que ele ajuda o pai com o gado. Ao ser indagada se o projeto de vida dos jovens é o mesmo que os lutaram pela terra de sua geração, ela responde que "mudou muito... o próprio assentamento, a juventude participava, queria ficar antigamente. Os jovens assumiam a catequese, os jovens, as festas daqui. Os jovens não querem mais, eles acham que é pagar mico. Criticam a gente". Segundo K., sobre essa mesma questão: "É que também aqui não tem projeto de vida. Não dão atenção para eles, os jovens. Não passaram os valores para os jovens ficarem". Pergunto a A. se a nova geração de jovens continua tocando o assentamento. "Eu acho que mais ou menos... alguns vão embora e ficam. Outros voltam. A volta para cá é muito grande. Eles não conseguem ter emprego lá. É difícil dizer. Hoje em dia as coisas são mais fáceis."

Entendemos que a tensão entre "permanência" ou "saída" dos jovens do assentamento tem uma relação direta com o aspecto da necessidade da luta pela terra que perpassa a vida das famílias assentadas. A despeito dos fatores que o atraem para fora dela, o compromisso desse indivíduo com a terra é preponderante, pois dele depende o futuro de seus familiares assentados e seus respectivos lotes. Além disso, por meio da pesquisa,[7] é possível vislumbrar a tendência acerca da continuidade dos filhos dos assentados para além da presença dos assentados originais, o que constitui uma ferramenta importante e necessária para avaliar o duplo potencial da reforma agrária: como política pública de democratização da estrutura fundiária brasileira, e como instrumento de política de inclusão econômica e de geração de renda para populações antes marginalizadas nos centros urbanos.

É importante destacar que a pesquisa está em pleno curso e que as entrevistas abrem perspectivas para outras questões que não puderam ser detalhadas nesse texto. Um dos aspectos que os depoimentos desvendam é que a segunda e terceira geração de assentados têm mais oportunidades que aquelas da primeira geração, visto que têm acesso a maior escolaridade e um leque de escolhas maior que aquelas que seus pais tiveram. Sendo assim, têm maiores

7 É importante destacar que a pesquisa está em pleno curso e as entrevistas abrem perspectivas para outras questões que merecem ser trabalhadas, mas que não puderam ser detalhadas neste texto. Destacamos a questão d*a herança dos lotes*, que envolve elementos como: o envelhecimento, lotes sem sucessores e a divisão dos lotes entre irmãos. Sobre o envelhecimento, é possível identificar cada vez mais a dificuldade de sucessão, seja por falta de interesse dos mais jovens, seja pelo tradicionalismo dos mais velhos, que impedem a entrada gradual das gerações mais novas. A isso se deve o problema da falta de sucessores em alguns lotes, pois os filhos, não tendo interesse em permanecer no assentamento, mudam-se para as cidades e os pais, idosos, ficam sem condições de produzir em suas terras. Muitos vendem as benfeitorias e também migram para a cidade.

possibilidades no que se refere à reprodução social. A terra sempre será uma possibilidade de trabalho ou vida, seja aos que realizaram a escolha de "tocar a terra", seja em um possível retorno daqueles que fizeram outra opção.

Referências bibliográficas

AMIT-TALAI, V.; WULFF, H. *Youth cultures:* a cross-cultural perspective. Londres; Nova York: Routledge, 1995.

ANDRADE, M. R. de O. *A formação da consciência política dos jovens no contexto dos assentamentos rurais do movimento dos trabalhadores rurais sem-terra.* São Paulo, 1998. Tese (Doutorado em Educação). Universidade Estadual de Campinas.

ARBAROTTI, A. E. *Encontros e desencontros nos assentamentos de reforma agrária:* estudo sociológico sobre gerações e identidades. São Paulo, 2014. Dissertação (Mestrado em Sociologia). Pós-graduação em Sociologia CECH, Universidade Federal de São Carlos.

BOURDIEU, P. *A economia das trocas simbólicas.* São Paulo: Perspectiva, 1974.

______. *O poder simbólico.* Rio de Janeiro: Difel, 1989.

BRUMER, A. A problemática dos jovens rurais na pós-modernidade. In: CARNEIRO, M. J.; CASTRO, E. G. de (Orgs.). *Juventude rural em perspectiva.* Rio de Janeiro: Mauad X, 2007. p.35-52.

CASTRO, E. G. *Entre ficar e sair*: uma etnografia da construção social da categoria jovem rural. Rio de Janeiro, 2007. Tese (Doutorado) – PPGAS do Museu Nacional. Universidade Federal do Rio de Janeiro.

CASTRO, E. G. et al. *Os jovens estão indo embora?:* juventude rural e a construção de um ator político. Rio de Janeiro: Mauad X; Seropédica, RJ: EDUR, 2009.

CHAYANOV, A. V. *La organización de la unidad económica campesina.* Buenos Aires: Ediciones Nueva Visión, (1925) 1974.

FERNANDES, B. M . *A formação do MST no Brasil.* Petrópolis: Vozes, 2000.

______. Assentamentos como territórios. In: SIMONETTI, M. C. L. (Org.). *Assentamentos rurais e cidadania*: a construção de novos espaços de vida. São Paulo: Cultura Acadêmica; Marília: Oficina Universitária, 2011.

FERNANDES, B. M. Movimentos socioterritoriais e movimentos socioespaciais. *Observatório Social da América Latina,* Buenos Aires, v.16, p.273-84, 2005.

FORACCHI, M. M. *A juventude na sociedade moderna*. São Paulo: Edusp, 1972.

HALL, Stuart. Quem precisa de identidade? In: SILVA, T. T. (Org.) *Identidade e diferença:* a perspectiva dos estudos culturais. Petrópolis: Vozes, 2011.

HONWANA, A.; BOECK, F. D. *Makers and Breakers*: Children & Youth in Postcolonial Africa. Dakar: Codesria, 2005.

LACERRA, B.; SIMONETTI, M. C. L. Juventude rural: a construção de um conceito. Araraquara, *Nupedor*, 2014. Disponível em: <www.uniara.com.br/nupedor/nupedor_2014/Arquivos/02/2A/9_Bruno%20Lacerra.pdf>.

LEFEBVRE, H. *The production of space*. Cambridge: Blackwell Publishers, 1991.

LEVI, G.; SCHMITT, J. *História dos jovens II*: a época contemporânea. São Paulo: Companhia das Letras, 1996.

MANNHEIM, K. El Problema de Las Generaciones. *Revista Española de Investigaciones Sociológicas* (REIS), n.62, p.145-68.

MARGULIS, M. *La Juventude es más que una palabra*. Buenos Aires: Biblos, 1996.

PORTO-GONÇALVES, C. W. *A globalização da natureza e a natureza da globalização*. Rio de Janeiro: Civilização Brasileira, 2006.

RAFFESTIN, C. *Por uma geografia do poder*. São Paulo: Ática, 1993.

SANTOS, M. *A natureza do espaço*: técnica e tempo. Razão e emoção. São Paulo: Hucitec, 1996.

SCOPINHO, R. A. Serei também uma andorinha?: sobre as condições de inserção e permanência de jovens em assentamentos rurais. In: SEVERI, F. C.; ANDRADE JR., J. R. P de; SILVA, A. P. S. da. (Org.). *O agrário e o ambiental no século XXI*. Curitiba: CRV, 2013. p.97-120.

SIMONETTI, M. C. L. *A longa caminhada:* a (re)construção do território camponês em Promissão. São Paulo, 1999. Tese (Doutorado em Geografia) – Faculdade de Filosofia, Letras, Ciências e História, Universidade de São Paulo.

______. *Assentamentos rurais e cidadania*: a construção de novos espaços de vida. Marília: Laboratório Editorial, 2011.

______. Territorialidades em tensão: movimentos sociais, agronegócio e políticas de reforma agrária no Brasil entre 1985 a 2010. In: CORSI, F. L. et al. (Orgs.). *Economia e sociedade*: o Brasil e a América Latina na conjuntura de crise do capitalismo global. Marília: Oficina Universitária; São Paulo: Cultura Acadêmica, 2014.

TAVARES DOS SANTOS, J. V. *Os colonos do vinho*. São Paulo: Hucitec, 1978.

THÉVENOT, L. Une Jeunesse difficile. Les fonctions sociales du flou et de la rigueur dans les classements.*Actes de la Recherche en Sciences Sociales*, n.26-27, mar.- abr.1979, p.3-18.

WANDERLEY, M. de N. B. Jovens rurais de pequenos municípios de Pernambuco: que sonhos para o futuro. In: CARNEIRO, M. J.; CASTRO, E. G. (Orgs.). *Juventude rural em perspectiva*. Rio de Janeiro: Mauad X, 2007.

WEISHEIMER, N. *Estudos sobre os jovens rurais do Brasil*: mapeando o debate acadêmico. Brasília: Nead/MDA, 2005.

WOORTMANN, E. *Herdeiros, parentes e compadres*: colonos do Sul e sitiantes do Nordeste. São Paulo: Hucitec, 1995.

______; WOORTMANN, K. *O trabalho da terra*: a lógica e a simbólica da lavoura camponesa. Brasília: Ed. UnB, 1997.

WOORTMANN, K. Com parente não se neguceia: o campesinato como ordem moral. *Anuário Antropológica*, 87. Brasília: Tempo Brasileiro, 1990.

9
A construção do agronegócio cooperativo: análise das relações entre Estado e cooperativas capitalistas no Paraná

Pedro Ivan Christoffoli[1]
Raoni Fernandes Azerêdo[2]

Introdução

O presente artigo busca discutir um aspecto importante da modernização conservadora da agricultura implantado a partir dos anos 1960, qual seja, a constituição no Brasil e em particular no estado do Paraná, de conglomerados capitalistas ligados ao agronegócio cooperativo, induzidos pelas políticas e organismos do Estado, em articulação estreita com o segmento latifundiário e seus aparelhos privados de hegemonia. No caso do Paraná, e de forma diferente do que ocorreu em outros estados brasileiros, a posição hegemônica da burguesia agrária nos aparelhos de Estado possibilitou a constituição de um conglomerado cooperativo de tipo capitalista em

1 Professor da Universidade Federal da Fronteira Sul (UFFS), câmpus Laranjeiras do Sul. Membro do Necoop/UFFS. Coordenador do Grupo de Pesquisa em Cooperativismo Popular, Políticas Públicas e Desenvolvimento Regional. Professor colaborador do Programa de Pós-Graduação em Desenvolvimento Territorial na América Latina e Caribe do Instituto de Políticas Públicas e Relações Internacionais – IPPRI/Unesp.

2 Mestre em Geografia pelo Programa de Pós-Graduação em Desenvolvimento Territorial na América Latina e Caribe do Instituto de Políticas Públicas e Relações Internacionais – IPPRI/Unesp. Membro do Núcleo de Estudos em Cooperação (Necoop/UFFS).

escala inédita no país. O artigo visa investigar essa relação, entender aspectos de sua dinâmica e por que tal fato ocorreu no Paraná e não em outros estados.

O processo de criação de cooperativas agrícolas aconteceu a partir dos anos 1960, enfrentou uma importante crise nos anos 1990 e passou por reestruturação e reemergência das cooperativas agropecuárias, a partir da virada do século, com grande poder político e econômico, articulados com o bloco conservador da burguesia agrária e seu braço político (supra)partidário: a bancada ruralista. No presente trabalho, buscamos avançar no estudo da relação das cooperativas agrícolas paranaenses, organizadas em torno da OCB/Ocepar com o Estado, através da apropriação e transferência de quadros do Estado para as cooperativas e, posteriormente, da constituição de aparelhos ideológicos privados, na proposição de uma agenda hegemônica conservadora para o campo paranaense.

Procuramos nos aproximar dos mecanismos pelos quais o Estado, em articulação estreita com a bancada ruralista, a burguesia agrária e a tecnocracia incrustada nas cooperativas, mediou e direcionou a construção de uma agenda favorável de políticas públicas que impulsionaram o que se tornou o agronegócio cooperativo no Paraná. O artigo faz parte de reflexão originada nos marcos de pesquisa do mestrado[3] em Geografia (Desenvolvimento Territorial na América Latina e Caribe) do IPPRI/Unesp, em conjunto com o Núcleo de Estudos em Cooperação (Necoop) da Universidade Federal da Fronteira Sul (UFFS).

O papel do Estado e dos aparelhos hegemônicos na modernização da agricultura no Paraná

Para compreender melhor esse processo, utilizamo-nos do conceito de aparelhos hegemônicos (AH), de Gramsci, desenvolvido em sua teoria ampliada do Estado. Gramsci analisa que o Estado,

3 Ver Azerêdo, 2016.

para cumprir sua função de dominação de classe, não pode ser reduzido aos aparelhos estatais repressivos, mas inclui instituições da sociedade civil (Gramsci, 1999; Jessop, 2009; Costa, 2012). Para ele, existe uma relação

> entre a *sociedade política*, entendida como o conjunto dos aparelhos estatais de coerção (os mecanismos pelos quais a classe dominante impõe sua dominação, por deter o monopólio da força, tais como o aparato burocrático executivo e as forças da repressão policial e militar) e a *sociedade civil*, formada pelos aparelhos privados de hegemonia (os organismos sociais responsáveis pela formulação e circulação das diferentes ideologias, tais como os partidos políticos, os sindicatos, a Igreja, as escolas, os meios de comunicação de massa etc.). (Costa, 2012, p.1)

Já Poulantzas, segundo Jessop, analisa que o Estado capitalista executaria

> duas funções complementares, porém contrastantes. Primeiro, deve impedir qualquer organização política das classes dominadas que possa dar fim a seu isolamento econômico e/ou a sua fragmentação social, permitindo que elas lutem como uma força unida. E, segundo, deve agir sobre as classes ou frações de classe dominantes para cancelar seu isolamento econômico e assegurar a unidade do bloco no poder e sua hegemonia sobre as classes dominadas. Isso ocorre sob a liderança de uma classe específica que consegue apresentar seus interesses políticos gerais como aqueles do povo-nação como um todo. Esse processo envolve uma negociação de interesses contínua e conflituosa em um "equilíbrio instável de forças" (citando Gramsci) e requer concessões materiais reais (embora limitadas) aos interesses "econômico-corporativos" das classes subordinadas. (Jessop, 2012, p.13)

No Brasil, o Estado teve um papel essencial no processo de modernização e estruturação da forma específica de produção capitalista na agricultura, de um lado ancorado em aparelhos repressivos que deram cabo das experiências organizativas autônomas dos trabalhadores (casos, por exemplo, da revolta do Sudoeste e de Porecatu) e, de outro lado, alavancada por generosas políticas públicas e subsídios ao crédito. Delgado (1985) mostra que o Estado foi o principal financiador e planejador do processo de modernização e expansão territorial da agricultura brasileira entre o pós-guerra e meados da década de 1980. O autor identifica algumas etapas nesse processo.

O período de 1930 a 1965 é o de "gênese da política agrícola" ainda dominada pelo financiamento por produtos e a presença de institutos e órgãos de estímulo às diversas cadeias em formação. A etapa de 1965-1985, da modernização da agricultura e expansão das fronteiras agrícolas, buscou fundamentalmente modernizar, diversificar e expandir a agricultura brasileira, inspirada na política de substituição de importações. É também onde se estrutura a dominação do capital financeiro sobre a agricultura. A etapa seguinte se caracterizaria pela transição da política agrícola estatal para a regulação privada, iniciando-se em meados da década de 1980, caracterizando-se pela menor intervenção direta do Estado e a crescente participação das empresas (*tradings*, agroindústrias, indústrias de insumos e maquinário agrícola) e de agentes financeiros no fornecimento do crédito e regulação da política agrícola (Delgado, 1985).

De acordo com Fajardo (2008), no Paraná as condições foram muito favoráveis à modernização, indo de encontro à segunda etapa descrita anteriormente, pois a economia estava interligada ao mercado nacional,[4] havia disponibilidade de terras excelentes e existia um nível razoável de acumulação entre os produtores de café.[5]

---

4 O governo estadual, através do Banco de Desenvolvimento do Paraná (Badep), criado para promover seu projeto de desenvolvimento, e, principalmente através da renda gerada pelo setor cafeeiro no estado, já havia investido muito na implantação dessa infraestrutura básica para o recebimento da indústria na década de 1960 (Denker, 2009, p.39).

5 Mesmo quando o café representava seu principal produto, juntamente com ele se cultivava o milho, o arroz, o feijão e muitas outras culturas (Denker, 2009, p.37).

Em paralelo, políticas de Estado e ações da sociedade civil levaram à constituição de um segmento cooperativo como parte da estrutura das classes dominantes no Paraná, que o tornou economicamente pujante e politicamente muito articulado com o setor latifundiário, as empresas transnacionais, e envolvendo as pequenas e médias unidades produtivas agrícolas modernizadas, subordinadas ao capital financeiro, em um sistema de exploração voltado à produção e apropriação de mais-valia na agricultura brasileira em geral e na paranaense em particular.

Apoiados em linhas gerais nesse aporte teórico, analisaremos na sequência alguns AH importantes na trajetória recente da modernização da agricultura no Paraná, passando pela Acarpa (mais tarde convertida em Emater) e enfatizando o principal aparelho privado de hegemonia que influenciou diretamente nos rumos que o cooperativismo seguiria no Brasil, e particularmente no Paraná: o sistema OCB/Ocepar.

O caso da extensão rural – Acarpa

A história da extensão rural pública no Paraná iniciou-se em 20 de dezembro de 1956, com um acordo firmado entre o governo do Estado do Paraná e o governo norte-americano, para implantação de um programa de Extensão Rural e Economia Doméstica (Sepulcri; Paula, 2005).

O sistema Abcar[6]/Embrater foi orientado no modelo difusionista inovador, tendo seus princípios definidos na perspectiva de mudança da estrutura pela difusão e adoção de novas técnicas, ou

6 A Abcar, Associação Brasileira de Crédito e Assistência Rural, foi criada em 1956 e congregava as seções estaduais responsáveis pelo processo de modernização do meio rural em uma perspectiva de integração ao mercado de insumos e do capital financeiro. Tratava-se de uma parceria público-privada de caráter internacional (Grupo Rockefeller/governos estaduais e federal), visando implantar o que futuramente viria a se denominar de Revolução Verde no campo. No Paraná, a Acarpa, criada em 1959, fazia parte dessa rede.

seja, um modelo totalmente tecnicista, tendo suas bases assentadas na teoria da modernização (Oliveira, 2013).

Sepulcri e Paula (2005, p.22) ressaltam que um dos aspectos centrais desse serviço foi a seleção e a capacitação do quadro técnico, onde,

> antes de serem contratados, passavam por uma rigorosa seleção e, depois, recebiam um treinamento denominado "Pré-Serviço", com a duração de sessenta a noventa dias. O treinamento era carregado de conteúdo doutrinário-filosófico, acompanhado de técnicas de comunicação e metodologia de convencimento[7] dos agricultores. Para nós, esse treinamento deixava claro, de um lado, o papel dos extensionistas como veiculadores da adoção das técnicas/tecnologias da Revolução Verde, e, de outro, o inculcamento e a construção do consenso ativo em torno desse projeto junto a agricultores e à sociedade em geral.
>
> O diagnóstico, o planejamento das atividades e as alternativas propostas para a solução dos problemas diagnosticados eram definidos basicamente pelos extensionistas, portanto de forma verticalizada. O difusionismo produtivista norteou a ação dos extensionistas para introduzir práticas modernas na agricultura brasileira. O carro-chefe desse processo foi a introdução dos pacotes tecnológicos recheados dos insumos industrializados, máquinas, equipamentos, agrotóxicos, fertilizantes e outros, que trouxe mudanças radicais. Nessa fase, a extensão rural se distanciou do processo educativo e funcionou como instrumento indutor do homem rural na dinâmica da economia de mercado. (Sepulcri; Paula, 2005, p.4)

Para desenvolver o trabalho de extensão rural foi criada, em 4 de dezembro de 1959, a Associação de Crédito e Assistência Rural do Paraná (Acarpa), que tinha como objetivo "executar um programa

7 Alguns materiais de treinamento dos agentes de extensão empregavam o termo "adestramento" dos agricultores, percebidos então, muitas vezes, como Jeca Tatu, caricatura racista/depreciativa dos agricultores, criada pelo escritor Monteiro Lobato, que defendia a modernização do campo (Santos, 2012).

de assistência técnico-educativa que permitisse o aumento racional da produção agropecuária e a melhoria das condições socioeconômicas da população rural do Estado do Paraná" (Emater, 1981 apud Sepulcri; Paula, 2005). O primeiro objetivo foi alcançado, já o segundo, não, visto o massivo êxodo rural a que a população paranaense teve de se submeter.[8]

Em 1974, no processo amplo de uma reforma administrativa,[9] a Acarpa foi estatizada, tornando-se oficialmente uma empresa vinculada à Secretaria de Estado da Agricultura. Já em dezembro de 1977 o poder Legislativo do estado do Paraná autorizou o Poder Executivo a criar a Empresa Paranaense de Assistência Técnica e Extensão Rural (Emater-PR), instituída pelo decreto n. 5.548, de 11 set. 1978, o qual veio a substituir a Acarpa.

Destaca-se que as estratégias de fomento ao associativismo e cooperativismo foram diretrizes da extensão rural desde seu início, pois constavam do Plano Quinquenal da Abcar, que tinha por objetivo "o desenvolvimento do associativismo e do cooperativismo rural mediante o apoio e o estímulo à criação de associações, cooperativas e entidades de classe e a dinamização das já existentes" (Abcar, 1962, p.4 apud Sepulcri; Paula, 2005). Os autores enfatizam que a atuação da Emater nesses segmentos foi direcionada para apoiar o crescimento da agricultura, com a contribuição de vários programas, entre eles o Programa de Administração Rural.[10]

---

8 Em 1960 a taxa de urbanização no Paraná era de 30,75% e evoluiu para 77,88% em 1996, com o grande salto ocorrendo nos anos 1970. O Paraná foi o estado da região Sul onde o processo foi mais extremado: assim como teve as maiores taxas de crescimento urbano e rural nos anos 1960, apresentou as maiores perdas na população rural nos anos 1970, com taxas que revelam um estado expulsor de população. Fonte: Ipardes (1997).

9 Diante da falta de apoio financeiro federal aos serviços do Ater e da ausência de uma política pública nacional para o setor, alguns estados da federação reestruturaram os serviços, dando-lhes diversas formas institucionais e criando novos mecanismos de financiamento e operacionalização das empresas oficiais, além de apoiarem outras entidades emergentes. No caso do Paraná, o Estado assumiu os custos da Emater-PR.

10 Criado em 1975, deu suporte à agricultura empresarial, buscando a racionalização do uso dos fatores de produção na busca da eficiência produtiva e

A Extensão Rural também desenvolveu ações junto às comunidades escolares, visando fortalecer o cooperativismo. Ainda na década de 1950 foram realizados cursos para professores das escolas rurais, criados os Clubes 4-S Escolares e os Clubes Agrícolas Escolares e, na década de 1970, a partir de um amplo movimento de reestruturação do cooperativismo no estado, uma resolução da Secretaria de Agricultura incorporou o Programa de Cooperativismo Escolar às atividades da Emater-PR/Acarpa (Emater, 2006 apud Capistrano; Clock, 2011, p.3).

A partir desse momento, a Emater/PR e sua instituição congênere de pesquisa, a Embrapa,[11] articuladas com instrumentos metodológicos difusionistas e turbinadas pelo crédito rural subsidiado, passam a ser os principais instrumentos do governo para modernizar a agricultura.[12] Essa estratégia valeu tanto para as unidades produtivas parcelárias como para implantar estruturas e organizações de apoio à produção e comercialização dos produtos agrícolas, como foi o caso das cooperativas.

---

financeira, tendo como lema em sua campanha "Quem não sabe quanto gasta não sabe quanto ganha".

11 Empresa Brasileira de Pesquisa Agropecuária, criada em abril de 1973, privilegiou a geração de pacotes tecnológicos que induzissem ao uso intensivo de insumos modernos, coerentemente aos interesses dos grupos agroindustriais que levaram à sua fundação. Os pacotes seriam difundidos pela Extensão Rural em uma correia de transmissão da ideologia dominante capitalista (Mendonça, 2011). No caso do PR o governo estadual criou em 1972 o Instituto Agronômico do Paraná (IAPAR) para desenvolver pesquisas de interesse local.

12 O regime militar alocou grandes somas de recursos financeiros, a juros baixos, para capitalizar os grandes proprietários, possibilitando investimentos pesados em máquinas e insumos modernos (sementes, fertilizantes, inseticidas etc.). Na verdade, esse "pacote tecnológico" da Revolução Verde foi implantado através de crédito subsidiado, associado com as ofertas de assistência técnica, recursos públicos para a pesquisa e preparação de profissionais especializados (ensino universitário ou técnico) (Sauer; Tubino, 2007, p.4).

A constituição dos aparelhos privados de hegemonia do cooperativismo (OCB)

De acordo com Mendonça (2005), as cooperativas no Brasil foram as formas prioritárias de organização produtiva no espaço agrário para a adaptação da agricultura aos interesses do capital. O cooperativismo[13] originalmente surge como reação dos trabalhadores ao processo de exploração e exclusão provocado pelo capitalismo em sua fase inicial, tem ao longo da história sua criatividade técnica, combativa e organizativa autônoma dos trabalhadores, sendo gradativamente apropriado e adaptado às necessidades de expansão do capital.

> Somente após 1930 surgiriam as primeiras legislações específicas, no país, que traduziriam as disputas em torno da matéria. Enquanto até esse momento o cooperativismo não transcendera o estatuto de projeto político, doravante ele adquiriria o *status* de prática governamental, implementada com base em uma tendência centralizadora e nacionalizante. [...] As leis altenar-se-iam, umas revogando as outras, até o expurgo definitivo, em 1938, do sindicalismo-cooperativista, de feição eleitoreira. (Mendonça, 2010, p.132)

Serra (2013) ressalta que as cooperativas pioneiras no Brasil se constituíam para garantir o suprimento de gêneros de primeira necessidade a baixos custos (cooperativas de consumo) e de defesa dos pequenos produtores para enfrentar a ação dos intermediários na comercialização dos excedentes de safras (cooperativas agrícolas). O autor destaca que, nessa fase inicial, as cooperativas não seguiam os princípios do cooperativismo de Rochdale (que norteavam o sistema em escala mundial), tendo seu surgimento a partir da iniciativa de pequenos grupos sociais que tinham como meta resolver seus próprios problemas de imediato.

Mendonça (2010) observa que as primeiras cooperativas brasileiras foram marcadas por profundas divergências, oriundas de

13 Ver Faria (2011).

pouca clareza com que lidavam com a diferença entre os termos "sociedades comerciais" e "sociedades cooperativas".

Serra (2013) menciona que a relação das cooperativas com o Estado se acentua a partir da crise de 1930,[14] quando, com o intuito de estimular a constituição e o funcionamento de cooperativas agrícolas, foi promulgado em 1932 o decreto[15] n. 22.239. Nesse momento, o Estado não só passou a regular a constituição de cooperativas, como também passou a incentivar sua expansão, criando condições para um conjunto de práticas voltadas à cooperativização agrícola nacional e marcadas pela progressiva centralização e ingerência estatal.

Em linhas gerais, para o autor, o sucesso do modelo de desenvolvimento econômico dependia da modernização tecnológica da agricultura e do desenvolvimento de uma agricultura de exportação capaz de gerar divisas econômicas, satisfazer o abastecimento do mercado interno e fazer, da agricultura e dos agricultores, consumidores de produtos industrializados, "metas que passaram a depender de uma nova postura, muito mais eficiente sob o ponto de vista empresarial".

Nesse contexto de investimentos massivos no setor industrial, as cooperativas "tornam-se mais dependentes do Estado do que antes", na medida em que há uma enorme injeção de recursos nas cooperativas, "viabilizando sua transformação em grandes empresas

14 Com a crise econômica que levou ao aniquilamento do comércio mundial e à derrocada da oligarquia agrária cafeicultora brasileira, o país redirecionou seu modelo de desenvolvimento econômico no sentido de substituir a importação de bens duráveis pela industrialização. Nesse contexto, o café, que era até então o principal produto de exportação do Brasil, ficou sem mercado, o que levou à participação do Estado na formação e desenvolvimento das cooperativas agrícolas no Brasil como complementos à política de substituição de importações voltadas a organizar o sistema de produção agrícola (Serra, 2013, p.15).

15 O decreto governamental procurava, através das cooperativas, de um lado organizar o setor cafeeiro diante da crise do mercado externo e, de outro lado, atribuir à agricultura a função de produzir alimentos para o mercado interno, barateando com o aumento da produção os custos da força de trabalho do setor industrial e urbano em expansão (Serra, 2013, p.16).

agroindustriais, mas em troca passa a exercer maior controle sobre elas" (Serra, 2013, p.18).

Hespanhol (1990) registra o fato de que o governo federal, por meio do Banco Nacional de Crédito Cooperativo (BNCC), e o governo estadual paranaense, por meio do Banco de Desenvolvimento do Paraná (Badep), estimularam a formação de novas cooperativas, concedendo financiamentos de longo prazo com taxas de juros inferiores à inflação para instalação de infraestrutura como silos graneleiros e armazéns. Além disso, o crédito subsidiado foi direcionado também aos agricultores, para fomentar a adoção do pacote tecnológico.

Entretanto, desde seu surgimento no Brasil, as cooperativas não contavam com entidades representativas que as abarcassem, dotando-as da coesão necessária à defesa de seus interesses e à inscrição de seus porta-vozes na sociedade política. A partir de 1930, em face do controle do cooperativismo pelo Estado e da centralização do regime militar nos anos 1960, o movimento enfrentaria sérias crises, uma vez que, nesse processo, passariam a existir duas entidades nacionais de representação: a Aliança Brasileira de Cooperativas (Abcoop) e a União Nacional das Associações Cooperativas (Unasco), o que manteria o movimento fragilizado até fins da década de 1960 (Mendonça, 2010, p.183).

Nesse contexto, irá surgir um aparelho privado de hegemonia criado pela ditadura militar brasileira: a Organização das Cooperativas Brasileiras – OCB, conduzido dentro do gabinete do ministro da Agricultura, que procurava superar a crise dessa representação até então, tornando-se assim representante único do cooperativismo,[16] de forma impositiva, com a lei n. 5.764/1971.

Em síntese, entendemos que o Estado ditatorial brasileiro tinha por objetivo, de acordo com as metas dos planos econômicos, a necessidade da colaboração dos produtores. Foi esse o alvo das políticas de cooperativismo e, concomitantemente, neutralizar os conflitos sociais no campo, criando uma classe média rural consumidora

16 Ver Silva (2006); Mendonça (2010).

de produtos industrializados, dinamizadora do mercado interno brasileiro. Adicionalmente, o cooperativismo visava também suprir uma lacuna existente no meio rural de então, qual seja, a inexistência de estruturas privadas de recepção e beneficiamento da produção agrícola.

Durante o período do "milagre brasileiro", nos anos 1970, o governo investiu pesado na modernização da agricultura e, ao mesmo tempo em que os agricultores eram beneficiados com empréstimos altamente favorecidos para custear a transformação de suas áreas de cultivo, as cooperativas também eram contempladas com linhas especiais de crédito. Foi com essas linhas de crédito que elas conseguiram se equipar com sistemas de armazenagem a granel para a estocagem da soja, do trigo e do milho, principais produtos que passaram a ser cultivados nos estados do Sul e do Sudeste, os primeiros a aderir ao novo modelo agrícola. Da mesma forma, foi com recursos subsidiados que as cooperativas se equipararam com as indústrias de transformação que lhes garantiram lugar de destaque a jusante do Complexo Agroindustrial, como beneficiadoras das matérias-primas entregues pelos agricultores associados (Serra, 2013, p.19).

É sob a órbita capitalista e em estreita afinidade com o Estado e com sua função subordinada ao modelo capitalista no país que o aporte teórico de Mendonça (2010, 2011) enfatiza que, no interior da OCB, a agricultura sempre foi o setor mais expressivo, refletindo na composição de seus quadros gestores, sendo majoritariamente formados por proprietários e empresários rurais.[17] É nessa relação que a OCB e outras organizações de representação das classes dominantes agrárias se "tornaram os porta-vozes autênticos das agremiações patronais", o que foi aplicado na implementação de políticas públicas e na difusão de sua ideologia.

Para atingir tais objetivos, os quadros gestores da OCB, de acordo com a autora, adotaram três estratégias discursivas:[18] 1) difundir a

---

17 Com maiores detalhes sobre o perfil e trajetória dos diretores da OCB entre 1978/1993, ver Mendonça (2010 – anexos 8 e 9).

18 No que tange às demandas específicas do setor cooperativista, três pontos merecem destaque, pela recorrência com que eram enunciados nos periódicos

suposta associação existente entre cooperativismo, democracia e igualitarismo; 2) difundir uma imagem do cooperativismo como projeto não capitalista e não voltado ao lucro, e 3) salientar que a distribuição dos ganhos entre os cooperados se dava segundo o trabalho, e não o capital investido. O que obviamente é uma falácia, visto que os grandes proprietários de terras movimentam volumes muito maiores de insumos, produção e capital nas cooperativas do que os pequenos, configurando uma distribuição desigual dos resultados, que são proporcionais à movimentação na cooperativa.

Para os representantes da OCB, as "vantagens do cooperativismo" eram as seguintes: 1) Tecnicamente, ele permite ao produtor obter condições para o uso de tecnologias e o apoio governamental; 2) Economicamente, ele permite alcançar uma escala que, isoladamente, não teria; 3) Politicamente, ele permite que um homem corresponda a um voto, a regra de ouro da participação democrática; 4) Socialmente, ele propicia a distribuição das sobras, segundo o trabalho e não o capital, fazendo com que os produtores participem mais da geração de riqueza (*Informativo OCB*, nov.-dez. 1983, p.5 apud Mendonça, 2011).

Tais concepções ideológicas legitimariam as lideranças da OCB a cultivarem e reproduzirem sua permanente associação a valores "humanitários" e "democráticos" tidos por capazes de transformá-la em nova força política com ampla aceitação social. Esse cooperativismo como equivalente de democracia e igualitarismo foi, de acordo com a autora, essencial para a legitimidade da OCB perante as agremiações patronais da agricultura e mesmo à sociedade civil como um todo, sobretudo na afirmação política.[19] Tal reconhecimento

---

da agremiação: a busca da autogestão; a demanda por crescentes suprimentos de crédito subsidiado e, por fim, o desenvolvimento de tecnologia agropecuária (Mendonça, 2011).

19 A OCB afirmar-se-ia como nova força hegemônica, tendo destaque maior com a criação de entidades pan-agremiativas, como a Frente Ampla da Agropecuária Brasileira (Faab) em 1986, ou a Associação Brasileira de Agribusiness, em 1993 (Mendonça, 2010, p.186). Além da Frente Parlamentar Cooperativista (FPC) criada em 1981, que congregaria parlamentares portadores de algum vínculo com o cooperativismo, destaca-se que em 1983 a FPC já contava com

reverteria na nomeação de lideranças cooperativistas para inúmeros cargos no Ministério da Agricultura, como por exemplo:

> Ruben Ilgenftiz da Silva, ex-presidente da Cooperativa Agropecuária e Agroindustrial (antiga Cooperativa Regional Tritícola Serrana) – COTRIJUÍ, designado para a secretaria geral do Ministério; Dejandir Dalpasquale, indicado para a presidência do Banco Nacional de Crédito Cooperatvo (BNCC); Ignácio Mammana Neto, nomeado presidente da Companhia de Financiamento da Produção; Athos Almeida Lopes, indicado presidente da Empresa Brasileira de Assistência Técnica e Extensão Rural (Embrater); em agosto de 1991, um dos diretores da OCB, Adelar Cunha, ex-presidente da Organização das Cooperativas do Estado do Rio Grande do Sul, seria nomeado superintendente do Incra. (Mendonça, 2010, p.198)

Para Pinto (2010), assim como para Mendonça (2010), a consolidação da OCB como nova força hegemônica do patronato rural brasileiro se consolida em meados da década de 1990, quando surge, da proposição de seus dirigentes, uma nova entidade "que viria a constituir-se, ao menos em teoria, em articuladora de todas as demais – a Associação Brasileira de Agribusiness (Abag)", tendo como seu primeiro presidente Ney Bittencourt de Araújo, ex-diretor da OCB e presidente da Agroceres (empresa produtora de sementes, depois vendida à Monsanto).

No entanto, a sedimentação do cooperativismo empresarial (leia-se cooperativismo tipicamente capitalista no campo) seria alcançada quando Roberto Rodrigues assumiu a Pasta da Agricultura em 2003, no primeiro governo Lula. A partir da virada do século XXI, esse importante bloco do poder ditava novas políticas públicas para as cooperativas agrícolas.

---

oitenta parlamentares, todos comprometidos com a causa e coordenados pelo senador Martins Filho, presidente da Comissão de Agricultura da casa (*Jornal do Cooperativismo*, jul.-ago.,1982, p.20 apud Mendonça, 2010).

O que nos falta explicitar então é como se construiu a hegemonia da burguesia agrária no interior dos aparelhos hegemônicos ligados ao setor agrícola, como a Ocepar e a Acarpa.[20]

O desenvolvimento do cooperativismo capitalista agrícola no Paraná

No Paraná, o cooperativismo tipicamente capitalista propagado pelo discurso e ações concebidas pela OCB se desenvolveu de maneira acentuada concomitantemente com o processo de modernização da agricultura, do qual as cooperativas foram um dos principais atores. Em linhas gerais, até meados de 1960,[21] embora algumas cooperativas de imigrantes já apresentassem certa solidez, "muitas pequenas cooperativas eram incipientes, atuando em áreas comuns com outras, formando um ambiente de competição hostil" (Setti, 2006, p.69 apud Ricken, 2009).

> Na fase inicial das cooperativas paranaenses, se destacam os setores de consumo e crédito como motivadores das iniciativas populares. No embalo da iniciativa popular, e motivados pelos resultados que eram alcançados, classes empresariais também aderem ao cooperativismo, desta feita como mecanismo de, via cooperativa, resolverem problemas de mercado para seus produtos. O mesmo caminho e com os mesmos objetivos passa a ser trilhado

20 A relação das cooperativas com as instituições de formação de quadros técnicos (colégios e universidades) e pesquisa tecnológica (Embrapa e Iapar) não serão, por motivos de espaço, motivo de análise no presente artigo.

21 No início, antes dos projetos integrados de cooperativismo, as cooperativas foram surgindo de forma desordenada em várias regiões do Estado, sem planejamento e apoio institucional. Exceto as cooperativas inseridas nas colônias de imigrantes (holandesas, japonesas e alemãs), que foram bem-sucedidas, a maioria não apresentava êxito, deixando de existir em função da falta de viabilidade econômica, por conflitos internos ou pela ausência de assistência técnica e creditícia adequadas aos seus projetos (Ricken, 2009, p.3).

> tempos depois pelos produtores de mate e em seguida pelos produtores de café, sendo que nesses casos a presença do Estado torna-se muito mais consistente. (Serra, 2013, p.23)

No terceiro encontro de dirigentes cooperativistas, em abril de 1971, é constituída a Organização das Cooperativas do Estado do Paraná (Ocepar),[22] tendo por objetivos: a) realizar estudos, diretamente ou em colaboração com terceiros, e propor soluções para problemas ligados com o desenvolvimento da estrutura organizacional e funcional das cooperativas; b) promover a divulgação do sistema cooperativista, fomentando a criação, racionalizada, de sociedades cooperativas em suas várias modalidades e categorias. De acordo com Setti (2011), o momento de reestruturação do cooperativismo paranaense coincidiu com a expansão da fronteira agrícola no Paraná e com o crescimento da importância econômica da soja.[23]

Contagiada pela euforia, a Organização das Cooperativas Brasileiras (OCB) publicou que as cooperativas estavam vivenciando um novo *boom*, e justificou:

> a expansão do cultivo da soja foi a salvação e o fortalecimento para o movimento cooperativista paranaense que estava em formação desde a década de 1950, com a cafeicultura, mas que durante a década de 1960 começou a desagregar-se, porquanto a cafeicultura – com o isolamento dos agricultores e falta de conscientização para métodos de comercialização mais racionais – não vinha sendo base sólida para sua sustentação. (OCB, 2012, p.29 apud Serra, 2013)

---

22 Para Koslovski, nesse período o Paraná conseguiu aglutinar todo o processo de discussão sobre o futuro do cooperativismo paranaense na Ocepar, e isso ajudou muito no planejamento, enquanto em outros Estados criavam-se muitas entidades diferentes.

23 A soja, que começou a ser cultivada na região nos anos 1960, mas sem nenhuma expressão econômica, ganha força no início da década de 1970, para exercer domínio completo na economia agrícola regional a partir de 1975 (Serra, 2013, p.30).

Em um esforço de ordenar e dirigir o crescimento do setor de forma racional e sustentada, o estado paranaense orientou, em 1971, amparado nos estudos realizados pelo Instituto Nacional de Colonização e Reforma Agrária (Incra),[24] a constituição dos Projetos Integrados de Cooperativismo, em uma parceria envolvendo órgãos como o próprio Incra, o Departamento de Assistência ao Cooperativismo (DAC) e a Acarpa, com o apoio do Banco do Brasil, Banco Regional de Desenvolvimento (BRDE), Banco Nacional de Crédito Cooperativo (BNCC) e Companhia de Financiamento e Produção (CFP) para a implantação dos projetos de integração em uma ação coordenada para o desenvolvimento do cooperativismo no Paraná (Fajardo, 2006).

Nesse contexto, o estado e seus AH iniciaram a implantação de projetos que efetivamente serviram como marcos orientadores para a expansão das cooperativas paranaenses, delimitando suas áreas de atuação, e sobretudo estruturando a forma de atuação das cooperativas que propiciassem maior integração/intercooperação, culminando assim na divisão do Paraná em três grandes áreas, cada uma relativa a um projeto.[25]

A partir de 1972, com a coordenação do Cofep – Conselho de Coordenação e Fomento ao Cooperativismo no Paraná –, foram desenvolvidos os PICs – Projetos de Integração de Cooperativismo, inicialmente implantados nas regiões Oeste e Sudoeste, com a denominação de PIC – Projeto Iguaçu de Cooperativismo, na sequência o Norcoop – Projeto Norte de Cooperativismo, implantado nas

24 Ainda no final da década de 1960, o Incra, a Secretaria da Agricultura e a Emater iniciaram um trabalho conjunto de pesquisa que resultaria no planejamento e na reorganização do sistema cooperativista do Paraná. Nesse mesmo período, "tem início o programa de cooperação econômica entre o Departamento de Agricultura dos Estados Unidos e o governo brasileiro, que foi designado para dar orientação e assistência técnica às cooperativas do Paraná, Santa Catarina e Rio Grande do Sul". Esse estudo foi conduzido por Wilson Thiesen (presidente da Ocepar de 1987 a 1990, vice-presidente da OCB nas gestões 1988-1991, presidente da OCB em 1991-1993) (Ricken, 2009, p.47).

25 No período da realização desse plano na década de 1970, o Paraná contava com 47 cooperativas agropecuárias, das quais 12 pertenciam ao Projeto PIC, 20 ao Norcoop e 15 ao Sulcoop (Andrade, 2013, p.162).

regiões Norte e Noroeste, em 1974 e, finalmente, o Sulcoop – Projeto Centro-Sul de Cooperativismo, em 1976, envolvendo as cooperativas das regiões do centro, leste e sul do Paraná (Ricken, 2009, p.4).

Esse modelo de integração econômica do sistema cooperativo paranaense foi um fator decisivo para seu crescimento em longo prazo. O projeto tinha por objetivo legitimar um modelo de organização que se iniciava com a delimitação das áreas de responsabilidade das cooperativas e tinha por meta ocupar as áreas disponíveis à produção agropecuária. Coube, na sequência dos PICs,

> às cooperativas locais a responsabilidade pelos serviços de apoio à produção e pela instalação da infraestrutura de recepção e armazenamento da produção. Já a comercialização, a industrialização e a exportação seriam realizadas por cooperativas centrais, instaladas em cada região, conforme definido nos projetos integrados de cooperativismo. (Ricken, 2009, p.4)

O acordo feito entre as cooperativas, que estabeleceu as áreas de ação, possibilitou a organização sistêmica do cooperativismo no setor agropecuário no estado. Direcionou ações doutrinárias e filosóficas, organizou-o econômica e tecnicamente, e permitiu que instituições oficiais e privadas falassem a mesma linguagem. Isso possibilitou o surgimento de programas específicos de apoio à estruturação do cooperativismo no Paraná. Talvez esse tenha sido o diferencial do cooperativismo paranaense em relação a outros estados, e que possibilitou o crescimento sustentado até hoje (Koslovski, 2009 apud Ricken, 2009, p.4).

De acordo com Ricken (2009), é nítido que os PICs influenciaram diretamente na estruturação/consolidação do cooperativismo atual no Paraná. Vale salientar que desde 1991 essas regiões da integração do cooperativismo receberam, após aprovação dos dirigentes da Ocepar, um novo formato.[26]

---

26 Com a finalidade de descentralização, participações mais amplas e integração de um maior número de lideranças cooperativistas nas discussões sobre temas

Ressalta-se, nesse processo de maturação do cooperativismo agrícola no Paraná, a extrema importância da Acarpa e de seus quadros técnicos/gestores,[27] na medida em que tiveram participação essencial na organização de várias cooperativas, sendo peça fundamental na expansão e consolidação do que viria a ser o cooperativismo atual. Para fins de melhor elucidação, em 1966 havia oito cooperativas agropecuárias no Paraná; em 1980, já eram 41 cooperativas com 70 mil associados. É importante saber que a Acarpa/Emater teve um papel central no estímulo à criação dessas cooperativas, na medida em que "passou ela mesma por um crescimento vertiginoso, atingindo todos os municípios do estado do Paraná, sendo a única instituição de governo com tal capilaridade" (Sepulcri; Paula, 2005, p.21).

João Paulo Koslovski, ex-extensionista da Acarpa e presidente há dezoito anos da Ocepar, descreve[28] em linhas gerais o processo que torna o Paraná uma referência do cooperativismo empresarial no Brasil. Para o dirigente, o início se deu no projeto de integração cooperativista nos anos 1970; no momento seguinte, a partir de 1983, tem-se um investimento muito forte em armazenagem, por meio do BRDE, com recursos do BNDES; na assistência técnica pela antiga Acarpa e na concessão de crédito rural orientado etc. Outra etapa

---

do interesse comum do sistema, a Ocepar criou os Núcleos Regionais Cooperativistas. Para tanto, o Estado foi dividido em cinco núcleos, de acordo com a localização geográfica, área de ação e vocação das cooperativas.

27 Dentre os extensionistas da Acarpa/Emater que se incorporaram às cooperativas constituídas e/ou apoiadas pelos AH, destacam-se: Benjamin Hammerschmidt (ex-coordenador estadual de cooperativismo da Acarpa; ex-presidente da Ocepar; diretor da OCB 1979-1980; ex-vice-presidente da OCB 1980-1982; ex-diretor do Banco Nacional de Crédito Cooperativo – BNCC; ex-presidente da Cooperativa Central Agropecuária – Cocap); Carlos Rodolfo V. Krueguer (ex-Acarpa, homenageado pelas cooperativas como membro construtor da Ocepar); Dúlio José de Paola (ex-Acarpa, homenageado como membro construtor da Ocepar); Silvio Tédeo (homenageado como membro construtor da Ocepar); Jose Aroldo Galassini (ex-Acarpa, atual presidente da Cooperativa Coamo); João Paulo Koslovski (ex-Acarpa; atual presidente da Ocepar); Irineu de Costa Rodrigues (ex-Acarpa, atual presidente da Cooperativa LAR).

28 Ver Staviski (2012).

importante no desenvolvimento do cooperativismo paranaense se deu entre 1984 e 1985, quando começou a etapa da agroindustrialização. Já entre 1993 e 1994, o setor passou por um período de crise, do qual saiu em 1998, graças à injeção de recursos da linha Recoop,[29] do BNDES, o que permitiu a securitização das dívidas, desde que as cooperativas se comprometessem com um processo de profissionalização (leia-se um *aggiornamento* de tipo capitalista).

Esses fatos, segundo o dirigente, fizeram do Paraná o cooperativismo melhor estruturado até hoje, recebendo quase a metade dos recursos disponíveis nessa linha de crédito para todo o país. Apesar de longa, a citação a seguir ilustra a importância da Ocepar,[30] em especial de seu dirigente, o presidente João Paulo Koslovski, que "foi um dos articuladores em defesa do Recoop e Sescoop".

> O congresso nacional teve uma participação muito importante, especialmente os deputados vinculados à Comissão da Agricultura da Câmara Federal e à Frencoop (Frente Parlamentar do Cooperativismo, lançada oficialmente em 10 de dezembro de 1996), que conseguiram mostrar ao governo o caos em que o agricultor estava envolvido, sem poder pagar suas dívidas. O presidente da OCB, Dejandir Pasquale, *incumbiu-me, como vice-presidente da OCB, de coordenar este trabalho pelo sistema* [...]. Nós estivemos, em um ano, 42 vezes em Brasília para acompanhar o Recoop,

---

29 O Recoop teve papel crucial na indução da profissionalização tecnocrática das cooperativas, com base em princípios e critérios capitalistas de avaliação de eficiência. Esse programa é criado como parte da resposta do Estado brasileiro às demandas do setor diante da crise das cooperativas agrícolas nos anos 1990. "A equipe de profissionais da Ocepar orientou 57 cooperativas paranaenses na elaboração das cartas consultas para encaminhamento ao Recoop. E acompanhou a elaboração de 39 projetos de cooperativas visando a adesão ao programa [...]. O programa beneficiou diretamente quarenta cooperativas do Paraná, com um montante aproximado de 456 milhões de reais (Setti, 2011, p.207-14). Para mais informações sobre o Recoop, ver Alves (2003).

30 Posteriormente a Ocepar teve papel importante na concepção do Programa de Desenvolvimento Cooperativo para Agregação de Valor à Produção Agropecuária (Prodecoop) lançado pelo governo federal no fim de 2002 (Setti, 2011; Padilha, 2014).

praticamente toda semana a gente estava lá em reuniões na Casa Civil, no Ministério da Fazenda, na Agricultura e, principalmente, junto aos parlamentares para discutir todos os aspectos, com o objetivo de desenhar o programa [...] Na discussão do Recoop, houve um embasamento sobre a necessidade de treinamentos e capacitação, e melhoria da gestão das cooperativas, o que nos motivou a discutir a formatação de um programa de treinamento que era uma aspiração antiga das cooperativas, porque elas estavam recolhendo sua contribuição para o "Sistema S", mas nós tínhamos uma contrapartida na proporção dos volumes de recursos recolhidos, desenhando-se um programa que mais tarde se chamou Sescoop [...] E, para nossa felicidade, depois de um amplo debate, sempre com a participação da OCB, o governo emitiu uma medida provisória criando o Recoop e Sescoop.[31] Isso foi importante. *O Sescoop foi aprovado com o argumento de que precisamos profissionalizar as cooperativas para melhorar a gestão* [...]. *Eu considero o Sescoop a grande conquista do cooperativismo nos últimos vinte anos* [...]. *Com a conquista do Sescoop, veio a ampliação do nível de profissionalização e, sobretudo, essa visão estratégica para o mercado externo.* (Setti, 2011, p.207-9, grifos nossos)

No Paraná, o processo de profissionalização das cooperativas também merece destaque. Nesse estado, tem desde o início da constituição da Ocepar a criação da Assocep (Associação de Orientação às Cooperativas), iniciativa que surge devido às orientações do assessor da Usaid, Henry H. Gerber. Para que a Assocep iniciasse as atividades de cursos de *trainee* e administração, o Incra disponibilizou 36,2 milhões de reais, no semestre seguinte; a próxima ajuda viria de um convênio[32] com a Fundação Friedrich Naumann

31 Em 4 de setembro de 1998, o presidente da República, Fernando Henrique Cardoso (FHC) assinou o Decreto que regulamentava a medida provisória n. 2.769. Participaram da solenidade várias autoridades do Paraná e líderes cooperativistas.

32 O convênio entre Assocep e fundação terminou em fins de 1977 [...] A fundação carreou ao Paraná, a partir de 1972, a soma aproximada de 11 milhões de cruzeiros (Setti, 2011, p.55).

da Alemanha, "que havia aportado no Brasil procurando formas de desenvolvimento da comunidade dentro de uma visão liberal" (Setti, 2011, p.66).

> Os cursos de *trainee* em gerência de cooperativas realizados pela Assocep ficaram famosos pelo número de profissionais treinados e pela sistemática adotada. Destinados a universitários formados nas áreas de administração, ciências contábeis ou econômicas com interesse em trabalhar em cooperativas, o curso era patrocinado pela Fundação Naumann, mas os candidatos tinham de se comprometer a trabalhar durante 24 meses, prestando serviços remunerados em cooperativas. (Setti, 2011, p.55)

Foi também nesse estado que se iniciaram os comitês educativos em 1968, sendo pioneira a cooperativa Mista Bom Jesus, da Lapa, presidida por Benjamin Hammerschmidt. Os comitês viriam a ser em 1989 "um programa da OCB destinado a promover a formação de lideranças capazes de implementar a integração pretendida, construindo o caminho para a consecução de outra grande meta da agremiação nacional: a autogestão" (OCB, 1989 apud Mendonça, 2010, p.196). Depois, nos anos 1980, foi criado na Ocepar o Departamento de Treinamento, que passou a promover cursos e outros eventos bancados pelas cooperativas.

> Diante do volume e vulto de negócios gerados pelas cooperativas, era imperioso buscar – mormente em uma conjuntura de privatização do Estado e desmantelamento de suas instituições – uma nova feição para o cooperativismo, com a implantação da autogestão, mediante novos quadros técnicos e instrumental moderno. (*Informativo OCB*, jan.1989, p.2 apud Mendonça, 2010, p.196)

Entendemos que a busca do aperfeiçoamento da profissionalização materializada no Sescoop é um fio condutor a ser problematizado, que vai de encontro com o pensamento de Poulantzas (1985), para quem o Estado não só tem uma influência importante na geração de novos conhecimentos na sociedade, mas também no modo pelo qual esse conhecimento é utilizado. No Paraná, tais conhecimentos e as ações da Acarpa/Emater, através de seus profissionais/dirigentes, convertidos em intelectuais orgânicos do cooperativismo nascente, não foram neutros. A ideologia resultante, alinhada com os interesses de classe dos latifundários, de segmentos industriais e financeiros, se materializou em estratégia e ação política do Estado, orquestrando a elaboração de políticas públicas, dentre as quais a própria extensão rural, a pesquisa agropecuária e os programas de governo, em sua maioria direcionados e apropriados pelos segmentos ligados ao cooperativismo empresarial e ao latifúndio.

Já o inculcamento dessa concepção ideológica nos pequenos e médios produtores rurais se dá inicialmente via Acarpa/Emater e posteriormente via serviços privados de assistência técnica, ao lado da ação crescente de aparelhos ideológicos estatais e paraestatais constituídos no período militar ou no início da redemocratização, tendo papel de destaque os Serviços Nacionais de Aprendizagem do Cooperativismo (Sescoop) e Rural (Senar).

A criação do Sescoop e o fortalecimento da tecnocracia no cooperativismo agrícola brasileiro

A OCB teve e tem fundamental importância na criação e gestão do Serviço Nacional de Aprendizagem do Cooperativismo (Sescoop). O Sescoop se constitui a partir da medida provisória n. 1.715, de 3 de setembro de 1998, que também deu origem ao Recoop. O Sescoop, como personalidade jurídica de direito privado, "tem o objetivo de organizar, administrar e executar a formação profissional, desenvolvimento e promoção social das trabalhadoras e trabalhadores em cooperativa e dos cooperados" (art. 7 da MP n. 1.715).

A presidência do conselho de gestão do Sescoop cabe a um representante da OCB, que assegura o controle dos recursos por essa entidade (Faria, 2006; Sauer; Tubino, 2007). Essa estratégia do Sescoop se estende a todas as unidades da federação, ou seja, onde existirem entidades (cooperativas) ligadas à OCB, estas detêm o controle do Sescoop local, assegurando recursos fundamentais para o controle sobre o movimento cooperativista e possibilitando influenciar as ações de Estado.

A arrecadação do Sescoop é realizada pela previdência social no percentual de 2,5% sobre o montante da remuneração paga a todos os empregados das cooperativas (Faria, 2006). Isso se dá inclusive sobre as cooperativas não filiadas à OCB e mesmo àquelas que se opõem frontalmente à sua linha política e seu *modus operandi*.

No Paraná, o Sescoop teve início em 1999, objetivando "assistir as sociedades cooperativas no acompanhamento da administração, na elaboração e execução de programas de capacitação e na realização da aprendizagem, assim como na promoção social dos trabalhadores em cooperativas".

O que chama a atenção no balanço das ações do Sescoop/PR é o desequilíbrio de ações realizadas em prol do "aumento da eficiência competitiva" das cooperativas, em detrimento de ações sociais, visto que o recurso é recolhido pela previdência social e teve em sua criação uma justificativa calcada fortemente no atendimento a questões sociais.

Os dados de 2008 da Ocepar/Sescoop, por exemplo, indicam um desbalanço entre gastos sociais e gastos para aumentar a eficiência empresarial das cooperativas: das 37.286 horas/aula, 29.030 horas (77,8%) foram aplicadas em capacitação profissional, sendo também o aporte financeiro total maior para essa finalidade em relação às ações sociais (gasto total de 7.964.572 reais, sendo 6.296.090 reais ou 79% em capacitação profissional) e também o gasto por participante (promoção social – 48,72 reais; capacitação profissional – 95,35 reais).

Os números demonstrados na atuação do Sescoop/PR tornam nítida uma orientação politica tecnocrático-produtivista, que privilegia uma vertente de capacitação profissional voltada ao aumento da produtividade e da eficiência técnica das cooperativas (empregados, diretores e técnicos especializados), ainda que sua base social (agricultores familiares) venha histórica e sistematicamente sendo reduzida pelas políticas agrícolas e pela expansão do modelo produtivo do agronegócio no campo.

A distorção de objetivos do programa se manifesta também no fato de que apenas as cooperativas ligadas à OCB sejam beneficiárias dos recursos (as cooperativas da reforma agrária por exemplo, são alijadas) do Sescoop. Além disso, o atual modelo do Sescoop não só admite, como privilegia o trabalho subordinado no âmbito das cooperativas, e além disso prevê uma unicidade representativa extremamente antidemocrática e injusta.

As informações apresentadas no Relatório da Comissão Parlamentar Mista de Inquérito, denominada "CPMI da Terra", extraídas do relatório de Ordens Bancárias do Siafi, revelam que a OCB e o Sescoop receberam dos cofres da União juntas, aproximadamente, 200,3 milhões de reais, entre janeiro de 1995 e outubro de 2005 (Sauer; Tubino, 2007). Além disso, a OCB acessa convênios firmados com organismos federais, reduzindo substancialmente o repasse a outras entidades de representação do cooperativismo e da economia solidária dissidentes da OCB.

Baseados nos estudos de Sauer e Tubino (2007) e Faria (2006), sobre a apropriação do Sescoop pela OCB, destacamos três questionamentos que se fazem necessários aprofundar:

1) Entendendo o Sescoop como recurso público (ver, por exemplo, sua arrecadação compulsória via Previdência Social Pública), quais são os critérios de distruibuição desses recursos (inclusive para entidades discordantes da linha oficialista da OCB) e quais as normas que devem reger as prestações de contas do Sescoop?
2) Essa simbiose entre o Sescoop e a OCB,[33] uma entidade que representa a classe agrária patronal, não colocaria em xeque

33 É interessante observar que tal fato ocorre também e mais fortemente com os recursos do Senar, serviço controlado pelo latifúndio e suas entidades representativas. Ocorre que também como recurso público, sua destinação deva ser auditada e democratizada.

os valores e princípios cooperativos e os princípios da administração pública?

3) Até que ponto o Sescoop prepara os trabalhadores para além do trabalho subordinado mediante um estímulo à profissionalização da gestão? Em que medida ele não deveria também ser direcionado para preparar formas de autogestão cooperada, como alternativa ao trabalho subordinado?

Baseamo-nos nos autores mencionados anteriormente, os quais afirmam que o Sescoop tem "por finalidade a formatação do indivíduo para o trabalho subordinado, fato que contraria diretamente a lógica emancipatória do sistema cooperativo e aponta para a fabricação da docilização, e não para a autonomia dos trabalhadores" (Faria, 2006, p.125). Da mesma forma, Sauer e Tubino (2007, p.15) afirmam que

> é preciso democratizar a administração de um recurso público que deveria ser destinado às trabalhadoras e trabalhadores rurais. Não há justificativa político-ideológica que sustente que serviços – de educação e formação profissional – aos mais pobres do campo, tanto trabalhadores rurais como agricultores familiares cooperados, sejam administrados pelas entidades patronais.

Considerações finais

Neste texto, procuramos delinear a importância da OCB como aparelho privado de hegemonia, que através de suas gestões perante o Estado, os fundos e políticas públicas tem conquistado espaços públicos vitais, a exemplos do Recoop e do Sescoop (plataformas em que a importância da Ocepar foi crucial), resultando em aumento das benesses e regalias direcionadas aos grandes proprietários de terras e aos segmentos do capital financeiro e industrial, e levando-a a configurar uma espécie de bloco histórico representado pelo agronegócio, que disputa a hegemonia econômico-política junto às classes sociais subalternas no Brasil.

Destaca-se que, nesse processo dinâmico da modernização da agricultura, as cooperativas agropecuárias que, até o início dos anos 1990 se apropriavam dos serviços públicos de assistência técnica da Acarpa/Emater, com a reconfiguração do papel do Estado imposta pelo capital internacional e o consequente esvaziamento de seu papel em relação à agricultura, colocam a profissionalização de dirigentes e a contratação de técnicos especializados como elementos essenciais para elevar a produtividade do trabalho no campo e a consequente possibilidade de extração da mais-valia, com os pequenos e médios produtores familiares agora modernizados, e de forma ainda mais acentuada com os camponeses expropriados do meio rural.

Tal movimento pode ser confirmado pela evolução do corpo técnico próprio da assistência técnica das cooperativas agropecuárias singulares parananeses, que passa de 407 profissionais (nível médio e superior) em 1978 para 843 em 1997. Verifica-se que em 2001 as cooperativas tinham 928 profissionais atuando na assistência técnica, já no ano de 2007 há um crescimento de 52,3%, saltando para um total de 1.314 profissionais responsáveis diretamente pelo trabalho de assistência técnica de seus cooperados. Destaca-se que as visitas realizadas aos produtores também tiveram aumento significativo de 70,4%. Em 2001 foram 368.092 visitas; em 2007 esse número cresce para 627.110. É possível afirmar que nesse período ocorreu significativa profissionalização do quadro funcional da assistência técnica nas cooperativas: a fins de exemplo, em 2001 houve 602 treinamentos realizados, já em 2007 o número de treinamentos cresceu 165,8%, atingindo 1.600 eventos para a assistência técnica. Em 2015,[34] as cooperativas agropecuárias paranaenses tinham 1.816 profissionais na assistência técnica, sendo 1.457 de nível superior e 359 de nível médio.

34 Ver Zanela et al. (2016).

Entendemos o Sescoop como uma plataforma educativa essencial para garantir as condições produtivas impostas pela competição intercapitalista e pela nova configuração da divisão internacional do trabalho, em que as cooperativas agropecuárias paranaenses têm um papel estratégico e de linha auxiliar aos grandes grupos internacionais do agronegócio. Ao mesmo tempo que a burguesia agrária e seus técnicos exploram os tempos produtivos da força de trabalho dos médios e pequenos produtores familiares modernizados, consolidam no campo relações sociais específicas a reprodução capitalista.

Por fim, compreendemos que a postura ideológica das cooperativas mudou, ao longo dos anos, em parte como reflexo das alterações de sua base social, que foi gradualmente "depurada" dos pequenos agricultores empobrecidos, jogados na marginalidade, no êxodo e no desemprego, portanto, abandonados politicamente pelas cooperativas empresariais. Na década de 1960-1970, a base social das cooperativas agropecuárias do Paraná era formada amplamente por pequenos agricultores empobrecidos. Contudo, nas décadas de 1990-2000 essa base social passa a ser composta crescentemente por médios e grandes proprietários agrícolas, dominando uma massa politicamente acomodada, de pequenos agricultores modernizados (ou marginalizados, mas com esperanças de modernização).

Com base nessa clivagem interna nas cooperativas, novas alianças de classe são erigidas como prioritárias, surgindo assim a atual configuração da aliança entre a tecnocracia cooperativa/latifúndio/setores modernizados do campesinato. São esses elementos que conformam o plano de fundo da análise que procuramos abordar no presente esforço teórico de compreensão da realidade do agronegócio cooperativo paranaense.

É também sintoma desse fenômeno o gradual afastamento do agronegócio cooperativista em relação a instituições públicas como a Emater, que nos anos 1960-70 tinha sido o principal canteiro formador de quadros técnicos para as cooperativas e agente fundamental para a modernização capitalista no campo paranaense, e que é gradualmente alijada e esvaziada de suas funções estratégicas perante o agronegócio cooperativo capitalista, na medida em que é confrontada, como instituição pública, por movimentos democratizantes (pós ditadura civil-militar), muitas vezes questionadores do *status quo* predominante no meio rural paranaense.

Referências bibliográficas

ALVES, A. G. *As cooperativas agropecuárias e o BRDE:* histórico, situação atual e perspectivas. Banco Regional de Desenvolvimento do Extremo Sul, Diretoria de Planejamento, Superintendência de Planejamento, 2003.

ANDRADE, A. *Poder, Estado e capital nos processos de des-re-territorialização no campo da microrregião geográfica de Campo Mourão-PR*. Paraná, 2013. Tese (Doutorado em Geografia) – Universidade Estadual de Maringá.

AZERÊDO, R. F. *Agronegócio cooperativo da COAMO*: territorialização, poder e controle. São Paulo, 2016. Dissertação (Mestrado) – Programa de Pós-Graduação em Desenvolvimento Territorial na América Latina e Caribe, Universidade Estadual Júlio de Mesquita.

CAPISTRANO, M. O.; KLOCK, M. Políticas educacionais para a juventude do campo. *Anais do V Seminário Nacional Estado e Políticas Sociais*. Cascavel: Unioeste, out. 2011.

COSTA. R. Antonio Gramsci e a construção da nova hegemonia. Disponível em: http://pcb.org.br/fdr/index.php?option=com_content&view=article&id=8:antonio-gramsci-e-a-construcao-da-nova-hegemonia&catid=2:artigos. Acesso em: set. 2014.

DELGADO, G. *Capital financeiro e agricultura no Brasil*. São Paulo: Ícone/Unicamp, 1985.

DENKER, N. *A expansão e crescimento da Coamo Agroindustrial Cooperativa Ltda*. Paraná, 2009. Dissertação (Mestrado em Desenvolvimento Econômico) – Universidade Federal do Paraná.

EMATER. *50 Anos de Extensão Rural Paranaense* – 1956-2006. Curitiba: Emater, 2006.

FAJARDO, S. Complexo agroindustrial, modernização da agricultura e participação das cooperativas agropecuárias no estado do Paraná. *Caminhos da Geografia*, v.9, n.27, p.31-44, 2008.

______. O novo padrão de desenvolvimento agroindustrial e a atuação das cooperativas agropecuárias no Paraná. *Caminhos de Geografia*, v.4, n.17, p.31-47, fev. 2006.

FARIA, M. S de. *Autogestão, cooperativa, economia solidária*: avatares do trabalho e do capital. Florianópolis: Em Debate, 2011.

GRAMSCI. A. *Cadernos do cárcere*. Rio de Janeiro: Civilização Brasileira, 1999. v.I a III.

HESPANHOL, A. N. *O binômio soja/trigo na modernização da agricultura do Paraná*: o caso dos municípios de Ubiratã Campina da Lagoa e Nova Cantú. São Paulo, 1990. 223f. Dissertação (Mestrado) – Programa de Pós-Graduação em Geografia. Universidade Estadual Paulista, Rio Claro.

IPARDES. *Dinâmica demográfica da Região Sul*. Anos 70 e 80. Curitiba: Ipardes, 1997.

JESSOP, B. Althusser, Poulantzas, Buci-Glucksmann: desenvolvimentos ulteriores do conceito gramsciano de Estado integral. *Crítica Marxista*, n.29, p.97-121, 2009.

MENDONÇA, S. R. de. Estado e hegemonia do agronegócio brasileiro. *Histórias e Perspectivas*. Uberlândia, n.32/33, p.91-132, 2005.

______. Estado e sociedade civil no Brasil: o binômio OCB/Abag e a Embrapa. *Anais do XXVI Simpósio Nacional de História – ANPUH*. São Paulo, jul. 2011.

______. *O patronato rural no Brasil recente (1964-1993)*. Rio de Janeiro: Ed. da UFRJ. 2010.

OCEPAR, Organização das Cooperativas do Paraná/governo do Estado do Paraná.

______. Sescoop/PR 10 anos: História/Parte 1 – mobilização e atitude política. *Revista Paraná Cooperativo*. Especial 10 anos Sescoop/PR, ago. 2009.

______. Relatórios de Gestão Sescoop/PR. Disponível em: http://www.paranacooperativo.coop.br/ppc/index.php/2011-12-05-11-29-14/2011-12-05-11-38-02. Acesso em: set. 2014.

OLIVEIRA, P. C. *Extensão rural e interesses patronais no Brasil:* uma análise da Associação Brasileira de Crédito e Assistência Rural – Abcar (1948-1974). Rio de Janeiro, 2013. 163 f. Dissertação (Mestrado) – Curso em História, Universidade Federal Fluminense.

PEREIRA, L. B. O Estado e o desempenho da agricultura paranaense no período de 1975-85. *Revista de Economia e Sociologia Rural*. Brasília, v.30, n.2, p.115-133, abr./jun. 1992.

POULANTZAS, N. *O Estado, o poder, o socialismo*. Rio de Janeiro: Graal, 1985.

RICKEN, R. J. *A integração econômica e social nas cooperativas agropecuárias do Paraná* São Paulo, 2009. 114 f. Dissertação (Mestrado Executivo em Gestão

Empresarial) – Escola Brasileira de Administração Pública e de Empresas, Fundação Getulio Vargas.

ROLIM, C. F. O Paraná urbano e o Paraná do agribusiness. *Revista Paranaense de Desenvolvimento*. Curitiba, n.86, p.49-99, set./dez. 1995.

SAUER, S.; TUBINO, N. L. A sustentação financeira de organizações do patronato rural brasileiro. *Revista Nera*. Presidente Prudente, ano 10, n.11, p.131-48, jul.-dez. 2007.

SEPULCRI, O.; PAULA, N. A. Emater e seu papel na difusão da tecnologia nos seus 50 anos. *I Encontro de Extensão Rural*. Paraná, 2005.

SERRA, E. A participação do Estado na formação e desenvolvimento das cooperativas agrícolas no Brasil. *Campo-Território: Revista de Geografia Agrária*, v.8, n.16, p.6-37, 2013.

SETTI, O. E. *Cooperativismo paranaense:* Ocepar, 40 anos construindo o futuro. Curitiba: Ocepar, 2011.

SILVA, E. F. Política, poder e direito: o cooperativismo nacional sob controle. *Anais do XIV Congresso Conpedi*. Belém: Conpedi, 2006.

______. *A organização das cooperativas brasileiras e a negação do direito fundamental à livre associação*. Curitiba, 2006. 138 f. Dissertação (Mestrado em Direito) – Universidade Federal do Paraná.

STAVISKI, N. Negócio de R$ 250 bi. *Revista Globo Rural*. 2012. Disponível em: <http://revistagloborural.globo.com/Revista/Common/0,,EMI311909-18283,00-NEGOCIO+DE+R+BI.html>. Acesso em: 21 set. 2014.

ZANELLA, M. V. et al. *Pesquisa e assistência técnica nas cooperativas agropecuárias paranaenses*. Curitiba: Ocepar-Sescoop/PR, 2016.

10
Agronegócio e indústria cultural: as formas do *showbusiness* da oligarquia rural brasileira

Rafael Litvin Villas Bôas[1]
Ana Manuela Chã[2]

Introdução

Segundo dados da Organização das Nações Unidas para Alimentação e para Agricultura (FAO),[3] a América do Sul é a região com menor percentual de participação da agricultura familiar no montante da produção agrícola dos territórios. Enquanto todos os continentes e as Américas do Norte e Central têm mais da metade das terras agricultáveis ocupadas pela agricultura familiar (68% na Europa, 85% na Ásia, 62% na África e 83% na América do Norte e Central), na América do Sul o percentual é de apenas 18%. A história de colonização e exploração, a exportação das riquezas minerais

1 Professor do curso de Licenciatura em Educação do Campo e do Programa de Pós-Graduação em Literaturas da Universidade de Brasília. Professor colaborador do Programa de Pós-Graduação em Desenvolvimento Territorial da América Latina e Caribe do Instituto de Políticas Públicas e Relações Internacionais – IPPI/Unesp. Coordenador do grupo de pesquisa Modos de Produção e Antagonismos Sociais e do curso de Residência Agrária da UnB.

2 Mestre pelo Programa de Pós-Graduação em Desenvolvimento Territorial da América Latina e Caribe do Instituto de Políticas Públicas e Relações Internacionais – IPPI/Unesp. Militante do Coletivo Nacional de Cultura do MST.

3 Dados publicados no jornal colombiano *Portafolio*, ano 21, n.4821, em 13 ago. 2014, p.32.

e naturais para as metrópoles, o genocídio dos povos indígenas e a escravidão das etnias negras africanas, o latifúndio e o coronelismo como estrutura de poder são dados estruturantes da condição periférica de subdesenvolvimento que afeta, até hoje, a totalidade dos países da região.

Todavia, no caso brasileiro, carente de processos revolucionários nos momentos de independência, abolição e queda da Monarquia, o discurso de progresso da classe dominante se mantém sobre os mesmos eixos há séculos, mobilizando promessas de grandeza cultural e pujança financeira para um futuro próximo. Legitima assim, de forma sistemática, dinâmicas de poder arcaicas, sustentadas pela violência direta contra os trabalhadores, pela perpetuação da matriz exportadora e pela degradação da natureza. O Estado brasileiro, responsável pela adoção do sistema escravista e pelo posterior projeto de substituição da mão de obra negra por migrantes europeus e asiáticos (visando o embranquecimento da população), opera ao longo de sucessivos governos como agente mediador no âmbito financeiro e político, em prol da legitimação do modo de produção hegemônico da agricultura brasileira. É o que se pode conferir atualmente, no transcorrer de doze anos de gestão petista no governo federal.

"Brasil se consolida como um dos maiores produtores e exportadores de alimentos do mundo", essa é a propaganda feita pelo Ministério da Agricultura, Pecuária e Abastecimento do Brasil ao modelo do agronegócio. Segundo relatório desse mesmo Ministério,

> o resultado [da safra de 2013-2014] ratifica a posição do Brasil como protagonista mundial na produção e exportação de alimentos e confere ao país a primeira colocação no comércio internacional de café, açúcar, suco de laranja, carne bovina, carne de frango e soja em grãos.[4]

4 Disponível em: http://www.agricultura.gov.br/arq_editor/relat_gestao_web.pdf. Acesso em: 8 jan. 2014.

Esses dados, ainda que envoltos pela retórica oficial,[5] revelam como a agricultura brasileira está hoje sobre o domínio do agronegócio. Mesmo em um período de crise internacional, o capitalismo, no campo brasileiro, tem procurado se reorganizar constantemente para dar conta de sua competitividade nos mercados mundiais. Busca continuar obtendo uma elevada taxa de lucro, em especial pela alta disponibilidade de terras agricultáveis em solo nacional, fortes incentivos do Estado, mão de obra barata, e branda legislação ambiental e trabalhista, entre outros. Isso faz que o campo se torne bastante atrativo para os investidores estrangeiros, provocando aquilo que Stédile (2014) chama de "avalanche do capital internacional sobre os recursos naturais brasileiros".[6]

Segundo a FAO,[7] a "América Latina, especialmente o Brasil, segue sendo um importante centro de crescimento da produção agrícola e espera-se que, junto com o Leste Europeu, seja um dos importantes provedores dos mercados agrícolas na próxima década". O papel de provedor de *commodities*[8] agrícolas e de outros produtos provenientes do campo para exportação, em especial para a China, continua a ser o lugar reservado ao Brasil na organização mundial do capital. Esse espaço mantém sua condição periférica e colonial de matriz agroexportadora, com economia em crescente processo de desindustrialização.

---

5 Tendenciosa no sentido em que oculta elementos importantes como a quantidade de subsídios que o governo destina a esse setor, sem os quais esses resultados seriam bem menos expressivos.

6 Stédile, Avanço do capital no campo impede a Reforma Agrária. Entrevista cedida a Mário Augusto Jakobskind da ABI. Disponível em: http://www.mst.org.br/node/15598. Acesso em: 10 jan. 2014.

7 Declaração de Mário Mengarelli, da FAO América Latina (Organização das Nações Unidas para a Alimentação e Agricultura), em 6 jun. 2013. Disponível em: http://g1.globo.com/economia/agronegocios/noticia/2013/06/fao-e-ocde-preveem-crescimento-menor-da-producao-agricola.html. Acesso em: 5 jan. 2014.

8 *Commodities* agrícolas são os produtos agropecuários exportados por uma nação, *in bruto* ou com beneficiamento inicial, como o café, a soja etc., e negociadas nas bolsas de mercadorias.

Na fase atual de expansão do agronegócio, as empresas ampliam suas formas de produção de consenso em torno de suas imagens, buscando, a partir da produção cultural e artística, estar "mais próximas" das comunidades que fazem parte dos territórios onde estão implementadas, criando nas mesmas uma percepção favorável às suas ações. Podemos constatar a dinâmica de territorialização da indústria cultural pelos espaços de atuação e expansão do agronegócio, que evidenciam as articulações entre as grandes corporações transnacionais e os governos, não apenas nos espaços tradicionais de interlocução da questão agrária, mas em áreas como a cultura e a educação.

A pesquisa, portanto, tem como objetivo a investigação da relação dialética entre arcaico e moderno, no âmbito da questão agrária brasileira, por meio da articulação entre o agronegócio e a indústria cultural, a partir do momento em que essa articulação se consolida, na conjuntura das décadas de 1950 a 1970, cuja dinâmica da Revolução Verde e da ditadura militar e empresarial implementaram o ciclo de modernização conservadora instituinte da atual configuração do bloco histórico hegemônico.

O elo entre Revolução Verde, a ditadura militar e a indústria cultural como alavanca do agronegócio brasileiro

A agricultura brasileira, ao longo dos séculos, tem passado por várias transformações, embora, segundo Delgado (2005), a estrutura agrária tenha permanecido altamente desigual no que diz respeito ao uso e à posse da terra. No século XX, em especial a partir da década de 1930, o fortalecimento do capitalismo industrial trouxe a subordinação econômica e política da agricultura à indústria. Durante os anos de 1960, a questão agrária é foco de grandes debates e lutas populares,[9] ganhando força as propostas de reforma agrária no campo da esquerda

9 Destacamos aqui o surgimento de vários movimentos populares e sindicais de luta pela terra, como as Ligas Camponesas no Nordeste e o Master – Movimento dos Agricultores Sem Terra no Rio Grande do Sul.

brasileira. E foi justamente para combater e impedir o avanço dessas propostas que o Estado brasileiro fortaleceu um processo conhecido como "modernização" do campo (Alentejano, 2012).

Esse modelo, que se consolidou no contexto pós-golpe militar e empresarial de 1964 e nos anos 1970, fez parte do processo imposto a vários países do mundo, chamado de Revolução Verde. O período foi marcado, no Brasil, tanto pela mecanização e adoção de tecnologias quanto pela organização da produção baseada no crescimento econômico, na heteronomia, na especialização e competitividade (Balsan, 2006). Além disso, significou a transformação do modelo da agricultura camponesa, que passou a ser fortemente dependente de insumos químicos (fertilizantes, herbicidas, sementes híbridas) e de assistência técnica. Os agricultores começaram a depender dos financiamentos bancários, que impunham a adoção desse pacote como condição para liberação de recurso financeiro.

A modernização trouxe várias consequências que, em boa medida, foram preconizadoras da realidade que vivemos hoje, de hegemonia do agronegócio: deu origem ao processo de territorialização do grande capital, provocou um intenso processo de migração dos camponeses, de êxodo rural rumo às cidades, produzindo

> a ampliação da concentração da propriedade, da exploração da terra e da distribuição regressiva da renda, ou seja, ampliou a desigualdade no campo brasileiro, ao permitir que os grandes proprietários se apropriassem de mais terras e de mais riqueza em detrimento dos trabalhadores rurais, dentre os quais avançou a proletarização e a pauperização. (Alentejano, 2012, p.479)

Na realidade, por suas inerentes contradições, vários autores têm chamado esse processo de "modernização conservadora", ou, como José Graziano da Silva defendeu em sua tese em 1982, de "modernização dolorosa" pelo elevado custo ambiental e social de tal processo.

Entre 1960 e 1980, o fluxo migratório representou mais de 27 milhões de pessoas, em um processo de êxodo rural intenso, tanto pela proporção quanto pela quantidade absoluta da população rural atingida (Camarano; Abramovay, 2014). Por isso, as relações entre o campo e as cidades foram se tornando cada vez mais íntimas e complexas: esse imenso contingente camponês começa a assumir empregos urbanos como porteiros, empregadas domésticas, vigilantes, construtores e vendedores ambulantes, além de começar a ocupar os bancos das escolas, assimilando conteúdos educativos tipicamente urbanos.

Nesse contato, a população rural vai assimilando pouco a pouco o *éthos* urbano,[10] ao mesmo tempo em que aporta elementos culturais do campo à cidade. Em paralelo, há um investimento forte no estabelecimento de uma "base ideológica de valorização do progresso" que justificava as inovações tecnológicas pela necessidade de um aumento na produtividade agrícola a fim de solucionar a fome no mundo (Pereira, 2012).

Nesse processo de propaganda da nova fase de modernização, em especial no campo, foi fundamental o papel da ainda recente indústria cultural, que havia começado a se desenvolver como aparelho de hegemonia na década de 1930, com o surgimento do sistema de radiodifusão (Bastos et al., 2012).

A implementação da "Revolução Verde" coincidiu no Brasil com o desenvolvimento de novos sistemas de comunicação, sobretudo a televisão, em especial a criação da Rede Globo, em 1965, em pleno regime ditatorial. Em um país onde a maioria da população ainda vivia no campo e era analfabeta, a televisão, através da publicidade e do marketing, veio cumprir um papel fundamental de difusão de uma cultura urbana supostamente superior e de progresso tecnológico no campo, com uso intensivo de máquinas e agrotóxicos, em que o camponês não tinha mais lugar (Porto-Gonçalves, 2006).

Tanto a televisão como o crescente mercado publicitário brasileiro estavam "a serviço da construção da identidade de um país sem contradições, harmônico, cordial, uma 'potência em crescimento', à revelia do país real" (Bastos et al., 2012). Segundo os autores,

---

10 *Éthos* significa o conjunto de traços sociais e culturais característicos de um determinado grupo e que o diferencia de outros (Maingueneau, p.11-29.).

a presença da TV nos lares de grande parte de brasileiros, por todo o território, estimulada a partir da década de 1970 e alcançando seu ápice nas décadas seguintes, forjou uma imagem de país útil para o regime militar, eficiente para o cumprimento de mais um ciclo de modernização conservadora.

De lá para cá, de acordo com Porto-Gonçalves (2006):

> Os meios de comunicação de massa vêm contribuindo enormemente com esse modelo, ao difundir não só um modo de vida, mas também todo o modo de produção que lhe está associado. Afinal, a ideia de que a felicidade humana se obtém, como na imagem de jovens na praia ou em uma loja de uma grande cadeia de alimentos consumindo refrigerantes e hambúrgueres globalizados, é a mesma que nos faz aceitar a paisagem monótona de quilômetros e mais quilômetros quadrados de monoculturas, de paisagens homogêneas que implicam uso maciço de pesticidas, fungicidas e praguicidas. (Porto-Gonçalves, 2006, p.108)

Agronegócio e a construção da hegemonia

Além dos dados oficiais, nos últimos anos o agronegócio tem buscado fortalecer sua imagem como o setor mais importante da economia brasileira e um dos principais responsáveis pelo saldo positivo na balança comercial dos últimos anos.[11] O setor procura assumir o discurso do personagem protagonista da lógica de progresso da classe dominante ocupante. Para que seja capaz de propagandear uma imagem positiva de suas ações de expropriação dos bens naturais e de degradação ambiental, é necessário grande investimento na construção de uma imagem positiva, via indústria publicitária,

11 Apenas a título de exemplo, indicamos: http://souagro.com.br/campanha-do-movimento-sou-agro-estreia-nos-meios-de-comunicacao; e http://www.agricultura.gov.br/arq_editor/relat_gestao_web.pdf.

capaz de maquiar ou ofuscar a função real que ocupa como elemento estruturante da manutenção do país em condição permanente de atraso e subdesenvolvimento, se comparada à condição dos países do centro do sistema mundial.

Os mecanismos de construção e manutenção dessa hegemonia estão em constante expansão, envolvendo novos aparelhos hegemônicos privados, dependendo da necessidade, uma vez que a hegemonia tem de ser continuamente recriada e defendida, administrando as contradições inerentes ao tensionamento de classes.

No campo do discurso, uma de suas estratégias é a tentativa de esconder suas contradições e, segundo Mendonça (2008), buscar crescer tendo como base as noções, aparentemente incompatíveis, de segurança alimentar e competitividade, mesmo em um país com uma população "mal alimentada". Fernandes e Molina (2005) reforçam essa ideia salientando que a imagem do agronegócio foi construída "em uma tentativa de ocultar o caráter concentrador, predador, expropriatório e excludente para dar relevância somente ao caráter produtivista, destacando o aumento da produção, da riqueza e das novas tecnologias". Para esses autores, a estratégia contempla ainda o esforço de convencimento da sociedade de que o setor é responsável pela totalidade da produção agrícola, via divulgação de resultados de safras, deixando de lado a agricultura familiar, que na realidade responde por mais da metade da produção do campo. Desse modo, conseguem, entre outras coisas, pleitear maior fatia do crédito agrícola e outras políticas públicas (Fernandes; Molina, 2005).

A tática implica em dispersar, diluir ou ofuscar as contradições de classe que existem entre grandes proprietários rurais e grandes grupos do agronegócio, e os pequenos agricultores, camponeses. A indistinção entre os segmentos beneficia os grandes proprietários, pois ficam com a maior parte dos recursos públicos implicados no fomento à produção, por uma questão que, ideologicamente, seria apenas de escala, na medida em que, não havendo conflito de classe, cada grupo de produtores ocuparia naturalmente seu papel na organização da produção.

Essa hegemonia se fortalece ainda mais com a criação da Associação Brasileira de Agribusiness (Abag), em 1993, da qual fazem parte empresas vinculadas diretamente às cadeias produtivas agrícolas, mas também empresas de mídia como o Grupo Globo, e bancos como o Banco do Brasil e o Banco Itaú. Seu desafio principal é elevar a "nova" agricultura brasileira ao estatuto de atividade econômica principal. De lá para cá, e em especial nos últimos anos, se intensificaram as ações de marketing, responsáveis pela produção de sentidos positivos da palavra "agronegócio", como destaca Bruno (2009).

Através de exaustiva pesquisa, essa autora elencou alguns dos argumentos dessa construção, a saber:

> i) O agronegócio como sinônimo de união, de sucesso e de geração de riqueza; ii) O agronegócio como expressão da modernidade e de um novo modelo de desenvolvimento que atende os interesses e as necessidades de todos; iii) A crença na ausência de alternativas históricas outras além do agronegócio e, iv) O princípio da valorização de si e desqualificação do outro; v) O imperativo de uma maior institucionalidade e da construção de novos espaços de representação, mediação de interesses. (Bruno, 2009)

Além das milionárias campanhas publicitárias do agronegócio nas mídias televisiva, radiofônica e impressa, é possível perceber que as empresas, em geral isoladamente, nos últimos anos estão investindo em financiamento de atividades culturais que lhes garantam um retorno do ponto de vista da publicização de sua marca, mas também que tratam de temas relacionados diretamente com a valorização do agronegócio e com a invisibilização ou a contrapropaganda dos efeitos negativos que o mesmo produz.

Grandes festas de celebração do agronegócio

Alguns dos eventos privilegiados em que podemos observar a relação entre produção agrícola e a representação do mundo rural são as festas agropecuárias. As festas são eventos sociais de abrangência totalizante, em que se imiscuem as dimensões do trabalho, do sagrado, do doméstico, do lúdico e do político. Elas têm claramente uma função social, na medida em que "permitem às crianças, aos jovens, aos espectadores e atores da festa introjetar valores e normas da vida coletiva, partilhar sentimentos coletivos" (Del Priore, 2000 apud Oliveira; Calvente, 2012).

Os acontecimentos festivos reforçam laços de solidariedade e promovem descontração, atuando no sentido contrário das tensões sociais. Elas são particularmente importantes em comunidades menores nas quais o trabalho é compartilhado.

As festas agrícolas têm suas origens nos antigos cultos de agradecimento às divindades protetoras da lavoura e permaneceram até os dias de hoje, por exemplo, as festas juninas, que são inspiradas nas festas pagãs do solstício de verão no Hemisfério Norte, que coincidem com a colheita do milho na América do Sul.

Atualmente, porém, as festas agrícolas têm se transformado, em termos de forma e conteúdo, em função das influências das grandes empresas e fazendas do agronegócio. Nas décadas passadas, as festas camponesas eram organizadas coletivamente, celebravam a produção agrícola e eram realizadas a partir dos recursos próprios da comunidade, por meio de doações.

Diante da diversidade dessas festas rurais, podemos classificá-las, segundo Leal (2008), em quatro categorias:

a) festas de rodeio: são competições de montaria e provas de laço, mais próximas aos eventos esportivos;
b) exposições de pecuária: leilões de animais, comercialização de insumos agrícolas e apresentações musicais;
c) *agrishows*: exposição e comercialização de novas tecnologias de mecanização e insumos agrícolas aos produtores. Em geral, não apresentam eventos de lazer;
d) festas temáticas: celebram um produto alimentar específico, são destinadas ao lazer da população.

As festas de rodeio têm como atração principal as provas de montaria e têm seus exemplos mais conhecidos nos rodeios de Jaguariúna (SP) e Barretos (SP). Tiveram suas origens na tradição de domação de animais bravos e nos circos-rodeio, das décadas de 1940, que viajavam entre cidades pequenas, com desafios em que bastava um cavalo que pulasse indômito e algumas tábuas para improvisar uma arquibancada (Leal, 2008).

As pecuárias abrangem atividades diversificadas: comercialização de máquinas (como no *agrishow*), provas de montaria (das festas de rodeio) e celebração da produção (como nas festas temáticas). Em geral, são celebradas em cidades pequenas ou médias, mas também constituem um Circuito de Ouro, de que fazem parte as cidades de Londrina (PR), Uberaba (MG), São Paulo (SP), Campo Grande (MS), Araçatuba (SP) e Esteio (RS) (Leal, 2008). São as festas em que há grandes apresentações de cantores e duplas sertanejas durante as noites.

Os *agrishows* não costumam contar com apresentações musicais em sua programação e as atividades, em geral, acontecem durante o dia. Oferecem palestras de orientação técnica e grande espaço de exposição de máquinas e implementos agrícolas, estandes de bancos e cooperativas de crédito.

A maior delas é a de Ribeirão Preto, que nesse ano recebeu 160 mil visitantes, gerando negócios em torno de 2,7 bilhões de reais. A feira recebeu a visita do jogador Pelé, que esteve em campanha para a Confederação Nacional da Agricultura (CNA). É uma feira de participação restrita com relação à faixa etária (participam apenas maiores de 14 anos), na qual se entra mediante a compra do ingresso a trinta reais.[12]

Por fim, as festas temáticas são aquelas mais próximas às tradicionais festas camponesas, em que a produção agrícola é o centro da comemoração. Elas escapam um pouco da lógica da competição, já que, diferentemente de rodeios e *agrishows* que diferenciam "as melhores" e "as maiores" festas no país, nas festas temáticas a

12 Informações disponíveis na página oficial do evento: www.agrishow.com.br.

comparação não faz muito sentido, pois variam muito de região para região. Nessas festas, há competição, mas entre os produtores: fruta maior ou o doce e compota mais gostosos.

Nelas, a comida é o elemento essencial. Em algumas, como a Festa da Uva de Vinhedo, antigas tradições são lembradas, como a cerimônia de pisar as uvas, da forma que os imigrantes faziam para produzir o vinho (Leal, 2008).

Embora todas sejam consideradas festas agropecuárias, existe uma polêmica entre os participantes sobre quais festas são do agronegócio e quais não são. Ser de agronegócio, nesse caso, define apenas o quanto a comercialização de insumo e máquinas é importante para a realização da festa.

Assim, as festas agropecuárias parecem compor um *continuum* entre as festas temáticas, como aquelas que menos se enquadram como festas do agronegócio, até os *agrishows*, que, evidentemente, são organizadas pelo setor.

As festas pecuárias, de rodeio e temáticas, em geral, são consideradas mais populares que os *agrishows*: são vistas como festas de pobres (Leal, 2008). Isso porque as mercadorias disponíveis para o consumo são mais baratas (por exemplo: comidas típicas, brinquedos e jogos de entretenimento) que aquelas dos *agrishows* (colheitadeiras, tratores etc).

Mesmo assim, cabe pensar que, entre as festas temáticas, há diferenças entre aquelas cuja produção é de alimentos ou de *commodities*. No caso das Festas da Bergamota, da Melancia e do Feijão, elas têm como objetivo a valorização dos próprios produtos e produtores, enquanto no caso das Festas da Uva e da Soja, a principal motivação da realização da festa, além de promover as cidades que as sediam, seria a exposição de produtos de vestuário, mobiliário, máquinas e implementos agrícolas (Oliveira; Calvente, 2012). Isso significa que nem mesmo as festas temáticas poderiam ser tomadas como celebrações "puras" das tradições agrícolas da região.

Outrossim, poderíamos dizer que as festas agropecuárias são *tradições inventadas*. Quando uma sociedade passa por transformações muito velozmente e os velhos padrões de tradições tornam-se obsoletos, ocorre muitas vezes a invenção de tradições que cumprem o papel de reordenar o mundo simbólico coletivo a partir dos novos padrões de organização social (Hobsbawm; Ranger, 1984). Para Hobsbawm (1984), "inventam-se novas tradições quando ocorrem transformações suficientemente amplas e rápidas, tanto do lado da demanda quanto da oferta". Em geral, pela força da repetição e pela apropriação de elementos arcaicos, essas tradições inventadas possuem força o suficiente para assumir o lugar daquelas que já não são capazes de reforçar laços sociais.

As festas agropecuárias aparecem, assim, quando os mutirões e as festas de colheita perdem sua força pelo esgarçamento do tecido social, provocado pela mudança da matriz tecnológica e pelo êxodo rural. Quando emerge uma cultura rural baseada na produção individualizada e financiada por bancos, as festas capazes de celebrar a agricultura só podem celebrar trajetórias particulares de sucesso e o fetiche de máquinas e insumos químicos.

A colheita desaparece e são os tratores e colheitadeiras gigantes que aparecem no centro da cena. Impressionam pela dimensão e diminuem ainda mais os trabalhadores do campo, que dificilmente serão capazes de adquirir tais máquinas. Reforçam o amor desmedido à mercadoria e o imperativo dos seres humanos a serviço das máquinas. É a alienação da própria força de trabalho de si mesmo: os camponeses vão se desfamiliarizando com a capacidade de trabalho a partir do próprio corpo, para cobiçar crescentemente o uso de máquinas.

No momento do divertimento não são os violeiros do interior, os caipiras, que sobem ao tablado, compartilhando não só o mesmo gosto musical, como também o mesmo estilo de vida com seu público. A forma que o espetáculo assume é a dos megashows, em escala compatível com a forma de produção do agronegócio. São "sertanejos modernizados", artistas que recebem cifras milionárias pelos shows, celebridades imbuídas da missão de modernizar a feição arcaica das tradições do mundo rural, aproximando-o da estética urbana, pelas letras, pela melodia e instrumentação das músicas, pela estética dos artistas, pela performance de palco e a iluminação dos espetáculos.

Nessa dinâmica, os camponeses somente podem se ver representados na medida em que aspiram à superação de sua própria condição.

Colonização do subconsciente: além das festas, grandes ações de marketing cultural do agronegócio no dia a dia

Em 2013, um caso que foi bastante divulgado pela mídia e que aponta para um tipo diferente de tática no campo da cultura é o financiamento cultural por meio da Lei Federal de Incentivo à Cultura (*Lei Rouanet*), ou seja, com uso de recursos públicos via renúncia fiscal. Trata-se do patrocínio da Basf ao desfile do Grêmio Recreativo Escola de Samba Vila Isabel, no carnaval de 2013. Em "troca", o enredo da escola teve como tema "A Vila canta o Brasil celeiro do mundo – água no feijão que chegou mais um...", homenageando o agricultor e valorizando o potencial agrícola brasileiro diante da crescente demanda mundial por alimentos e energia, conforme foi noticiado.[13]

Além desses casos, que circularam mais pela imprensa, várias empresas patrocinam grupos e ações no campo da cultura, como é o caso do apoio da JBS-Friboi ao Conservatório Brasileiro de Dança;[14] da revitalização do Teatro Guarany, em Santos (SP), que contou com o patrocínio, entre outras empresas, da Bunge e da Copersucar, também por meio financiamento via renúncia fiscal.[15] Sadia, Nestlé e Votoratim estão entre as empresas que mais financiam projetos culturais via Lei Rouanet,[16] embora seja difícil saber o que isso significa em termos financeiros.

---

13 http://www.agro.basf.com.br/agr/ms/apbrazil/pt_BR/content/APBrazil/news_room/releases/13_02_2013. Acesso em: 18 jun. 2013.

14 http://www.jbs.com.br/responsabilidadesocial.aspx. Acesso em: 30 abr. 2013.

15 http://www.bunge.com.br/Imprensa/Noticia.aspx?id=143. Acesso em: 18 jun. 2013.

16 http://culturaincompany.blogspot.com.br/2012/04/principais-patrocinadores-de-projetos.html.

No entanto, mesmo sendo uma força hegemônica no campo e na sociedade brasileira, o agronegócio tem dificuldade de se fazer ver como seus representantes querem – mais do que as atividades "dentro da porteira". Uma pesquisa encomendada pela própria Associação Brasileira do Agronegócio (Abag) sobre a percepção que a população urbana tem do agronegócio revelou que cerca de 40,4% dos entrevistados não sabiam qual é a atividade do agronegócio, embora 83,8% tenham manifestado uma avaliação favorável do mesmo. Assim, uma das conclusões/orientações do estudo é que ainda precisam de uma comunicação mais próxima com o público urbano, não só para apresentar o termo, "mas que crie também consciência do tamanho de sua influência em segmentos próximos a esse público" (Abag, 2013).[17]

Em 2011, quando foi criado o Movimento Sou Agro, este já dizia que um de seus objetivos era dar a conhecer melhor o agronegócio, de modo a reduzir o "descompasso existente entre a realidade produtiva atual e as percepções equivocadas sobre o universo agrícola".[18] Nesse momento, diz Bruno (2012, p.2), "torna-se fundamental 'reposicionar' a imagem do agronegócio nacional na sociedade, destacando suas contribuições econômicas e sua agenda social e ambiental, de maneira a provar que ele não é destruidor do meio ambiente".

Para Raymond Williams (1979, p.115), o poder hegemônico "não existe passivamente como forma de dominação. Tem de ser renovado continuamente, recriado, defendido e modificado. Também sofre uma resistência continuada, limitada, alterada, desafiada por pressões que não são suas próprias pressões".

Essas pressões, no caso do agronegócio brasileiro, podem se atribuir, em boa medida, aos enfrentamentos dos movimentos sociais de luta pela terra, em especial do MST e da Via Campesina. Desde 2000, eles vêm denunciando o modelo de agricultura hegemônico e, em especial depois de 2005, têm realizado ações mais radicais. Um

17 http://abag.com.br/pdf/Analise_ABAG_Nacional.pdf. Acesso em: 30 abr. 2013.

18 http://souagro.com.br/campanha-do-movimento-sou-agro-estreia-nos-meios-de-comunicacao/. Acesso em: 18 jun. 2013.

dos casos mais emblemáticos foi a ação das mulheres da Via Campesina Internacional que ocupou e destruiu um viveiro de mudas de eucaliptos da empresa Aracruz, perto de Porto Alegre (RS), no dia 8 de março de 2006, para denunciar o avanço da monocultura de eucaliptos e suas consequências negativas.

Também não podemos deixar de mencionar as ações dos movimentos ambientalistas, que, embora muitas vezes menos contundentes na crítica, também têm realizado ações de denúncia, várias delas com forte impacto midiático, como foram os protestos do Greenpeace contra a Monsanto, em 2001 e 2005,[19] por exemplo.

Uma das hipóteses que conduz a pesquisa em andamento é que, nos últimos anos, as empresas sentiram necessidade de ampliar as formas de gerar consenso em torno de suas imagens, buscando a partir da produção cultural e artística estar "mais próximas" das comunidades que fazem parte dos territórios onde elas estão implementadas, e criar nas mesmas uma percepção favorável à sua ação. Ao mesmo tempo, o fato de esse tipo de atividade ser divulgada para a sociedade como um todo ajuda a reforçar a imagem de empresas socialmente comprometidas, preocupadas com a sustentabilidade e a diversidade cultural.

No campo da cultura e da arte, uma breve pesquisa em páginas da internet das empresas do agronegócio e de jornais regionais permite verificar que a maioria das empresas desenvolve algum tipo de ação cultural em nível local, ou apoio e patrocínio a grupos e projetos culturais artísticos. São exemplos: o Museu Itinerante da Monsanto – mostra de reproduções de obras de artistas consagrados com o tema "a água"; o Circuito Syngenta de Viola Instrumental; a Aracruz Celulose – desenvolve oficinas de teatro, dança, música, criação e confecção de figurinos com participação de costureiras, artesãs e bordadeiras locais; a Dow Brasil – apoia Festejos de Reis; a Cutrale – distribui kits educativos da série "Saci e os Amigos da Natureza" para bibliotecas infantis municipais, entre outros.

19 http://www1.folha.uol.com.br/folha/brasil/ult96u66924.shtml; e http://www.greenpeace.org/brasil/pt/Noticias/greenpeace-denuncia-monsanto/. Acesso em: 17 ago. 2014.

Quadro 10.1 – Principais projetos culturais desenvolvidos e/ou apoiados por algumas principais empresas do agronegócio no Brasil (agosto de 2014)

Empresa/ Projeto	Objetivos/ Principais ações	Abrangência/ Resultados	Fonte de recursos
MONSANTO Museu Itinerante da Monsanto	Mostra de reproduções de obras de artistas consagrados com o tema: "A água".	Desde 2008, já foi visto por mais de 250 mil pessoas em 29 cidades, dentre as quais: Petrolina (PE), Salvador (BA), Rondonópolis e Sinop (MT), Paracatu (MG) e Passo Fundo (RS).[20]	Lei Federal de Incentivo à Cultura (Lei Rouanet)
CNA Ciranda da Cultura	Projeto promovido pelo Senar que tem como objetivo a circulação de espetáculos e atividades culturais nas áreas rurais.[21]	Acontece em diversas localidades por intermédio dos Senar estaduais.	Lei Rouanet
CUTRALE Saci e os Amigos da natureza	Distribuir quatrocentos kits educativos para bibliotecas infantis municipais.[22]	Araraquara Dia do Livro 2013	Não divulgado
SYNGENTA Circuito Syngenta de Viola Instrumental	"O objetivo é contribuir para a valorização da viola caipira, do artista compositor e do instrumentista, e prestigiar nosso principal parceiro, que é o homem do campo."[23]	Várias cidades, dentre as quais São Paulo (SP), Vitória (ES), Paulínia (SP).	Lei Rouanet

20 Dados de 2013. Disponível em: http://www.monsanto.com/global/br/noticias/pages/museu-itinerante-monsanto-chega-a-petrolina.aspx. Acesso em: 1 maio 2013.

21 http://www.icna.org.br/projetos-e-programas/projeto-ciranda-da-cultura. Acesso em: 14 ago. 2014.

22 http://www.araraquara.sp.gov.br/Noticia/Noticia.aspx?IDNoticia=7616. Acesso em: 1 maio 2013.

23 http://www.sertaopaulistano.com.br/2009/07/circuito-syngenta-com-renato-teixeira.html. Acesso em: 1 maio 2013.

Empresa/ Projeto	Objetivos/ Principais ações	Abrangência/ Resultados	Fonte de recursos
ARACRUZ CELULOSE Projeto Cultural em Helvécia	Desenvolve oficinas de teatro, dança, música, criação e confecção de figurinos com participação de costureiras, artesãs e bordadeiras locais.[24]	2009 – Comunidade de Helvécia, Nova Viçosa, sul da Bahia	Não divulgado
DOW AGROS-CIENCE Projeto Cultural em Matarandiba	Apoio a eventos que resgatam a cultura e as tradições da comunidade: Festejos de Reis, Reisados, Samba de Roda e Festa do Boi Rei.[25]	2013 – Ilha de Matarandiba, Vera Cruz (BA)	Não divulgado
INTERNATIONAL PAPER Projeto Criatividade, Cultura e Cidadania	Publicação de 120 mil cartilhas destinadas a professores, com conteúdo humanístico, fornecendo subsídios necessários à preparação de atividades culturais interdisciplinares, como redações, poesias, dinâmicas de grupo, construções de maquetes de aldeias indígenas, brinquedos e artesanato.	As cartilhas são utilizadas por 3 mil escolas do ensino fundamental de escolas públicas e privadas em todo o país.[26]	Lei Rouanet

Fonte: Elaboração dos autores a partir de informações das páginas da internet indicadas nas notas de rodapé.

24 http://www.sulbahianews.com.br/ver.php?id=2615. Acesso em: 1 maio 2013.

25 http://www.dow.com/brasil/noticias/release.aspx?id=136. Acesso em: 1 maio 2013.

26 http://www.internationalpaper.com.br/cavacos/cavacos.asp?revista=417&pagina=19. Acesso em: 14 ago. 2014.

A pesquisa revela algumas tendências. Uma primeira seria que existem apoios a atividades que visam difundir a chamada "arte culta", em que as empresas associariam seu nome a ações culturais de "elevado valor". Isso daria prestígio ao agronegócio, coisa que, segundo Bruno, este ainda não obteve (2012, p.4). Exemplos são o patrocínio à Companhia Brasileira de Ballet, pelo Grupo JBS--Friboi[27] e à Orquestra Sinfônica do Estado de São Paulo (Osesp) pelo Grupo Votorantim.[28]

A outra tendência é a promoção de ações que tornem a cultura acessível à população. Aqui temos casos distintos, como o Museu Itinerante da Monsanto, que busca dar a conhecer essa "arte culta" ao divulgar obras de arte de grandes artistas internacionalmente reconhecidos, ou apoio a atividades vinculadas com as culturas tradicionais, ainda que sob a forma de shows ou apresentações, como o Festival de Viola da Syngenta,[29] ou os Festejos de Reis de Matarandiba, na Bahia, patrocinados pela Dow Agroscience.[30] Percebe-se a busca pela identificação com as culturas do campo, em geral valorizadas pela população, mesmo que de forma romântica e saudosa, de retorno à roça, de onde a maioria da população adulta saiu expulsa pelo próprio agronegócio.

No capitalismo, a arte é transformada em mercadoria. A obra de arte é concebida para ser vendida. Assim, mesmo as tradições podem ser – e normalmente são – incorporadas como mercadorias, incentivadas na forma de patrocínio, como o Prêmio Syngenta de Viola Caipira (MST, 2009).

Outra tendência que se pode elencar é a promoção de atividades de produção artística ou de desenvolvimento de habilidades artísticas, como é o caso das oficinas artístico-culturais que várias empresas patrocinam, e mesmo organizam (Monsanto, Cargill,

27 http://www.jbs.com.br/responsabilidadesocial.aspx Acesso em: 1 maio 2013.

28 http://www.osesp.art.br/portal/paginadinamica.aspx?pagina=apoieaosesp. Acesso em: 18 maio 2013.

29 http://www.circuitosyngentadeviola.com.br. Acesso em: 1 maio 2013.

30 http://www.dow.com/brasil/noticias/release.aspx?id=136. Acesso em: 1 maio 2013.

Aracruz etc). Esses tipos de práticas, em geral, são característicos dos próprios trabalhadores rurais e de pequenas comunidades, uma vez que muitas delas eram ligadas diretamente ao trabalho da roça, como as cantorias, as danças, os bordados e a culinária. Nos dias de hoje, continuam sendo incentivadas e organizadas pelos movimentos sociais e grupos culturais locais. Todavia, são também "apropriadas" e disputadas pelas grandes empresas e, em certa medida, também transformadas em mercadorias.

Ao observarmos os territórios, verificamos que, na maioria dos casos, essas atividades são promovidas nas regiões onde as empresas têm unidades, ou fazendas, e na maioria das vezes são temáticas. Os temas estão, em geral, relacionados com a água, proteção do meio ambiente, melhoria das condições de vida, entre outros. Pode-se notar a relação com as percepções negativas que a sociedade tem do agronegócio: consumo exagerado de água, desmatamento, desemprego (Abag, 2013).

Todas as atividades e patrocínios são divulgadas entre as comunidades e na mídia, impressa, televisiva, digital, seja própria da empresa, local, ou mesmo de âmbito nacional. As matérias quase sempre trazem informações sobre as atividades, mas também sobre as empresas e seus objetivos, como por exemplo: "Os cuidados da Bunge com as pessoas e a educação levaram a companhia a apoiar esse tipo de iniciativa, por preservar a cultura e gerar benefícios e compromissos com toda a comunidade".[31] Ou: "Nosso objetivo é contribuir para a valorização da viola caipira, do artista compositor e do instrumentista, buscando também prestigiar nosso principal parceiro, que é o homem do campo".[32]

Por meio desse processo de pesquisa em andamento, podemos constatar a dinâmica de territorialização da indústria cultural pelos territórios de atuação e expansão do agronegócio, evidenciando as articulações entre as grandes corporações transnacionais e os

---

31 http://www.bunge.com.br/Imprensa/Noticia.aspx?id=143. Acesso em: 18 jun. 2013.

32 Nota de divulgação do Festival Syngenta de Viola Instrumental.

governos, não apenas nos espaços tradicionais de interlocução da questão agrária, mas em áreas como a cultura e a educação.

Tal ofensiva do agronegócio sobre recursos públicos em busca da construção de uma imagem positiva e progressista para a ação espoliadora produzida em larga escala torna evidente que o agronegócio deve ser compreendido, do ponto de vista sistêmico, como um modo de produção hoje parte constituinte do bloco histórico hegemônico, e por isso combatido no campo das ideias, das políticas, das matrizes produtivas agrária, educacional e cultural, pelos movimentos sociais do campo que lutam pelo direito à terra e à vida.

Referências bibliográficas

ABAG; ESPM. A percepção da população dos grandes centros urbanos sobre o agronegócio brasileiro – Pesquisa Nacional sobre Agronegócio 2013. Disponível em: http://abag.com.br/pdf/Analise_ABAG_Nacional.pdf. Acesso em: 30 abr. 2013.

ALENTEJANO, P. "Modernização da agricultura" e "Terra". In: CALDART, R. et al. (Orgs.). *Dicionário da Educação do Campo*. Rio de Janeiro/São Paulo: Escola Politécnica de Saúde Joaquim Venâncio/Expressão Popular, 2012.

BALSAN, R. Impactos decorrentes da modernização da agricultura brasileira. *Campo-Território: Revista de Geografia Agrária*, v.1, n.2, p.123-51, ago. 2006.

BASTOS, M. D.; STEDILE, M. E.; VILLAS BÔAS, R. L. Indústria cultural e educação. In: *Dicionário da Educação do Campo*. Rio de Janeiro/São Paulo: Escola Politécnica de Saúde Joaquim Venâncio/Expressão Popular, 2012.

BRUNO, R. Agronegócio, palavra política. In: *Um Brasil ambivalente*. Rio de Janeiro: Mauad X; Soropédica, Rio de Janeiro: Edur, 2009.

______. Movimento Sou Agro: marketing, *habitus* e estratégias de poder do agronegócio. *36º Encontro Anual da ANPOCS GT 16* – Grupos Dirigentes e Estrutura de Poder, Fortaleza, 2012. Disponível em: http://observatory-elites.org/wp-content/uploads/2012/06/Regina-Bruno.pdf.

CAMARANO, A. A.; ABRAMOVAY, R. Êxodo rural, envelhecimento e masculinização no Brasil: panorama dos últimos cinquenta anos. *Revista Brasileira de Estudos de População*, v.15, n.2, p.45-65, 2014.

DELGADO, G. A questão agrária no Brasil 1950-2003. In: JACCOUD, L. (Org.). *Questão Social e Políticas Sociais no Brasil Contemporâneo*. Brasília: Ipea, 2005.

FERNANDES, B. M.; MOLINA, M. C. O campo da Educação do Campo. 2005. Disponível em: http://www2.fct.unesp.br/nera/publicacoes/ArtigoMonicaBernardoEC5.pdf.

HOBSBAWM, E.; RANGER, T. (Orgs.). *A invenção das tradições*. Rio de Janeiro: Paz e Terra, 1984. p.9-23.

LEAL, N. S. "É de agronegócio": circuitos, relações e trocas entre peões de manejo, peões de rodeio e tratadores de gado em feiras de pecuária. São Paulo, 2008. Dissertação (Mestrado) – Faculdade de Filosofia, Letras, Ciências Humanas. Universidade de São Paulo.

MAINGUENEAU, D. A propósito do éthos. In: *Éthos discursivo*. São Paulo: Contexto, 2008. p.11-29.

MENDONÇA, S. R. O patronato rural brasileiro na atualidade: dois estudos de caso. Anuario del Centro de Estudios Históricos "Prof. Carlos S. A. Segreti". Córdoba (Argentina), ano 8, n.8, 2008, p.139-59.

MST. Setor de Comunicação e Coletivo de Cultura do Movimento dos Trabalhadores Rurais Sem Terra. Hegemonia, Política, Comunicação e Cultura. (mimeo) 2009.

OLIVEIRA, A. N.; CALVENTE, M. del C. As múltiplas funções das festas no espaço geográfico. *Interações*. Campo Grande, v.13, n.1, jun. 2012.

PEREIRA, M. C. B. Revolução Verde. In: CALDART, R. et al. (Orgs.). *Dicionário da Educação do Campo*. Rio de Janeiro/São Paulo: Escola Politécnica de Saúde Joaquim Venâncio/Expressão Popular, 2012.

PORTO-GONÇALVES, C. W. *A globalização da natureza e a natureza da globalização*. Rio de Janeiro: Civilização Brasileira, 2006.

WILLIAMS, R. *Marxismo e literatura*. Rio de Janeiro: Zahar, 1979.

VILLAS BÔAS, R. L. Modernização conservadora, indústria cultural e hegemonia. In: *A teoria crítica da tecnologia de Andrew Feenberg*: racionalização democrática, poder e tecnologia. Brasília: Capes/UnB: Observatório do Movimento pela Tecnologia Social na América Latina, 2011.

11
Educação do Campo como projeto de emancipação humana

Silvia Aparecida de Sousa Fernandes[1]
Jailton dos Santos Andrade[2]

Introdução

A educação pode libertar e promover o homem, como também pode aprisionar e reduzi-lo. A educação escolar, vinculada ao Estado e promovida como direito do cidadão, é na verdade uma educação burguesa, que reflete as concepções ou o ideário hegemônico de sociedade. Se, para Marx, o Estado surgiu para resguardar o direito de propriedade privada, e nele a educação é convertida em mercadoria, Gramsci o vê como uma relação social na qual a cultura, sobretudo aquela da classe dominante ou fração desta, passa a ser compartilhada pelos dominados, sem que para isso sejam usados meios coercitivos. Essa educação burguesa foi edificada como instrumento de dominação e subjugação das classes subordinadas e

1 Professora da Faculdade de Filosofia e Ciências – FFC/Unesp/Marília e do Programa de Pós-Graduação em Desenvolvimento Territorial na América Latina e Caribe – TerritoriAL do Instituto de Políticas Públicas e Relações Internacionais IPPRI/Unesp.

2 Mestre pelo Programa de Pós-Graduação em Desenvolvimento Territorial na América Latina e Caribe – TerritoriAL do Instituto de Políticas Públicas e Relações Internacionais IPPRI/Unesp. Professor da Escola Família Agrícola do Sertão (Efase), no município de Monte Santo, Bahia.

expropriadas dos meios de produção. Marx e Engels ([s.d.], p.55) afirmam que "[...] a ideologia da classe dominante tem a aparência de representar os interesses universais da sociedade". Assim, quando necessário à manutenção do sistema vigente, a educação transforma sujeitos de baixa instrução em trabalhadores capacitados para desempenhar funções no mercado de trabalho, ou seja, um sujeito que produz muito e com qualidade, na concepção das classes hegemônicas. Não é recente o discurso político que associa subdesenvolvimento com baixa qualificação profissional ou mesmo com o analfabetismo. De certa forma, esse discurso é válido, uma vez que não se concebe desenvolvimento, em suas mais variadas formas, sem educação. Contudo, esse discurso esconde um viés ideológico neoliberal que procura transformar ou reduzir o trabalhador a mais uma "engrenagem" do sistema produtivo, destituindo-o, portanto, de politização e de projeto coletivo, incapaz de se perceber como classe, manipulado e moldado para produzir e reproduzir o sistema que o explora. Esse é, na verdade, parte do aparelho de hegemonia teorizado por Gramsci. Nessa mesma perspectiva, Mészáros (2005, p.43-4) afirma que é por meio da educação que os indivíduos humanos internalizam os valores da classe dominante. Isso porque a educação formal e a escola como instituição só funcionam adequadamente se estiverem em sintonia com as "determinações educacionais gerais da sociedade como um todo" e, desse modo, produzirem conformidade, consenso.

O Estado burguês atribui à educação um caráter redentor das mazelas sociais por ele criado; procura também "naturalizar" as contradições da luta de classes e, não raro, tem apresentado certa resistência às mudanças estruturais, mesmo que de grande apelo, por parte dos movimentos sociais que almejam uma educação mais plural para atender às diversas singularidades (particularidades) da realidade brasileira. Esse conservadorismo, no entanto, não impediu que a classe trabalhadora organizada conquistasse importantes espaços na produção intelectual brasileira. A abertura de novos cursos com propostas oriundas das classes sociais que historicamente foram excluídas, mesmo tendo enfrentado grande resistência e burocracia por parte dos órgãos que se dizem competentes, já se torna realidade. O Programa Nacional de Educação na Reforma Agrária (Pronera), licenciaturas em Educação do Campo, a criação de diversos outros cursos a partir de demandas sociais e gestados com a participação desses sujeitos coletivos já apontam na direção de uma autêntica participação democrática, o que não impede que a elite esboce reação ao espaço socialmente conquistado e rotule de "perigosa" essa nova correlação de forças e seus efeitos subsequentes.

Neste texto, procuraremos discutir essa temática. O objetivo é analisar a experiência de Educação do Campo da Escola Família Agrícola do Sertão (Efase) e evidenciar como a pedagogia da alternância, como princípio pedagógico e de organização escolar, contribui para uma educação escolar emancipatória, que propicia a formação política, social, cultural, técnica de sujeitos sociais e, com isso, a emancipação humana.

Em um primeiro momento, pautando-se em um levantamento bibliográfico, discute-se a Educação do Campo no Brasil. Em seguida, apresenta-se a origem das Escolas Famílias Agrícolas (EFAs) e analisam-se os princípios pedagógicos da Escola Família Agrícola do Sertão (Efase), no município de Monte Santo, Bahia.

A Educação do Campo como práxis libertadora

A educação oferecida pelo Estado é um projeto de dominação que separa o ato educativo do contexto social de seus indivíduos. Isso anula ou reduz o senso crítico de seus sujeitos, pois a educação não dialoga com a realidade concreta e a materialidade da vida, o que a torna uma abstração idealista. A proposta educativa do Estado organiza os sistemas de ensino e currículos de maneira centralizada, de cima para baixo, ignorando a complexidade do Brasil e da sociedade brasileira, seja ela da cidade ou do campo.

A educação reflete o projeto de sociedade da classe dominante, o que nos permite afirmar que o atual modelo de educação é reflexo desse arcabouço ideológico que formatou a sociedade com suas contradições, mas que não responde aos anseios e necessidades de emancipação dos sujeitos.

Como projeto da classe dominante, a educação brasileira tem caráter elitista e excludente, desconsiderando as múltiplas realidades do território brasileiro, na tentativa de homogeneizar a heterogeneidade. Esse caráter evidencia-se na tentativa de definição de currículos nacionais. A proposta educativa do Ministério da Educação ao criar Parâmetros Curriculares Nacionais para a educação básica na década de 1990, mesmo apresentando significativa flexibilidade, muitas vezes ignora a diversidade social e desconsidera ricas experiências educativas oriundas das diferentes realidades sociais.

O Estado capitalista sempre deu importância menor à educação das populações que vivem no campo. Segundo Fernandes e Molina (2005), a educação rural sempre foi considerada como um "apêndice" da educação urbana, uma educação desprovida de qualidade, já que seria destinada ao meio rural, sempre rotulado de atrasado em relação ao urbano. A educação rural pensa o campo apenas como espaço de produção, e as pessoas são vistas como "recursos humanos", ou seja, como mercadorias. "[...] a origem da educação rural está na base do pensamento latifundista empresarial, do assistencialismo, do controle político sobre a terra e as pessoas que nela vivem" (Fernandes; Molina, 2005, p.62).

Por estar vinculada ao sistema produtivo, a educação para o meio rural serviu de suporte à estruturação de uma sociedade desigual e de preparo mínimo para o mercado de trabalho (Leite, 1999, p.53).

> Essa constatação permite inferir que a negação da escola traz embutida em si a negação da cidadania, isto é, da participação social e política, enquanto os projetos especiais trazem a compulsoriedade de uma ação político-pedagógica que acomode e adestre essa mão de obra de acordo com as necessidades da divisão social do trabalho e dentro dos estreitos limites de sua utilidade econômica. (Fonseca, 1989, p.19)

Nesse sentido, por meio das políticas públicas, concretiza-se a ideia de "campo sem gente", por isso,

> [...] a escolarização avançaria mais onde o mercado demanda mais qualificação, nas cidades. Uma terra sem gente dispensa qualquer política educativa [...] somente tem sentido uma política educativa se no campo existirem crianças, adolescentes, jovens ou adultos a educar. [...] Essa visão é ainda bastante forte na gestão de políticas de educação. (Arroyo, 2005, p.94)

A educação da práxis que emerge da conflitualidade no seio da sociedade de classes liberta o homem da ignorância e da alienação acerca do que ocorre à sua volta, levando-o a se posicionar criticamente diante da realidade contraditória que o cerca. A emancipação humana constitui, talvez, o objetivo primordial de todo o processo educativo autêntico, pois este deve acolher as demandas essenciais da promoção humana.

Nesse sentido,

> [...] a educação para a emancipação pressupõe um conceito de inteligência mais amplo que o saber formal e científico. Ela pressupõe uma inteligência concreta que entende o pensar e a realidade em um processo dialético. A educação deve preparar o ser humano para o confronto com a experiência real e não para uma experiência alienada de mundo. O indivíduo estaria alienado, sobretudo pela técnica, e não saberia mais orientar-se na realidade concreta, somente na realidade cultural e social que não é produzida por ele. (Ambrosini, 2012, p.386)

Ao se tratar a educação na dimensão da emancipação humana, é necessário considerar os pressupostos filosóficos da educação defendidos e empiricamente demonstrados por Paulo Freire. É ele quem defende a pedagogia do oprimido como processo autêntico de libertação/emancipação humana.

> Quem, melhor que os oprimidos, se encontrará preparado para entender o significado terrível da uma sociedade opressora? Quem sentirá, melhor que eles, os efeitos da opressão? Quem, mais que

> eles, para ir compreendendo a necessidade da libertação? Libertação a que não chegarão pelo acaso, mas pela práxis de sua busca; pelo conhecimento e reconhecimento da necessidade de lutar por ela. Luta que, pela finalidade que lhe derem os oprimidos, será um ato de amor, com o qual se oporão ao desamor contido na violência dos opressores, até mesmo quando esta se revista de falsa generosidade referida. (Freire, 1994, p.17)

Sendo a educação instituída em conformidade com o pensar e o fazer ideológico da classe dominante, como forma de universalizar seu projeto de sociedade e conservar sua hegemonia, seus principais instrumentos operacionais criam, muitas vezes, conflitos com as múltiplas realidades sociais, ignorando ou excluindo saberes e práticas sociais oriundas da complexa realidade brasileira.

Apple (1996, p.258) afirma que, para a direita neoconservadora, a noção de controle rígido sobre a escola é crucial para tornar certo que valores e conhecimentos adequados são ensinados a todos. Por "conhecimentos adequados" consideram aquele saber que tem conexão direta com metas e necessidades econômicas.

Para fazer frente a essa concepção elitista e excludente de educação, foi realizada, em 1998, a I Conferência Nacional por uma Educação Básica do Campo e, em 2004, a II Conferência Nacional por uma Educação Básica do Campo. Resultado da organização dos movimentos camponeses, essas conferências são um marco na definição de uma agenda política para a Educação do Campo. A promulgação das Diretrizes Operacionais para a Educação Básica nas Escolas do Campo (Resolução CNE/CEB n. 1/2002) e das Diretrizes Complementares para a Educação do Campo (Resolução CNE/CEB n. 2/2008) é resultado da organização e debate político promovido por esses sujeitos sociais coletivos. Nesse sentido, "[...] as Diretrizes Operacionais têm o significado de construção democrática na forma de ampliação do Estado como espaço, por excelência, da política" (Munarin, 2005, p.19).

A Educação do Campo é, portanto, produto da consciência e da luta por emancipação daqueles que historicamente ficaram à margem da cidadania. Surge como denúncia das injustiças e do abandono das populações do campo, que durante séculos foram subjugadas. Procura responder aos anseios de trabalhadores e trabalhadoras que sobrevivem no/do campo e o reconhecem como espaço/território de vida, e não somente como espaço/território de produção. Busca, ainda, superar a antinomia entre rural e urbano como espaços antagônicos, entre moderno e atrasado; busca, portanto, construir novas relações sociais e não apenas mercantis e verticalizadas como as vigentes hoje em dia.

A Educação do Campo, edificada a partir das necessidades de seus protagonistas, contesta também a sociedade de classe e suas mazelas, negando terminantemente a educação burguesa alienadora, na medida em que esta furta aos sujeitos históricos seu direito de participar na construção de seus fundamentos ontológicos. Ainda do ponto de vista ontológico, "[...] a educação traduz uma relação entre sujeitos, e destes com a materialidade social, e sempre se situa em um dado contexto sócio-histórico, em uma relação de condicionamento recíproco" (Tassigny, 2004, p.91).

Essa forma de pensar e fazer educação, ainda em construção, inevitavelmente cria atritos com o modelo burguês.

> A Educação do Campo surgiu em um determinado momento e contexto histórico e não pode ser compreendida em si mesma, ou apenas desde o mundo da educação ou desde os parâmetros teóricos da pedagogia. Ela é um movimento real de combate ao "atual estado de coisas": movimento prático, de objetivos ou fins práticos, de ferramentas práticas, que expressa e produz concepções teóricas, críticas a determinadas visões de educação, de política de educação, de projetos de campo e de país, mas que são interpretações da realidade construídas em vista de orientar ações/lutas concretas. (Caldart, 2009, p.40)

Quanto à sua definição, existem tantas quantas são suas diferentes experiências. Uma das definições possíveis é apresentada por Caldart (2005), que define a Educação do Campo como sendo

> [...] um projeto de educação dos trabalhadores e trabalhadoras do campo, gestado desde o ponto de vista dos camponeses e da trajetória de lutas de suas organizações. Isso quer dizer que se trata de pensar a educação (política e pedagogicamente) desde os interesses sociais, políticos, culturais de um determinado grupo social; ou trata-se de pensar a educação (que é um processo universal) desde uma particularidade, ou seja, desde sujeitos concretos que se movimentam dentro de determinadas condições sociais de existência em um tempo histórico. (Caldart, 2005, p.17)

Para Fernandes (2005), pode-se diferenciar a educação na reforma agrária e a Educação do Campo, pois são expressões distintas e que se complementam.

> A educação na reforma agrária refere-se às políticas educacionais voltadas para o desenvolvimento dos assentamentos rurais. Nesse sentido, a educação na reforma agrária é parte da Educação do Campo, compreendida como um processo em construção que contempla em sua lógica a política que pensa a educação como parte essencial para o desenvolvimento do campo. (Fernandes, 2005, p.28)

Se a Educação do Campo surge a partir das necessidades dos trabalhadores e trabalhadoras do campo como parte do projeto de emancipação da classe trabalhadora que vive no/do campo, como instrumento de produção e disseminação de saberes, o mesmo não se pode dizer da concepção burguesa de educação/instrução historicamente destinada às populações rurais. Ela se mostra totalmente desconexa da realidade das populações que habitam o campo brasileiro, pois foi edificada a partir de outros interesses que não aqueles dos grupos a que se destina, geralmente para manter a hierarquia e submissão do campo à cidade.

Por isso, os movimentos camponeses desenvolveram diferentes formas de produção do conhecimento que estão inseparavelmente ligados às suas especificidades como sujeitos coletivos na produção e reprodução das condições materiais de vida.

> A Educação do Campo não cabe em uma escola, mas a luta pela escola tem sido um dos traços principais [...] a escola pode ser um espaço efetivo de fazer acontecer a Educação do Campo, e pode ter um papel importante na disputa de hegemonia de projeto de campo, de sociedade e de formação humana. (Caldart, 2005, p.36)

Como a realidade das experiências educativas não pode ser ignorada, a lei n. 9.394/96 das Diretrizes e Bases da Educação Nacional, em seu artigo 1º, reconhece que "a educação abrange os processos formativos que se desenvolvem na vida familiar, na convivência humana, no trabalho, nas instituições de ensino e pesquisa, nos movimentos sociais e organizações da sociedade civil e nas manifestações culturais" (Brasil, 1996). Portanto, a educação transcende a sala de aula, não ficando restrito às suas dependências físicas e abrange outros espaços, como os movimentos sociais organizados. Nesse sentido, Arroyo afirma que "[...] os movimentos sociais são os grandes educadores coletivos da nova consciência política dos direitos" (Arroyo, 2005, p.103). Os movimentos sociais representam espaços privilegiados onde a teoria pode ser confirmada, reelaborada ou refutada pela realidade que se apresenta. Nesse sentido, "[...] atribuímos à Educação do Campo, a política educacional voltada para o desenvolvimento do território camponês como parte do campo brasileiro" (Fernandes, 2006, p.30).

A formação das Escolas Famílias Agrícolas e a pedagogia da alternância

Uma das experiências pedagógicas mais bem-sucedidas em se tratando de Educação do Campo são as Escolas Famílias Agrícolas (EFAs) que adotam a pedagogia da alternância. A pedagogia da alternância surge na França, na década de 1930, vinculada à construção de uma proposta de educação inovadora, realizada pelos Centros Familiares de Formação por Alternância (CEFFAs). Existem várias definições para a pedagogia da alternância. Concordamos com Gimonet (1999, p.44), que assim a define:

> Alternância de tempo e de local de formação, ou seja, de períodos em situação sócio-profissional e em situação escolar, [...] uma outra maneira de aprender, de se formar, associando teoria e prática, ação e reflexão, o empreender e o aprender dentro de um mesmo processo. (Gimonet, 1999, p.44)

O trajeto de construção da pedagogia da alternância vinculado às Escolas Famílias Agrícolas (EFAs) tem aproximadamente oitenta anos. No Brasil, esse trajeto teve início na segunda metade da década de 1960, no estado do Espírito Santo. O marco histórico é a constituição do Movimento de Educação Promocional do Espírito Santo (Mepes), fundado em 1968, como entidade civil mantenedora das EFAs. Uma organização filantrópica e sem fins lucrativos, de inspiração cristã. Vale ressaltar, como afirma Araújo (2005) que,

> [...] o processo de implantação das EFAs, no Brasil, teve início no auge da ditadura militar, período em que o campo sofreu um processo de total abandono por parte dos poderes públicos, excluindo a agricultura familiar. As políticas públicas para o campo, naquela época, estavam centradas na grande produção agropecuária, no modelo de agricultura patronal, voltado para monoculturas e o mercado externo, associado à sofisticação tecnológica, conhecida como modernização conservadora. (Araújo, 2005, p.91)

No Brasil, a pedagogia da alternância praticada pelas EFAs vai se nutrir também da pedagogia libertadora de Paulo Freire, a partir do tripé ação-reflexão-ação, da práxis (Araújo, 2005). Os educandos e educandas, nesse movimento de ir e vir, de combinar o tempo escola e o tempo família/comunidade, possibilita pensar a prática e retornar a ela para transformá-la. O que Paulo Freire denomina de "quefazer" é teoria e prática, é reflexão e ação, isso porque "ação e reflexão se dão simultaneamente" (Freire, 1994, p.125). Esse movimento dos educandos e educandas implica transformar a realidade em que estão inseridos.

Borges et al. (2012, p.39) diferenciam a "alternância falsa", "aproximativa", "alternância copulativa" e "alternância integrativa". Na concepção dos autores, a alternância integrativa, princípio das práticas educativas dos CEFFAs, pressupõe uma abordagem multidimensional e complexa. A alternância "[...] é definida como uma pedagogia de relações, ou seja, de reações entre instituições, sujeitos, diálogo entre os diferentes saberes e a utilização de metodologias participativas nos processos de formação, em uma perspectiva dialética ou dialógica".

Os diferentes espaços de aprendizagens permitem, portanto, que a teoria e a prática dialoguem na busca da superação de suas contradições e ou limitações. A dialética teoria-prática é talvez o grande diferencial entre a Educação do Campo e as demais formas de "educação"/instrução burguesas, pois parte da realidade concreta e suas contradições sistêmicas, na perspectiva de sua superação como sociedade de classes.

A Escola Família Agrícola do Sertão – Efase

A construção e organização da Escola Família Agrícola do Sertão (Efase), localizada no município de Monte Santo/Bahia, se dá em uma situação de mobilização das comunidades camponesas, fruto das Comunidades Eclesiais de Bases (CEBs). Entre os anos de 1995 a 1997, foi formada a Associação Regional da Escola Família Agrícola do Sertão (Arefase), que mais tarde se tornaria a entidade mantenedora e representação jurídica da Efase. O princípio básico que norteou a mobilização das comunidades foi a necessidade de uma escola que apresentasse em seu projeto pedagógico a perspectiva da agroecologia e da convivência com o Semiárido.

Desde o surgimento da Efase, duas grandes questões se colocaram como desafios em sua prática pedagógica: enfrentar a concentração de terras e do conhecimento no ambiente do Semiárido. Não há como pensar uma educação no Semiárido fora dessa realidade, onde as contradições do modelo de desenvolvimento capitalista imposto para o campo brasileiro são gritantes.

O modelo de educação concebido pela elite dominante não satisfaz as necessidades e perspectivas das populações do campo. O conceito de educação ora em prática foi pensado para reproduzir o *status quo* da sociedade brasileira, procurando assim anular a dialética político-ideológica na construção de uma educação emancipadora. Nesse contexto, cabe destacar que a própria atividade da Efase, como instituição de ensino de Educação do Campo, tem sido alvo de críticas e intimidações de forças reacionárias locais[3] ligadas à manutenção de atual estrutura fundiária. Isso se explica pelas atividades educativas e políticas que extrapolam os limites físicos da Efase e se projetam por dezenas de comunidades do sertão baiano. Muitas dessas ações são de extensão rural, mas também de apoio às lutas por justiça social ligado à posse da terra, bem como organizar a resistência camponesa contra a investida do capital que ameaça seus territórios.

Concordamos com Silva (2012, p.78) quando afirma que, no Semiárido, a educação formal,

> [...] tradicionalmente oferecida à população pelo Estado, é uma experiência descontextualizada para a realidade do campo, não refletindo as necessidades dos sujeitos que aí vivem, traduzindo-se, por consequência, numa educação excludente e distante das necessidades concretas e tende, nessa lógica, a tolher e expropriar culturas, costumes e práticas locais.

Nesse sentido, a construção da Efase se reveste de maior importância para os camponeses e camponesas no território de abrangência

3 São comuns as perseguições políticas e assassinatos de lideranças locais ou trabalhadores rurais envolvidos com a luta pela terra. A maior parte desses crimes não é sequer apurada ou julgada, o que torna a impunidade uma forte ameaça às comunidades locais.

da escola,[4] já que a educação nessa escola parte do respeito às práticas e experiências dos camponeses e camponesas, oferecendo uma educação que seja capaz de dialogar com a realidade histórica, sociopolítica, cultural, climática e econômica do Semiárido, considerando os limites e as potencialidades da região (Silva, 2012). A Efase tem entre seus objetivos atuar na formação integral de agricultores e filhos de agricultores para que possam agir e transformar suas realidades como sujeitos coletivos, uma vez que os alunos que estudam na referida escola são, obrigatoriamente, indicados por alguma organização ou associação comunitária nas quais os estudantes estão inseridos.

No projeto político pedagógico da Efase constam os seguintes objetivos:

- desenvolver atividades educacionais amplas, ajudando a aceleração do desenvolvimento do meio rural, sem perder seus valores históricos e culturais;
- oferecer ao meio rural uma liderança motivada e devidamente preparada para que possa estimular e orientar o desenvolvimento em geral, com ênfase ao aspecto comunitário;
- reduzir o êxodo rural;
- fortalecer a agricultura familiar;
- difundir novas tecnologias;
- valorizar o homem e a mulher do campo;
- incentivar a participação dos pais na vida escolar dos filhos;
- desenvolver a solidariedade entre os pequenos agricultores;
- tornar o jovem sujeito de sua própria história.

O instrumento operacional para orientar a prática da escola é o projeto pedagógico. Entende-se que esse instrumento deve

---

4 A primeira turma tinha estudantes de três municípios (Monte Santo, Itiúba, Cansanção). Atualmente a Efase abrange 22 municípios: Andorinha, Antônio Gonçalves, Araci, Capim Grosso, Campo Formoso, Cansanção, Canudos, Conceição do Coité, Itiúba, Jeremoabo, Jacobina, Monte Santo, Nordestina, Pindobaçú, Ponto Novo, Queimadas, Quijingue, Retirolândia, Santa Luz, Serrinha, Uauá e Valente.

assegurar as condições para que os educandos sejam protagonistas das transformações nas comunidades, a partir das práticas de convivência com o Semiárido e da agroecologia, em vista de construir novas relações entre os seres humanos com a natureza, alicerçadas em um projeto que aponte para a emancipação humana.

A pedagogia da alternância adota, segundo Saviani (2013, p.30), os seguintes princípios básicos:

- a responsabilidade dos pais e da comunidade local pela educação de seus filhos;
- a articulação entre os conhecimentos adquiridos por meio do trabalho na propriedade rural e aqueles adquiridos na escola;
- a alternância das etapas de formação entre o espaço escolar e definido pelas "Escolas Famílias Agrícolas" e a vivência das relações sociais e de produção na comunidade rural.

Ainda de acordo com Saviani (2013, p.30), o processo de ensino-aprendizagem das Escolas Famílias Agrícolas se efetiva mediante os seguintes instrumentos didáticos-pedagógicos:

- plano de estudo, constituído por questões elaboradas em conjunto por alunos e professores-monitores;
- caderno da realidade, que acompanha o aluno em toda a sua vida escolar e serve para ele registrar suas reflexões sobre a realidade a partir das questões constantes no plano de estudos;
- viagens e visitas de estudo;
- estágios;
- visita às famílias;
- avaliação, que se processa diariamente nas mais variadas atividades em que os educandos estão inseridos.

Esses instrumentos pedagógicos e sua intrínseca relação com o contexto social, político, econômico e ambiental no qual os alunos estão inseridos lhes permitem desenvolver consciência de classe, que possibilita aprimorar formas de intervenção em seu meio socioprofissional e promover significativas alterações nas relações sociais. A pedagogia da alternância praticada nas EFAs constitui-se, portanto, um sistema educativo que tem experimentado grandes êxitos na formação integral de seus sujeitos e na transformação da realidade, principalmente nas escalas local e regional.

Dos instrumentos supracitados, cabe destacar que o plano de estudo (PE) constitui a linha mestra da pedagogia da alternância. Ele é elaborado a partir de um diagnóstico participativo no qual escola e comunidades o constroem coletivamente. O Plano de Estudo é o norteador de todas as temáticas trabalhadas naquele ano ou série escolar. As atividades formativas formais e não formais nas quais os alunos se envolverão no tempo escola (TE) e no tempo comunidade (TC) também partem do plano de estudo, por isso se pode afirmar, com propriedade, que esse modelo de escola dialoga diretamente com a realidade do educando, buscando construir novas relações sociais e formas de intervenção social capazes de promover, por exemplo, o desenvolvimento local sustentável.

> O plano de estudo é o principal instrumento da pedagogia da alternância, pois todos os outros derivam dele e permitem que a dinâmica tempo comunidade (TC) – tempo escola (TE) esteja interligada. A partir do que é debatido e pesquisado no TE, estimula-se a observação e prática no TC, de forma a levar os resultados para ser trabalhados no TE e assim sucessivamente, com a inserção de outras temáticas do plano de estudo. (Almeida Pinto; Germani, 2013, p.11)

Outro instrumento pedagógico usado na Efase, assim como em outras EFAs do Brasil, é a Atividade de Retorno, instrumento pelo qual a escola chega, por meio do educando, até as comunidades onde desempenham atividades práticas e/ou de pesquisa. A Atividade de Retorno é construída coletivamente dias antes de o educando voltar para sua comunidade, devendo retornar à escola com a atividade realizada e fazer uma socialização de sua experiência socioprofissional da alternância. Nesse caso, a teoria dialoga com a prática e isso faz toda a diferença em se tratando de Educação do Campo. A atividade de retorno permite ainda, a partir do diálogo com as comunidades, a revisão constante de seu projeto político pedagógico, pois a realidade complexa e extremamente dinâmica tem desafiado toda a comunidade escolar que visa à formação de novos sujeitos sociais frente ao mundo que os incorpora.

Considerações finais

A educação burguesa, como projeto da classe dominante, procura naturalizar as tensões sociais da sociedade de classes e suas contradições intrínsecas promovendo a aceitação de seus pressupostos classistas. Essa forma de educação é exógena às necessidades de seus sujeitos sociais, sejam eles coletivos ou individuais. Ela reflete a intencionalidade da classe dominante que arquitetou uma nação socialmente estratificada. Assim, a educação que não surge da realidade concreta de seus sujeitos históricos não reflete os anseios sociais e precisa ser repensada.

A Educação do Campo enfrenta muita resistência, do agronegócio e de setores tradicionais do campo, pois procura alterar o *status quo* da sociedade brasileira nas relações sociais e de produção, criando novas formas de intervenção de seus sujeitos diante da realidade contraditória que se apresenta na sociedade. A educação que pensa a prática e volta a ela para transformá-la é revolucionária na medida em que permite criticar sua práxis e superar suas contradições dialeticamente.

> O histórico de contradições que podemos perceber em relação às intencionalidades da educação rural e as reais necessidades da população do campo a respeito da educação oferecida pelo Estado fortalece a necessidade de compreender melhor as intencionalidades da Educação do Campo e de conhecer e divulgar modelos desta, como é o caso das Escolas Famílias Agrícolas, assim como verificar como estas se relacionam com os conflitos territoriais rurais. (Almeida Pinto; Germani, 2013, p.12-3)

A pedagogia da alternância constitui, portanto, um princípio da Educação do Campo em consonância com a realidade plural do campo brasileiro e com os desafios que se apresentam, exigindo novas formas de intervenção social com vistas à construção de novos paradigmas não só para o campo, até porque outro princípio da Educação do Campo é campo-cidade, pois são espaços complementares de produção de vida e de forma nenhuma são tomados como antagônicos. Os territórios da Educação do Campo estão em formação, entre eles o projeto pedagógico e as práticas da Efase.

Referências bibliográficas

ALMEIDA PINTO, M. P; GERMANI, G. I. O território da Educação do Campo: as escolas família agrícola. *Anais do EGAL* – Encuentro de Geógrafos de América Latina. Peru, 2013.

AMBROSINI, T. F. Educação e emancipação humana: uma fundamentação filosófica. *Revista HISTEDBR*. On-line, Campinas, n.47, p.378-391, set. 2012.

APPLE, M. *Currículo e ideologia*. Porto Alegre: Artmed, 2006.

ARAÚJO, S. M. R. *Escola para o trabalho, escola para a vida*: o caso da Escola Família Agrícola de Angical – Bahia, 2005. Dissertação (Mestrado em Educação e Contemporaneidade) – Universidade Estadual da Bahia.

ARROYO, M, G. Por um tratamento público da Educação do Campo. In: MOLINA, M. C; JESUS, S. M. A. *Contribuição para a construção de um projeto de Educação do Campo*. 2.ed. Brasília: Articulação nacional por uma Educação do Campo, 2005. Coleção Por uma Educação do Campo, n.5, p.91-108.

BORGES, I. S. et al. A Pedagogia da Alternância praticada pelos CEFFAs. In: ANTUNES-ROCHA, M. A.; MARTINS, M. F. A.; MARTINS, A. A. (Orgs.). *Territórios educativos na Educação do Campo*. Belo Horizonte: Autêntica, 2012. p.37-56.

CALDART, R. S. *Educação do Campo*: notas para uma análise de percurso. Rio de Janeiro, v.7, n.1, p.40, mar/jun. 2009.

______. Elementos para a construção de um projeto político e pedagógico da Educação do Campo. In: MOLINA, M. C; JESUS, S. M. A. *Contribuição para a construção de um projeto de Educação do Campo*. 2.ed. Brasília: Articulação Nacional por uma Educação do Campo, 2005. Coleção Por uma Educação do Campo, n.5, p.13-52.

FERNANDES, B. Os campos da pesquisa em Educação do Campo: espaço e território como categorias essenciais. In: MOLINA, M. C. *Educação do Campo e pesquisa*: questões para reflexão. Brasília: Ministério do Desenvolvimento Agrário, 2006. p.27-40.

FERNANDES, B. M.; MOLINA, M. C. O Campo da Educação do Campo. In: MOLINA, M. C; JESUS, S. M. A. *Contribuição para a construção de um projeto de Educação do Campo*. 2.ed. Brasília: Articulação Nacional Por uma Educação do Campo, 2005. Coleção Por uma Educação do Campo, n.5, p.53-89.

FONSECA, M. T. L. da. Escolarização das populações rurais na nova LDB. *Educação em Revista*. Belo Horizonte, v.9, p.18-21, jul. 1989.

FREIRE, P. *Pedagogia do oprimido*. 23.ed. Rio de Janeiro: Paz e Terra, 1994.

GIMONET, J.-C. Nascimento e desenvolvimento de um movimento educativo: as casas familiares rurais de educação e orientação. In: *Pedagogia da alternância*: alternância e desenvolvimento. Brasília: União Nacional das Escolas Famílias Agrícolas do Brasil, 1999. p.39-48.

LEITE, S. C. *Escola rural:* urbanização e políticas educacionais. São Paulo: Cortez, 1999. Coleção Questões da Nossa Terra, v.70.

MARX, K.; ENGELS, F. A ideologia alemã. 4.ed. Lisboa: Editorial Presença, s.d. p.55-56.

MÉSZÁROS, I. *A educação para além do capital*. São Paulo: Boitempo Editorial, 2005.

MENDONÇA, S. R. Estado. In: CALDART, R. S.; PEREIRA, I. B.; ALENTEJANO, P.; FRIGOTO, G. (Org.) *Dicionário de Educação do Campo*. Rio de Janeiro, São Paulo: Escola Politécnica de Saúde Joaquim Venâncio, Expressão Popular, 2012.

MUNARIM, A. Elementos para uma política pública de Educação do Campo. In: MOLINA, M. C. *Educação do Campo e pesquisa:* questões para reflexão. Brasília: Ministério do Desenvolvimento Agrário, 2006. p.15-26.

SAVIANI, D. Prefácio. In: NOSELA, P. *Origens da pedagogia da alternância no Brasil*. Vitória: Edufes, 2013.

SILVA, L. S. Escola Família Agrícola do Sertão (Efase): espaço de formação da classe trabalhadora. *Entrelaçando – Revista Eletrônica de Cultura e Educação*. Cruz das Almas, BA, v.1, n.6, p.75-93, ano III, set.-dez. 2012.

TASSIGNY, M. M. Ética e ontologia em Lukács e o complexo social da educação. *Revista Brasileira de Educação*. Rio de Janeiro: Anped, n.25, p.82-93, jan.-abr. 2004.

SOBRE O LIVRO

Formato: 14 x 21 cm
Mancha: 23,7 x 42,5 paicas
Tipologia: Horley Old Style 10,5/14
Papel: Off-set 75 g/m² (miolo)
Cartão Supremo 250 g/m² (capa)

1ª edição: 2017

EQUIPE DE REALIZAÇÃO

Capa
Estúdio Bogari

Edição de Texto
Silvia Massimini Felix (Preparação de Original)
Nair Hitomi Kayo (Revisão)

Editoração Eletrônica
Sergio Gzeschnik

Assistência Editorial
Alberto Bononi
Jennifer Rangel de França

GRÁFICA PAYM
Tel. [11] 4392-3344
paym@graficapaym.com.br